普通高等教育新型规划教材
供应链管理专业

智慧物流与智慧供应链

SMART LOGISTICS AND SMART SUPPLY CHAIN

邵舒羽 ◎ 主编

首都经济贸易大学出版社
Capital University of Economics and Business Press
·北京·

图书在版编目(CIP)数据

智慧物流与智慧供应链／邵舒羽主编. -- 北京：首都经济贸易大学出版社，2024.5
ISBN 978-7-5638-3640-6

Ⅰ.①智… Ⅱ.①邵… Ⅲ.①智能技术-应用-物流管理②智能技术-应用-供应链管理 Ⅳ.①F252.1-39

中国国家版本馆 CIP 数据核字(2024)第 023064 号

智慧物流与智慧供应链
邵舒羽　主编

责任编辑	王玉荣
封面设计	砚祥志远·激光照排 TEL:010-65976003
出版发行	首都经济贸易大学出版社
地　　址	北京市朝阳区红庙(邮编 100026)
电　　话	(010)65976483　65065761　65071505(传真)
网　　址	http://www.sjmcb.com
E-mail	publish@cueb.edu.cn
经　　销	全国新华书店
照　　排	北京砚祥志远激光照排技术有限公司
印　　刷	人民日报印务有限责任公司
成品尺寸	170 毫米×240 毫米　1/16
字　　数	363 千字
印　　张	20.25
版　　次	2024 年 5 月第 1 版　2024 年 5 月第 1 次印刷
书　　号	ISBN 978-7-5638-3640-6
定　　价	49.00 元

图书印装若有质量问题,本社负责调换
版权所有　侵权必究

前　言

　　物流是指为了满足客户的需求，以最低的成本，通过运输、保管、配送等方式，实现原材料、半成品、成品或相关信息进行由商品的产地到商品的消费地的计划、实施和管理的全过程。供应链则是以客户需求为导向，以提高质量和效率为目标，以整合资源为手段，实现产品设计、采购、生产、销售、服务等全过程高效协同的组织形态。

　　技术的渗透性使得供应链具备了信息化、数字化、网络化、集成化、智能化、柔性化、敏捷化、可视化、自动化等先进技术特征。传统的集采购、生产、销售、物流等于一体的链状发展的供应链模式，正在朝着立体多维、网状链接的智慧化方向发展。在全球经济发展的影响下，物流和供应链的全球化程度越来越高，供应链外部环境的不确定成为常态，供应链管理越来越复杂，供应链面临更多挑战。智慧供应链需要面对制造布局、供应链新模式、价值链创新、全球采购、供应链风险及安全、仓储布局等新的议题。

　　本书结合智慧物流信息技术、数字化、区块链、大数据等新一代信息技术在智慧物流及供应链领域的应用，通过理论介绍和案例分析的方式为读者全面讲解了智慧物流与智慧供应链。

　　第一章：智慧物流的概述。本章从智慧物流的概念与特征入手，介绍了粗放物流、系统化物流和智慧物流。之后通过众多案例详细介绍了智慧物流系统的机理以及框架，强调了智慧物流系统应用的前沿性。最后讲述了智慧物流信息平台系统的设计目标与体系，为介绍我国智慧物流的应用与实践奠定了基础。

　　第二章：智慧物流信息技术。本章介绍了智慧物流的关键信息技术，包括感知技术、数据处理技术、数据计算技术、网络通信技术、自动化技术、标签与自动识别技术、定位跟踪技术以及物流系统仿真技术。信息技术不仅是实现智慧物流的基础，也对提升物流效率、降低成本、优化资源配置等方面具有重要意义。

　　第三章：智慧供应链——互联网时代下的供应链创新模式。本章首先介绍了智慧供应链的概念及特点，并阐述了构建智慧供应链的意义、价值、流程、管理等各个方面，随后提出了智慧供应链的搭建路径，从管理体系、路径设计、供应链效率、信息平台等角度提出了具体措施。

第四章：传统供应链如何实现转型。通过介绍智慧供应链引出传统供应链如何进行转型的问题。本章从三个方面对转型进行了具体阐述：供应链向数字化转型的架构与方法；使用ERP供应链管理系统等信息技术手段进行转型；最后提出应该进行供应链协同来助力供应链转型。

第五章：区块链技术赋能智慧供应链。本章介绍了区块链技术的特点、发展前景以及基于区块链技术的供应链创新与应用优势，探索其在供应链创新中的巨大潜力；并且从物流航运、食品生产产业、奢侈品制造业方面具体举例进一步阐述区块链技术在供应链领域的应用。

第六章：柔性供应链——以需求为导向的管理优化策略。柔性供应链在应对内外部变化、满足客户多样化需求等方面发挥着至关重要的作用。本章以需求为导向着重介绍柔性供应链中供应商的选择和管理策略，进一步介绍了打造柔性供应链管理机制的要点、设计路径以及柔性供应链管理模式下的订单体系结构。

第七章：敏捷供应链。本章围绕背景、定义、特点、作用全方面地介绍了敏捷供应链，并在此基础上进一步介绍敏捷供应链管理的调度优化、管理风险、绩效评价和几种运作模式。另外，通过ZARA的快速响应、腾讯众创空间以及京东和美的CPFR项目等案例介绍敏捷供应链的具体运作。

第八章：大数据供应链——重新定义供应链管理体系。本章介绍了企业通过对大数据的有效利用可以更快速、准确地了解市场需求和消费者行为，从而更好地调整生产和供应链管理策略。同时，大数据的应用也推动了供应链的智能化和协同创新，提高了整个供应链的运营效率和竞争力。此外，本章还介绍了重构法则，即如何发挥大数据在管理采购中的应用。

第九章：物联网供应链——构建未来供应链生态格局。本章介绍了物联网在智能物流供应链管理中的应用，包括基于物联网的智能物流供应链、物联网对智能物流供应链的影响、物联网在智慧物流管理中的应用以及物联网在供应链各环节中的应用。此外，还讨论了全球经济发展变化下产业链、供应链安全稳定的重要性，以及如何提升我国在供应链各个环节中的地位和自主可控能力。

第十章：信息化发展下的新型物流模式。本章讨论了信息化发展下的新型物流模式。新零售的蓬勃发展为物流业发展注入强心剂，使传统物流迈向"新物流"。新物流是新零售得以落地的重要一环，没有新物流，也就没有新零售。同时，介绍了未来五年物流业的进化方面以及绿色供应链和冷链物流。

第十一章：智慧物流——互联网时代的物流产业新变革。本章主要讲述了物流互联网、大数据物流和共享物流。这些新变革都是在互联网的高速发展下催生出来的，体现了物流的与时俱进。本章首先介绍了传统物流到物流4.0的转变，之后又较详细介绍了大数据物流成为供应链的创新驱动力。最后引出了共享物流，介绍了新理念下的物流创新与搭建高效物流平台作为新的发展目标。

第十二章：智慧供应链应用案例。本章主要讲述了京东云——智慧供应链商家开放平台、阿里云——智能供应链解决方案、菜鸟网络——全套数智化供应链解决方案、中国联通——智慧供应链平台，通过这些案例更具象化地展示了本文的内容，为各个物流企业或供应链成员企业提供参考价值。

在本书编写和出版过程中，北京物资学院物流学院相关专家给予了大力支持和帮助，并提出了很多宝贵的经验，同时我的学生张清、张诗可、吴桐瑄、孙浩霖、唐磊、王晴、王怀远在文献整理及校稿方面付出了辛勤的劳动，在此对他们表示衷心的感谢。

本书可作为高等学校物流管理、物流工程、供应链管理等专业本科教学用书，也可作为物流工程与管理研究生、企业管理者、工商管理人员参考用书。

由于内容广泛，加之作者时间有限，本书可能存在纰漏之处，敬请读者指正。

目 录

1 智慧物流概述 …………………………………………………………… 1
   1.1 智慧物流的概念与特征 …………………………………………… 3
   1.2 智慧物流的功能与作用 …………………………………………… 11
   1.3 智能制造与物流系统智能化 ……………………………………… 13
   1.4 智慧物流系统的机理与框架 ……………………………………… 15
   1.5 智慧物流信息平台系统 …………………………………………… 26
   1.6 智慧物流的组织与实施 …………………………………………… 36

2 智慧物流信息技术 ……………………………………………………… 43
   2.1 概述 ………………………………………………………………… 45
   2.2 标签与自动识别技术 ……………………………………………… 49
   2.3 定位跟踪技术 ……………………………………………………… 58
   2.4 数据处理技术 ……………………………………………………… 61
   2.5 网络与通信技术 …………………………………………………… 67
   2.6 物流系统仿真技术 ………………………………………………… 75

3 智慧供应链——互联网时代下的供应链创新模式 ………………… 81
   3.1 智慧供应链概述 …………………………………………………… 83
   3.2 搭建路径：寻求供应链与互联网模式的相互融合 …………… 95

· 1 ·

4 传统供应链如何实现转型 ····· 107
4.1 基于数字化的智慧供应链发展 ····· 109
4.2 信息技术手段 ····· 116
4.3 供应链协同 ····· 123

5 区块链技术赋能智慧供应链 ····· 139
5.1 基于区块链技术的供应链创新 ····· 141
5.2 区块链在供应链中的应用优势 ····· 142
5.3 区块链在供应链中的案例实践 ····· 143

6 柔性供应链——以需求为导向的管理优化策略 ····· 151
6.1 柔性供应链下的供应商管理策略 ····· 153
6.2 打造柔性供应链管理机制的要点 ····· 155
6.3 柔性供应链管理模式的设计路径 ····· 156
6.4 柔性供应链管理模式订单体系结构 ····· 158

7 敏捷供应链 ····· 161
7.1 敏捷供应链概述 ····· 163
7.2 敏捷供应链管理 ····· 167
7.3 敏捷供应链运作模式 ····· 174
7.4 敏捷供应链的实践案例 ····· 185

8 大数据供应链——重新定义供应链管理体系 ····· 193
8.1 大数据驱动下的智能化供应链管理变革 ····· 195
8.2 数据协同：大数据时代的供应链协同创新 ····· 201

8.3　重构法则：大数据在采购管理中的应用 ………………………… 206

9　物联网供应链——构建未来供应链生态格局 ……………………… 213
　　9.1　基于物联网技术的智能物流供应链管理 …………………………… 215
　　9.2　物联网在智慧物流中的技术架构与应用 …………………………… 222
　　9.3　面向物联网的供应链协同管理优化策略 …………………………… 226

10　信息化发展下的新型物流模式讨论 …………………………………… 237
　　10.1　决战新物流：新零售驱动下的供应链变革 ………………………… 239
　　10.2　新物流路径：未来五年物流业的进化方向 ………………………… 251
　　10.3　绿色供应链：低碳经济驱动下的科技赋能 ………………………… 256
　　10.4　冷链物流：风口下平台型冷链或将崛起 …………………………… 260

11　智慧物流——互联网时代的物流产业新变革 ………………………… 267
　　11.1　物流互联网：开启传统物流的智能化革命 ………………………… 269
　　11.2　大数据物流：创新供应链物流服务模式 …………………………… 277
　　11.3　共享物流：共享经济时代的智能化物流 …………………………… 285

12　智慧供应链应用案例 …………………………………………………… 293
　　12.1　京东云：智慧供应链商家开放平台 ………………………………… 295
　　12.2　阿里云：智能供应链解决方案 ……………………………………… 296
　　12.3　菜鸟网络：全套数智化供应链解决方案 …………………………… 299
　　12.4　中国联通：智慧供应链平台 ………………………………………… 303

参考文献 ……………………………………………………………………… 307

1　智慧物流概述

【学习目标】

知识目标：
1. 了解智慧物流的发展阶段及相关概念；
2. 理解智慧物流的基本功能及各功能的作用；
3. 理解智能制造与物流系统智能化如何实现互联互通与深度融合；
4. 掌握智慧物流系统的智能机理与技术架构；
5. 了解目前智慧物流公共信息平台的发展状况。

能力目标：
1. 能够根据智慧物流系统的架构模拟智慧物流配送中心；
2. 能够建立智慧物流系统的业务体系评价指标；
3. 能够对智慧物流信息平台业务体系设计进行优化改进；
4. 能够合理应用与实践智慧物流的各项技术与信息。

1.1 智慧物流的概念与特征

1.1.1 智慧物流的起源和发展

智慧物流（intelligent logistics system）是指通过智能软硬件、物联网、大数据等智慧化技术手段，实现物流各环节精细化、动态化、可视化管理，提高物流系统智能化分析决策和自动化操作执行能力，提升物流运作效率的现代化物流模式。智慧物流是物流发展的高级阶段，是现代信息技术发展到一定阶段的必然产物，是多项现代信息技术的聚合体。

智慧物流的起源经历了粗放型物流、系统化物流、电子化物流、智能物流和智慧物流5个阶段，如图1-1所示。其中，粗放型物流属于现代物流的雏形，系统化物流是现代物流的发展阶段，电子化物流是现代物流的成熟阶段，而现代物流的未来发展趋势是由智能物流向智慧物流发展。

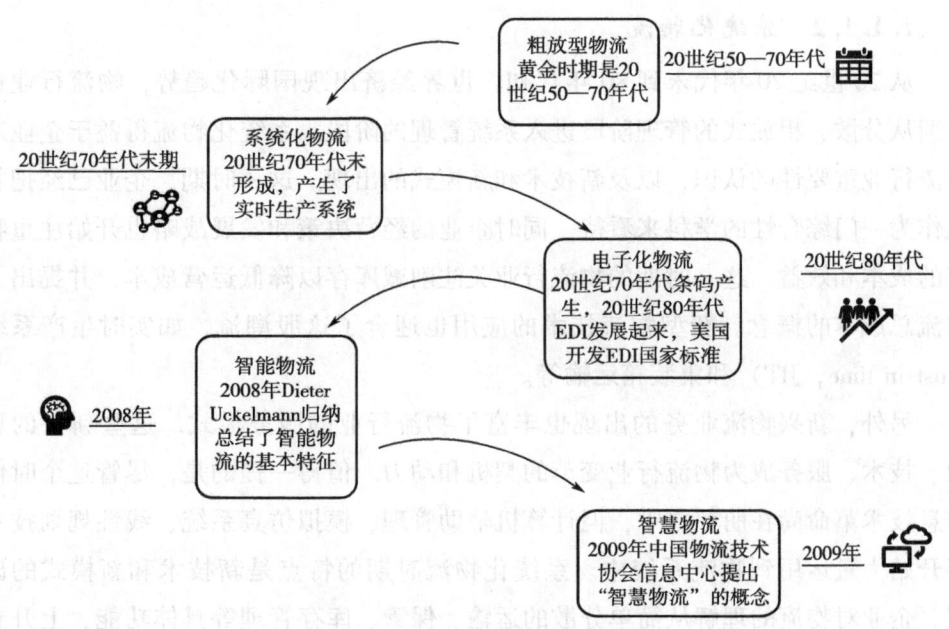

图1-1 智慧物流的起源和发展

1.1.1.1 粗放型物流

粗放型物流主要指依靠增加生产要素的投入，即增加投资、扩大厂房、增加劳动投入来增加产量，这种经济增长方式又称外延型增长方式。其基本特征是依靠增加生产要素量的投入来扩大生产规模，实现经济增长。粗放型物流的黄金时期是20世纪50至70年代。第二次世界大战后，世界经济迅速复苏，以美国为代表的发达资本主义国家进入了经济发展的黄金时期。以制造业为核心的经济发展模式给西方发达资本主义国家带来大量的财富，刺激消费大规模增长，大量生产、大量消费成为这个时代的标志。随着大量产品进入市场，大型百货商店和超级市场如雨后春笋一般出现。在大规模生产和消费的初始阶段，由于经济的快速增长，市场需求旺盛，企业的重心放在生产上，对流通领域的物流关注度不高，普遍认为产量最大化会导致每日利润最大化，因此产生了大量库存。

粗放型物流时期的特点是专业型的物流企业很少，大部分企业都是自成体系，没有行业协作和大物流的意识，盲目扩张生产不能长期维持，从而迫使企业放弃原来的大规模生产消费型经营模式，寻找更适合的物流经营模式以降低成本。

1.1.1.2 系统化物流

从20世纪70年代末到80年代初，世界经济出现国际化趋势，物流行业也逐渐从分散、粗放式的管理阶段进入系统管理的阶段。系统化物流得益于企业对物流行业重要性的认识，以及新技术和新模式的出现。这一时期，企业已经把物流作为一门综合性的学科来看待，同时企业的经营决策和发展战略也开始注重物流的成本和效益。这一时期的物流行业关注削减库存以降低运营成本，并提出了物流总成本的概念。新型物流技术的应用也迎合了这股潮流，如实时生产系统（just in time，JIT）和集装箱运输等。

另外，新兴物流业务的出现也丰富了物流行业的服务模式。这些新兴的思想、技术、服务成为物流行业变革的契机和动力。值得一提的是，尽管这个时候信息技术革命尚在萌芽之中，但计算机辅助管理、模拟仿真系统、线性规划技术等开始大量运用到物流系统中。系统化物流时期的特点是新技术和新模式的出现，企业对物流的理解从简单分散的运输、保管、库存管理等具体功能，上升到原料采购到产品销售整个过程的统一管理，开始致力于物流成本和效益方面的研究。

1.1.1.3 电子化物流

从20世纪90年代中后期以来，以互联网在经济活动中的应用为主要表现形式的电子商务取得了快速的发展。在客户需求的拉动、技术进步的推动及物流产业自身发展需要的驱动等多方面力量的作用下，现代物流业迎来一个新的发展阶段——电子化物流阶段。

在这个阶段，信息技术开始为物流行业助力，并成为持续推动物流行业飞速发展的关键动力，最为典型的两项信息技术是20世纪70年代诞生的条码技术和80年代诞生的电子数据交换（electronic data interchange，EDI）技术。EDI可以提供一套统一的标准进行数据交互和处理，减少了纸张票据的使用。EDI的应用范围可以覆盖物流各主要环节，如在线订货、库存管理、发送货管理、报关、支付等。

电子化物流具有以下3个特点：第一，电子化物流需要借助互联网来开展业务运作；第二，电子化物流体系以满足客户对物流服务的需求为导向，让客户通过互联网参与物流运作过程，以便更好地实现以客户为中心的物流服务发展目标；第三，电子化物流注重追求供应链整体的物流效果，供应链合作伙伴之间通过互联网建立起密切的业务联系，共同为提高供应链物流的效率和效益及降低物流运作的总体成本和时间占用而努力。

1.1.1.4 智能物流

21世纪是智能化的世纪，随着智能技术的发展，物流也自然朝着智能化方向发展。智能物流（intelligent logistics）是利用集成智能化技术，使物流系统能模仿人的智能，具有思维、感知、学习、推理判断和自行解决物流中某些问题的能力。特别是随着智能标签、无线射频识别技术、电子数据交换技术、全球定位技术、地理信息系统、智能交通系统等应用的日益成熟，基于这些技术的各类智能物流应用相继出现，包括智能仓储物流管理、智能冷链物流管理、智能集装箱运输管理、智能危险品物流管理、智能电子商务物流等，智能物流日益被人们所了解。

基于以上背景，结合现代物流的发展过程，考虑到物流业是实现作业智能化、网络化和自动化的行业，2008年，德国不来梅大学Log Dynamics实验室的迪特尔·乌克尔曼（Dieter Uckelmann）归纳总结了智能物流的基本特征：智能物流时期的物流运营呈现精确化、智能化、协同化的特点。精确化物流要求成本最小化和零浪费；智能化物流要求系统智能化地采集实时信息，并利用物联网进行系统处理，为最终用户提供优质的信息和咨询服务，为物流企业提供最佳策略支持；协同化是利用物联网平台协助，实现物流企业上下游之间的高效连接。

1.1.1.5 智慧物流

智慧物流的概念源于"智慧地球"。2008年11月，国际商业机器公司（IBM）提出了"智慧地球"的概念。2009年1月，时任美国总统奥巴马公开肯定了IBM"智慧地球"的思路，并提出将"智慧地球"作为美国国家战略。IBM于2009年提出了建立一个面向未来的具有先进、互联和智能三大特征的供应链，通过感应器、射频识别（radio frequency identification, RFID）技术、制动器、GPS和其他设备及系统生成实时信息的"智慧供应链"概念，更重视将物联网、传感网与现有的互联网整合起来，通过以精细、动态、科学的管理，实现物流的自动化、可视化、可控化、智能化、网络化，从而提高资源利用率和生产力水平，创造更丰富的社会价值。

在我国，2009年8月7日，时任总理的温家宝在无锡提出了"感知中国"的理念，物联网被正式列为国家五大新兴战略性产业之一，此后被写入政府工作报告。2009年11月3日，温家宝再次指示要着力突破传感网、物联网关键技术。同年，国务院《物流业调整和振兴规划》提出积极推进企业物流管理信息化，促进信息技术的广泛应用；积极开发和利用全球导航卫星系统（global navigation satellite system, GNSS）、地理信息系统（geographic information system, GIS）、道路交通信息通信系统（vehicle information and communication system, VICS）、不停车自动交费系统（electronic toll collection, ETC）、智能交通系统（intelligent transportation system, ITS）等运输领域新技术，加强物流信息系统安全体系研究。在物流行业内部，很多先进的现代物流系统已经具备了信息化、网络化、集成化、智能化、柔性化、敏捷化、可视化、自动化等高技术特征；很多物流系统和网络也采用了最新的红外、激光、无线、编码、认址、自动识别、定位、无接触供电、光纤、数据库、传感器、射频识别技术、卫星定位等高新技术，这种集光、机、电、信息等技术于一体的新技术在物流系统的集成应用就是物联网技术在物流业应用的体现。

基于以上背景，结合物流行业信息化的发展状况，2009年12月，中国物流技术协会信息中心、华夏物联网和《物流技术与应用》期刊编辑部率先提出

"智慧物流"的概念。智慧物流概念的提出顺应了历史潮流，也符合现代物流业发展的自动化、网络化、可视化、实时化、跟踪与智能控制的发展新趋势，对企业、整个物流行业乃至整个国民经济的发展具有至关重要的意义。

1.1.2 智慧物流的概念

1.1.2.1 关于智慧

智慧物流的本质特征是智慧，物流是智慧的应用客体。"智慧"本身的含义处在不断的变化和扩展之中，具有很强的动态性，至今也没有形成一个能够被广泛接受和认同的定义。

狭义的智慧是指生命体所具有的基于生理和心理器官的一种高级创造思维能力，包含对自然与人文的感知、记忆、理解、分析、判断、升华等各种能力。广义的智慧是由智力系统、知识系统、方法与技能系统、非智力系统、观念与思想系统、审美与评价系统等多个子系统构成的复杂体系孕育出的一种能力。

随着现代科技的不断发展与应用，没有生命的物理世界开始有了生命的觉醒，人类逐渐迈入智慧时代。最初的看法是，将感应器嵌入和装备到某些群体中，进一步互相连接，成为物联网，再进一步连接与整合物联网和互联网，从而实现"智慧"。现在已经发展为用最先进的电子信息技术和管理方式"武装"整个系统，从而形成一种有智慧（类似于人类智慧）的全新系统，智慧执行系统、智慧传导系统和智慧思维系统已经延伸至物理世界。

智慧执行系统是与我们人类直接接触的系统，如智能机器人、无人机、自动驾驶汽车等。目前，机器学习能力大幅提升，机器人开始在很多行业取代人工，但是智慧执行系统主要还是自动化技术的应用。

智慧传导系统的核心是互联网、移动互联网、物联网的技术与应用。智慧传导系统由状态感知与即时信息传导两大功能组成，是实现信息世界与物理世界融合的关键，是智慧时代的基础设施。

智慧思维系统是智慧系统的大脑，是主宰智慧系统的控制核心，是让物理世界产生智慧生命觉醒的关键。智慧思维系统的信息资源是大数据，思考的引擎是人工智能，进行实时分析和科学决策的是软件。

1.1.2.2 智慧物流的定义

智慧物流概念自提出以来，受到了专家和学者的高度关注，"智慧物流"也入选2010年物流十大关键词，但目前企业界与学术界对智慧物流的定义并未达成共识。

国内较早关于智慧物流的说法是由王继祥教授于2009年在《物联网技术及其在现代物流行业应用》研究报告中提出的。他认为，智慧物流是利用集成智能化技术，使物流系统能模仿人的智能，具有思维、感知、学习、推理判断和自行解决物流中的某些问题的能力，它包含智能运输、智能仓储、智能配送、智能包装、智能装卸，以及智能信息的获取、加工和处理等多项基本活动。

2010年，在物联网的时代背景下，北京邮电大学李书芳教授指出，智慧物流是在物联网的广泛应用基础上，利用先进的信息采集、信息处理、信息流通和信息管理技术，完成包括运输、仓储、配送、包装、装卸等多项基本活动在内的货物从供应者向需求者移动的整个过程。智慧物流为供方提供最大化的利润，为需方提供最佳的服务，同时也应消耗最少的自然资源和社会资源，最大限度地保护好生态环境，从而形成完备的智慧社会物流管理体系。

2011年，国家发展改革委综合运输研究所所长汪鸣提出，智慧物流是指在物流业领域广泛应用信息化技术、物联网技术和智能技术，在匹配的管理和服务技术的支撑下，使物流业具有整体智能特征、服务对象之间具有紧密智能联系的发展状态。贺盛瑜等学者从企业管理视角出发，认为智慧物流是物流企业通过运用现代信息技术，实现对货物流程的控制，从而降低成本、提高效益的管理活动。宁波大学应琳芝认为，智慧物流是一种以信息技术为支撑，在物流的运输、仓储、包装、装卸搬运、流通加工、配送、信息服务等各个环节实现系统感知、全面分析、及时处理及自我调整功能，实现物流规整智慧、发现智慧、创新智慧和系统智慧的现代综合性物流系统。IBM中国区副总裁王阳则从资源和成本视角指出，智慧物流是把所有物流企业的物流信息汇总到一个平台上，进行集中分析，对运输设备进行科学排序，合理调度使用，从而降低空载率和物流成本，提高物流效益的管理活动。

2012年，邵广利在综述相关研究的基础上指出，智慧物流是将物联网、传感网与互联网整合，运用于物流领域，实现物流与物理系统整合的网络。在这个整合网络中，存在能力超级强大的中心计算集群，能够对整合网络内的人员、机器、设备和基础设施实施实时的管理和控制。在此基础上，人类可以以更加精细和动态的方式管理物流活动，使得物流系统智能化、网络化和自动化，从而提高资源利用率，使生产力水平达到"智慧"状态。

1 智慧物流概述

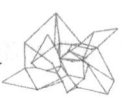

李芏巍教授认为，智慧物流是将互联网与新一代信息技术应用于物流业中，实现物流的自动化、可视化、可控化、智能化、信息化、网络化，从而提高服务模式的资源利用率和提高创新形态的生产力水平。

北京物资学院王之泰在李芏巍教授的基础上，为智慧物流的概念增加了管理的内涵，认为"智慧"的获得并不完全是技术方面的问题，要防止把技术问题绝对化，他将智慧物流定义为："将互联网与新一代信息技术和现代管理理念应用于物流业，实现物流的自动化、可视化、可控化、智能化、信息化、网络化的创新形态。"

中国物联网校企联盟认为，智慧物流是利用集成智能化技术，使物流系统能模仿人的智能，具有思维、感知、学习、推理判断和自行解决物流中某些问题的能力，即在流通过程中获取信息，再通过分析信息做出决策，使货物从源头开始被实时跟踪与管理，实现信息流快于实物流。可通过射频识别技术、传感器、移动通信技术等让配送货物自动化、信息化和网络化。

北京交通大学王喜富教授认为，智慧物流是以"互联网+"为核心，以物联网、云计算、大数据及"三网融合"（传感网、物联网与互联网）等为技术支撑，以物流产业自动化基础设施、智能化业务运营、信息系统辅助决策和关键配套资源为基础，通过物流各环节、各企业的信息系统无缝集成，实现物流全过程可自动感知识别、可跟踪溯源、可实时应对、可智能优化决策的物流业务形态。

《中国智慧物流2025应用展望》中将智慧物流定义为：通过大数据、云计算、智能硬件等智慧化技术与手段，提高物流系统思维、感知、学习、分析决策和智能执行的能力，提升整个物流系统的智能化、自动化水平，从而推动中国物流的发展，降低社会物流成本，提高效率。

中国物流学会何黎明会长认为，智慧物流是以物流互联网和物流大数据为依托，通过协同共享创新模式和人工智能先进技术，重塑产业分工，再造产业结构，转变产业发展方式的新生态。并提出：当前，物流企业对智慧物流的需求主要包括物流大数据、物流云、物流模式和物流技术四大领域。

综合而言，智慧物流就是能迅速、灵活、正确地理解物流问题，运用科学的思路、方法和先进技术解决物流问题，创造更好的社会效益和经济效益的物流模式。智慧物流的核心和灵魂是提供科学的物流解决方案，为客户和社会创造更好的综合效益。智慧是活的东西，不仅要认识物流，还要能够解决物流问题，这决定了它是发展智慧物流的关键所在。当然，智慧物流的应用范围、成效有大有

· 9 ·

小，智慧物流涉及的物流系统和技术有难有易。

1.1.3 智慧物流的特征

与传统物流相比，柔性化、社会化、一体化和智能化是智慧物流的典型特征。

1.1.3.1 柔性化

柔性化本来是为实现以顾客为中心的理念而在生产领域提出的，即真正根据消费者需求的变化来灵活调节生产工艺。物流的发展也是如此，必须按照客户的需要提供高度可靠的、特殊的、额外的服务，以顾客为中心服务的内容将不断增多，其重要性也将不断增强，如果没有智慧物流系统的辅助，柔性化的目的是不可能达到的。

1.1.3.2 社会化

随着物流设施的国际化、物流技术的全球化和物流服务的全面化，物流活动并不仅仅局限于一个企业、一个地区或一个国家。为实现货物国际性的流动和交换，以促进区域经济的发展和世界资源的优化配置，一个社会化的智慧物流体系正在逐渐形成。智慧物流体系的构建对于降低商品流通成本将起到决定性的作用，智慧物流体系将成为智能型社会发展的基础。

1.1.3.3 一体化

智慧物流活动既包括企业内部生产过程中的全部物流活动，也包括企业与企业、企业与个人之间的全部物流活动。智慧物流的一体化是指智慧物流活动的整体化和系统化，它是以智慧物流管理为核心，将物流过程中运输、仓储、包装、装卸等诸环节集合成一体化系统，以最低的成本向客户提供最满意的物流服务。

1.1.3.4 智能化

智能化是物流发展的必然趋势，是智慧物流的典型特征，它贯穿于物流活动的全过程，随着人工智能技术、自动化技术、通信技术的发展，智慧物流的智能化程度将不断提高。智慧物流不仅仅限于处理库存水平的确定、运输道路的选择、货物自动跟踪的控制、自动分拣系统的运行、物流配送中心的管理等问题，而且随着时代的发展，它将不断地被赋予新的内容。

作为基本保证，从技术应用角度来看，智慧物流的特征主要体现在以下三个方面。

（1）运用现代信息和传感等技术，利用物联网进行信息交换与通信，实现对货物仓储、配送等流程的有效控制，从而实现降本增效、优化服务的目标。

（2）通过应用物联网技术和完善的配送网络，构建面向生产企业、流通企业和消费者的社会化共同配送体系。

（3）将自动化、可视化、可控化、智能化、系统化、网络化、电子化的发展成果运用到物流系统。

显然，智慧物流与智能物流是完全不同的概念。智能物流强调构建一个虚拟的物流动态信息化的互联网管理体系；而智慧物流更重视将物联网、传感网与现有的互联网整合起来，通过精细、动态、科学的管理，构建一个自动化、可视化、可控化、智能化、系统化、网络化的社会物流配送体系，从而提高资源利用率和生产力水平。因此，智慧物流在智能物流的基础上被赋予了更丰富的社会内涵。

1.2 智慧物流的功能与作用

1.2.1 智慧物流的基本功能

1.2.1.1 感知功能

感知功能是指运用各种先进技术获取运输、仓储、包装、装卸搬运、流通加工、配送、信息服务等各个环节的大量信息，实现实时数据收集，使各方能准确掌握货物、车辆和仓库等信息，初步实现感知智慧。

1.2.1.2 规整功能

规整功能是把感知之后采集的信息通过网络传输到数据中心，进行数据归档，从而建立强大的数据库，并对各类数据按要求进行规整，实现数据的联系性、开放性及动态性。此外，通过对数据和流程的标准化处理，推进跨网络的系统整合，实现规整智慧。

1.2.1.3 智能分析功能

智能分析功能是指运用智能模拟器模型等手段分析物流问题。根据问题提出假设，并在实践过程中不断验证问题，发现新问题，做到理论实践相结合。在运行中，系统会自行调用原有的经验数据，随时发现物流作业活动中的漏洞或者薄弱环节，从而实现发现智慧。

1.2.1.4 优化决策功能

优化决策功能是指结合特定需要，根据不同的情况评估成本、时间、质量、服务、碳排放和其他标准，评估基于概率的风险，进行预测分析，协同制定决策，提出最合理有效的解决方案，使做出的决策更加准确、科学，从而实现创新智慧。

1.2.1.5 系统支持功能

系统支持功能体现在智慧物流的各个环节并不是各自独立、毫不相关的，而是相互联系、互通有无、共享数据、优化资源配置的。智慧物流能够为物流各个环节提供最强大的系统支持，使得各环节实现协作、协调、协同。

1.2.1.6 自动修正功能

自动修正功能是指系统在前面各个功能的基础上，按照最有效的解决方案，自动遵循最快捷有效的路线运行。也就是说，系统在发现问题后能自动修正，并且备份在案，方便日后查询。

1.2.1.7 及时反馈功能

物流系统是一个实时更新的系统。反馈是实现系统修正、系统完善必不可少的环节。反馈贯穿于智慧物流系统的每一个环节，为物流相关作业者了解物流运行情况、及时解决系统问题提供强大的保障。

1.2.2 智慧物流的主要作用

1.2.2.1 降低物流成本，提高企业利润

智慧物流能大大降低制造业、物流业等各行业的成本，显著提升企业的利润。智慧物流的关键技术，诸如物体标识及标识追踪、无线定位等新型信息技术应用，能够有效实现物流的智能调度管理，整合物流核心业务流程，加强物流管理的合理化，降低物流消耗，从而降低物流成本，减少流通费用，增加利润。

1.2.2.2 加速物流产业的发展，成为物流业的信息技术支撑

智慧物流的建设，将加速地区物流产业的发展，集仓储、运输、配送、信息

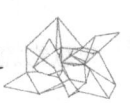

服务等多功能于一体，打破行业限制，协调部门利益，实现集约化高效经营，优化社会物流资源配置。同时，将物流企业整合在一起，将过去分散于多处的物流资源进行集中处理，可以发挥整体优势和规模优势，实现传统物流企业的现代化、专业化和互补性。此外，物流企业还可以共享基础设施、配套服务和信息，降低运营成本和费用支出，获得规模效益。

1.2.2.3 为企业生产系统、采购系统和销售系统的智能融合打下基础

随着 RFID 技术与传感器网络的普及，物与物的互联互通将给企业的物流系统、生产系统、采购系统与销售系统的智能融合打下基础，而网络的融合必将产生智慧生产与智慧供应链的融合，使企业物流完全智慧地融入企业经营之中，打破工序、流程界限，打造智慧企业。

1.2.2.4 为消费者节约成本，让消费者轻松、放心地购物

智慧物流通过提供货物源头自助查询和跟踪等多种服务，尤其是对食品类货物的源头查询，能够让消费者买得放心、吃得放心，从而增强消费者的购买信心，促进消费。

1.2.2.5 提高政府部门工作效率

智慧物流可全方位、全程监管商品的生产、运输、销售等环节，在大大减轻相关政府部门的工作压力的同时，使商品监管更彻底、更透明。通过计算机和网络的应用，政府部门的工作效率将大大提高。

1.3 智能制造与物流系统智能化

在智能制造大环境下，作为智慧供应链必不可少的重要组成部分，智能物流正在成为制造业物流新的发展方向。即通过互联网和物联网，整合物流资源，最终实现生产者和消费者的直连状态。《2016 年智能制造综合标准化与新模式应用项目指南》中首次将"智能物流与仓储系统"作为五大核心智能制造装备之一；《"十四五"智能制造规划》（以下简称《规划》）确立智能制造的发展目标。物流业与制造业融合发展，智能制造的发展必然也将释放出对物流装备、技术、模式的智能化的需求，此次《规划》多次重点提及智慧物流。智能物流被赋予了更重要的使命，也对物流系统提出了新要求。

智能制造可以分为生产制造与物料流通两个部分，即生产制造环节的提质增效与物料流通环节存储配送拣选的成本节约。实现智能物流系统与智能制造系统的互通互联、深度融合可以使整个物流系统实现合理化运作。

1.3.1 高度智能化

智能化是智能物流系统最显著的特征。与人们常说的自动化物流系统有所不同的是，智能物流系统不局限于存储、输送、分拣等单一作业环节的自动化，而是大量应用机器人、激光扫描器、射频识别技术、制造执行系统（manufacturing execution system，MES）、仓储管理系统等智能化设备与软件，融入物联网技术、人工智能技术、计算机技术、信息技术等，实现整个物流流程的自动化与智能化，进而实现智能制造与智能物流的有效融合。

1.3.2 全流程数字化

全流程数字化又称全产业链的数字化，起点是通过数字孪生技术来实现物理世界的数字化。全流程数字化就是通过数字化实现物理硬件虚拟化，然后再用数字让它可视化，可视化之后再进行场景化，最后实现全程的数字化。通过数字世界的优化、计算、分析、预测，与全流程无缝衔接起来，实现数字对制造与物流的赋能。

在智能制造的框架体系内，智能物流系统能够将制造企业内外部的全部物流流程智能地连接在一起，实现物流网络全透明的实时控制。而实现这一目标的关键在于数字化，只有做到全流程数字化，才能使物流系统具有智能化的功能。个性化、高端化、参与感、快速响应是工业4.0背景下物流的重要特点。未来物流的发展方向是智能的、联通的、透明的、快速的和有效的，而所有物流活动的实现都需要全流程的数字化作为支撑。在这个过程中，大数据、云计算等技术都将发挥重要作用。

1.3.3 信息系统互联互通

智能制造对物流信息系统也提出了更多的要求：一方面，物流信息系统要与更多的设备、更多的系统互联互通、相互融合，如仓储管理系统与制造执行系统的无缝对接，这样才能保障供应链的流畅；另一方面，物流信息系统需要更多依托互联网、信息物理系统（cyber physical systems，CPS）、人工智能、大数据等技术，实现网络全透明和实时控制，保证数据的安全性和准确性，使整个智能物流系统正常运转。

1.3.4 网络化布局

面对大规模的定制需求以及降低成本和优化效率的目标，有必要提高智能程度，连接生产的每一个环节的智慧，这样它们就有能力独立决策，不仅是任务的执行者，也是任务的发起者。

这里所讲的网络化，主要是强调物流系统中各物流资源的无缝连接，做到从原材料开始直到产品最终交付到客户的整个过程的智能化。德国弗劳恩霍夫物流研究院中国首席科学家房殿军分析认为，智能物流系统中的各种设备不再单独孤立地运行，它们通过物联网和互联网技术智能地连接在一起，构成一个全方位的网状结构，可以快速地进行信息交换和自主决策。这样的网状结构不仅保证了整个系统的高效率和透明性，同时也能最大限度地发挥每台设备的作用。

1.3.5 满足柔性化生产需要

对于智能制造来说，还有一个极为显著的特征就是"大规模定制"，即由用户来决定生产什么、生产多少。客户需求高度个性化，产品创新周期持续缩短，生产节拍不断加快，这些是智能物流系统面临的挑战。因此，智能物流系统需要保证生产制造企业的高度柔性化生产，根据市场及消费者个性化需求的变化来灵活规划生产活动，降本增效。

在大规模定制的时代，物流本身就是一种灵活的生产。在自动化的基础上，相应的物流系统需要更高的灵活性。柔性物流系统不仅包括工艺要求，还包括对硬件和布局的柔性要求。例如：在物流过程的设计中，尽量用多对多的方式代替一对一的设计；在硬件和布局方面，尽量考虑未来根据生产需要调整布局和系统调整的可能性。

1.4 智慧物流系统的机理与框架

1.4.1 智慧物流系统的智能机理

智慧物流系统将物联网、传感网与现有的互联网整合起来，通过智能获取、智能传递、智能处理、智能利用,实现对物流全过程的精细、动态、科学的管理,最终实现智慧化决策与运行。

1.4.1.1 智能获取

智能获取技术主要有条形码技术、传感器技术、射频识别技术、卫星定位技术、视频技术、图像识别技术、文字识别技术、语音识别技术、机器人视觉技术等,这些技术目前已在智慧物流系统中得到广泛应用。智能获取技术能够使物流从被动转为主动,在物流过程中实现主动获取信息、主动监控车辆与货物、主动分析信息,实现商品从源头开始的实时跟踪与管理,实现信息流快于实物流等目标。

1.4.1.2 智能传递

智能传递技术用于实现企业内部、外部的数据传递功能。智慧物流的发展趋势是实现整个供应链管理的一体化、柔性化,这离不开数据的交换与传递。智慧物流系统的智能传递技术主要包括通信基础网络、智慧物流信息网络两个方面。通信基础网络的智能传递技术主要是智能网技术、智能化网络管理与控制技术及智能网络信息搜索技术等智能通信技术,采用智能 Agent 技术及计算智能技术(如神经网络、遗传算法、蚁群算法等)进行网络的优化管理与实时控制,如服务质量(quality of service,QoS)路由优化等。在面向服务的架构(service-oriented architecture,SOA)技术环境下,智慧物流信息网络的智能传递技术主要是基于 Web Service 的物流信息服务搜索与发现技术、物流信息服务组合技术、消息中间件技术等。

1.4.1.3 智能处理

智慧物流系统的智能化水平在很大程度上取决于它代替或部分代替人进行决策的能力。而智能处理技术是智能物流系统进行"决策"的核心技术。通过对大数据进行分析与处理,建立优化、预测、评价、诊断、数据挖掘模型,为企业和政府的物流决策提供支持。这方面的技术主要有系统优化、系统预测、系统诊断、大数据技术、专家系统、数据挖掘、智能决策支持系统、计算智能技术等。

1.4.1.4 智能利用

智能利用主要体现在以下两个方面。

(1)人机系统。智慧物流系统是一个人机系统,人是智慧物流系统的重要组成部分，在智能处理的基础上，物流管理人员基于决策支持信息，作用于物流系统，体现的是人的智能。

（2）物流自动控制。智能控制技术是将智能理论应用于控制技术而不断发展起来的一种新型控制技术，它主要用来解决那些用传统的方法难以解决的复杂系统的控制问题，通常这些控制问题具有复杂性、随机性、模糊性等特点，利用数学方法难以精确描述。智能控制技术目前主要有模糊控制技术、神经网络控制技术、学习控制技术、专家控制技术等。目前，智能控制技术在智慧物流系统中的应用还比较少。艾伦（Allen）和赫尔费里希（Helferich）的研究表明，人工智能在物流领域的 105 项应用中，只有 5 项与控制有关。目前控制技术相关应用偏少，且随着社会经济的发展，物流系统中的控制问题，如物流作业领域中的物流设备的监控、自动搬运机器人、自动分拣机器人、自动化仓库的计算机控制等将变得越来越复杂，这些问题是否得到妥善解决将极大影响物流系统的反应速度和效率。

1.4.2 智慧物流系统的技术架构

智慧物流系统是基于物联网技术在物流业中的应用而被提出的，根据物联网的技术架构，智慧物流系统也有三层技术架构，如图 1-2 所示。

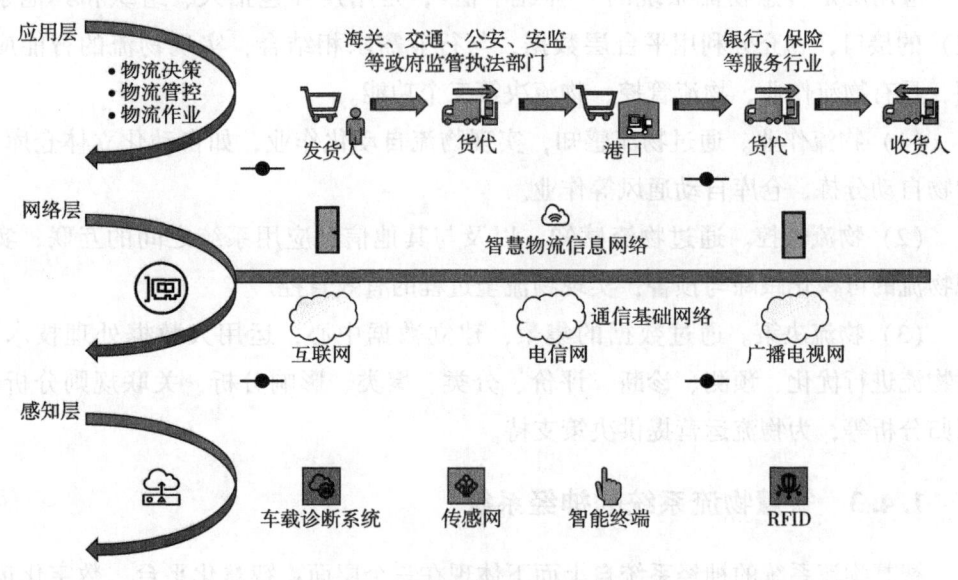

图 1-2 智慧物流系统的技术架构

1.4.2.1 感知层

感知层是智慧物流系统的"神经末梢",是智慧物流系统实现对货物感知的基础,是智慧物流的起点,其主要作用在于识别物体、采集信息。感知层通过多种感知技术实现对物品的感知,常用的感知技术有:条形码自动识别技术、RFID感知技术、全球定位系统(Global Positioning System,GPS)移动感知技术、传感器感知技术、红外感知技术、语音感知技术、机器视觉感知技术、无线传感网技术等。所有能够用于物品感知的各类技术都可以在物流系统中得到应用,在实际应用中需要考虑系统需求与技术成本等因素。

1.4.2.2 网络层

网络层是智慧物流的神经网络与虚拟空间,主要由各种私有网络、互联网、有线和无线通信网、传感网络等组成,用于连接智慧物流系统的"神经末梢"与"神经中枢",并实现多个"神经中枢"之间的信息交互。具体功能包括寻址和路由选择,以及连接的建立、保持和终止等,并利用大数据、云计算、人工智能等技术分析处理感知信息,产生决策指令,再通过感知通信技术向执行系统下达指令。

1.4.2.3 应用层

应用层是智慧物流系统的"神经中枢",是用户(包括人、组织和其他系统)的接口,它充分利用平台层数据,与行业需求相结合,实现物流的智能应用,具有物流作业、物流管控、物流决策三个功能。

(1)物流作业。通过物流感知,实现物流自动化作业,如自动化立体仓库、货物自动分拣、仓库自动通风等作业。

(2)物流管控。通过物流感知,以及与其他信息应用系统之间的互联,实现物流的可视化跟踪与预警,实现物流全过程的有效管控。

(3)物流决策。通过数据的集聚,建立数据中心,运用大数据处理技术,对物流进行优化、预测、诊断、评价、分类、聚类、影响分析、关联规则分析、回归分析等,为物流运营提供决策支持。

1.4.3 智慧物流系统的神经系统

智慧物流系统的神经系统自上而下体现在三个层面:智慧化平台、数字化运营、智能化作业。形象地说,如果把智慧物流看作"人",智慧化平台就是"大

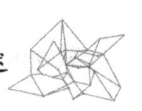

脑"，数字化运营就是"中枢"，智能化作业就是"四肢"。"大脑"负责开放整合、共享协同，通过综合市场关系、商业模式、技术创新等因素进行全局性的战略规划与决策，输出行业解决方案，统筹协同各参与方；"中枢"负责串联调度，依托云化的信息系统和智能算法，连接、调度各参与方进行分工协作；"四肢"负责作业执行，依托互联互通、自主控制的智能设施设备，实现物流作业高效率、低成本。

1.4.3.1 智慧化平台

随着商品交易品类越来越多，物流交付时效要求越来越高，物流服务范围越来越广，物流网络布局及供应链上下游的协同面临巨大挑战，这迫切需要依托智慧化平台，通过数据驱动网络的智慧布局，实现上下游协同共赢。

（1）数据驱动，智慧布局。网络布局是一个多目标决策问题，需要统筹兼顾覆盖范围、库存成本、运营成本、交付时效等指标。智慧化物流平台采用大数据及模拟仿真等技术来研究确定如何实现最优的仓储、运输、配送的网络布局，基于历史运营数据及预测数据的建模分析、求解与仿真运行，更加科学、合理地确定每类商品的库存部署，并解决每个分拣中心、配送站的选址和产能大小等一系列相关联的问题，显著提升了决策的效率与效果。

（2）开放协同，增值共赢。当前，我国物流业信息化程度整体不高，物流业所涉及各方的协同成本仍然过高。全国7 000万家中小企业和个体工商户之间缺乏信息互联互通，"信息孤岛"现象突出。供求信息不匹配，信息交换不顺畅，供应链传导不及时，势必增加企业成本、降低效率，严重影响服务质量。只有打通信息联通的渠道，推进信息开放共享，智慧物流才具备成长的基础。未来将统一行业标准、共享基础数据，基于大数据分析洞察各行业、各环节的物流运行规律，形成最佳实践，明确各参与方在智慧物流体系中最适合承担的角色。在此基础上，上下游各方在销售预测、计划等层面进行共享，协作生产、物流等各环节的运营，实现供应链的深度协同。

【案例1-1】智慧化物流平台——菜鸟联盟

2016年3月，菜鸟网络联合多家快递企业成立"菜鸟联盟"，运用大数据赋能合作伙伴，为消费者提供当日达、次日达等高效的快递服务；9月，菜鸟网络联合网商银行，正式上线物流供应链金融产品，从销售端向生产端延伸，从物流业向金融业拓展，通过大数据算法，打通了存货与销售的授信，真正实现了全链路覆盖的金融解决方案。

菜鸟全球智慧物流峰会于 2018 年 5 月 31 日在杭州举行，马云在现场进行了主旨发言。马云设想，智慧物流的发展将使得早上在挪威捕的三文鱼到晚上就能运达杭州。具体而言，阿里巴巴和菜鸟将投资上千亿元建设国家智能物流骨干网，这个网络将依托"一带一路"让包裹在 72 小时之内必达全球，在中国任何一个地方可做到 24 小时必达。

在国家智能物流骨干网络的建设中，菜鸟扮演的是赋能者的角色，主要任务是创造出更多赋能整个物流行业的产品和技术，帮助菜鸟平台上的所有物流公司完成数字化转型，让整个物流行业的效率得到提升。

马云在峰会上表示："以前我讲过，阿里巴巴不会自己做快递服务，但我们会支持快递服务。阿里巴巴必须有一个物流的框架思考，必须为全国乃至全世界的物流行业的提升做贡献，做别人不愿做、做不到的事情。这就是菜鸟要打造的。菜鸟如果有一天能成功，肯定不是简单做物流，而是建立物流网络。"

过去几年，围绕快递、仓配、国际、末端、农村五张物流网络，菜鸟已经进行了大量的投资布局。中国电子商务研究中心相关研究报告显示：阿里巴巴和菜鸟网络在快递领域已经投资了圆通、百世、苏宁物流、天天快递、全峰等；即时配送领域投资了饿了么、点我达等；落地配送领域投资了万象物流、晟邦物流等；货车匹配领域投资了运满满等；仓储自动化领域投资了心怡科技、快仓、北领科技等；智能快递柜领域投资了中邮速递易；家居物流领域投资了日日顺；国际物流领域投资了新加坡邮政；跨境物流领域投资了递四方。

正是这些投资，让菜鸟构建了一个巨大的、高效的物流管理平台，实现了物流从大型区域仓到城市仓，再到大型商超和万千小店的快速配送，打通了物流的"最后一公里"，重塑了"一盘货"供应链，实现了新物流驱动新零售创新。

1.4.3.2 数字化运营

物流需求正在变得更加多样化、个性化，通过数字化技术，在横向的仓储、运输、配送等业务全流程，纵向的决策、计划、执行、监控、反馈的运营全过程中，根据实时需求进行动态化决策，根据具有自学习、自适应能力的运营规则进行自主管理，并在信息系统中落地实现。数字化运营的技术要求为：动态决策，自主管理；软化灵动，智能调度。

【案例1-2】 7-Eleven采用信息采集+供应链管理成就霸主地位

在互联网无情冲击实体店的今天，具有49年历史的7-Eleven一直保持着强劲的增长。由于对数据天然敏感，铃木创造出著名的7-Eleven数据驱动的单品管理模式和基于数据分析的"假设—执行—验证"的工作模式。即日复一日地对每个单品进行假设和验证，在门店备足顾客所需的畅销品，剔除滞销品，提高订货准确度。比如，每天进行数据统计和数据分析：什么样的商品销量不高，利润又不高，必须立刻拿掉；什么样的商品销量高，利润又高，就加大部署；什么样的商品虽然销量不高，但是利润很高，属于利润型产品；什么样的商品利润不高，但是销量很高，属于导流型产品。每一款产品都有它强大的功能，用这种方式把每一平方米的绩效都做到极致。实现一品一功能、一品一市场、一品一客户。

7-Eleven还是日本首家引入销售终端（point of sale，POS）信息系统的公司。POS系统的引入，也让7-Eleven在整体把控产品动态、平衡收支情况等方面优于同行。很多人理解的信息系统只是一套管理软件。但实际上，在整个链条中，这套信息系统打通了从终端门店到上游厂商的每一个环节。所有的加盟店都被信息系统所覆盖，没有中间环节，采购直接对接厂商，没有任何加价。如此一来，便实现了整个供应链体系的最强竞争力。信息系统的覆盖不仅可以提升效率，还有利于获取大数据信息，提升整体经营效益。例如，7-Eleven门店人员会将来店消费者特征输入到POS机中，建立消费者数据库，作为日后调整经营策略、进行商品开发的参考数据。

秉承着为顾客在"需要的时间"提供"需要的数量"的"需要的商品"这一目标，7-Eleven在数字化和信息化方面进行了持续的投入，以便在各个环节（订货、制定商品政策、物流等）中能够进行支援。与网络化供应链模式类似，7-Eleven通过专用的硬件和软件构建了以数据为中心进行数据交互和整合的信息系统，将门店、供应商、共配中心、总部等各个节点链接起来。

有了7-Eleven数字化体系的支持，店铺可以按照自己的销售状况直接订货，有效防止了店铺和共配中心的库存过度积压；同时将店铺的订货、销售数据用于独创的商品开发流程和物流配送流程的运作。

7-Eleven没有构建自有的物流中心，而是通过与既有批发商的合作关系，针对不同类型的商品，分类进行多次小规模配送。通过共同配送（多个厂商的商品由1台配送车辆配送），把单店铺70次左右的配送车次减少到9次。精细化的管理机制、数据化的后台支撑、强大的物流体系和供应链能力、以用户思维开发商品、用共享思维打造利益共同体等是7-Eleven成功的关键所在。

1.4.3.3 智能化作业

智能化作业的核心是依托一系列互联互通、自主控制的智能设施设备，在仓储管理系统（warehouse management system，WMS）、仓储控制系统（warehouse control system，WCS）、运输管理系统（transportation management system，TMS）等业务运作系统的智能调度下，实现仓储、运输、配送环节各项作业的智能化执行，在满足客户需求的前提下，实现物流作业的降本增效。由于商品属性的差异较大，物流企业要结合自身的实际情况，选择最适合的智能化作业实现方式。

【案例1-3】德国海蒂诗物流中心

德国海蒂诗于1888年在德国黑森林创建，创始人为卡尔·海蒂诗，最开始是一家生产布谷鸟钟零部件的小公司。海蒂诗总部位于德国基希伦根（Kirchlengern），在全球范围内拥有员工约6 000人，每年的销售额超过7亿欧元。公司主要客户是家具制造商、工匠生产商和五金配件经销商，以及DIY建材超市和家居装修用品超市。

德国海蒂诗物流中心的智能化仓储作业模块包括入库、存取、拣选、包装和出库等作业。目前基于多层穿梭车技术的货到人拣选已经实现，未来将会应用拣选效率更高的货到机器人拣选方式，以及取货+拣选一体化的机器人拣选方式。

不仅如此，该中心的智能化运输与配送作业模块也日趋完善。目前，运输、分拣和派送环节的辅助驾驶、编队运输、自动化及机器人分拣、智能终端已经实现应用。随着购物场景的碎片化以及交付地点的动态化，未来在实现无人化作业的同时，会基于实时定位的应用，在消费者日常的某个动态节点实现交付，与消费者的工作和生活完美融合。

1.4.4 智慧物流系统的业务体系

智慧物流系统是在技术定位上，采用云计算、物联网、三网融合等新一代信息技术打造的智慧物流体系的物流平台，是对传统物流系统的改良以及对传统信

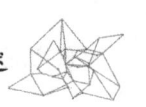

息平台的更新换代。与传统物流系统相比，智慧物流系统主要通过在各个业务层次运用先进的信息化技术、设备，进行有效的物流信息获取、传递、处理、控制和展示，提高整个系统的智能化水平，从而提高整个系统的运行效率。

1.4.4.1 物流感知层

RFID 技术、传感器技术、纳米技术、智能嵌入技术为感知层的关键技术。RFID 技术主要由电子标签、阅读器组成。电子标签内存有一定格式的标示物体信息的电子数据，是未来几年代替条形码走进物联网时代的关键技术之一。该技术具有一定的优势：能够轻易嵌入或附着，并对所附着的物体进行追踪定位；读取距离更远，存取数据时间更短；标签的数据存取有密码保护，安全性更高。RFID 目前有很多频段，目前最为常见的频段主要集中在 13.56MHz 频段和 900MHz 频段。短距离应用方面通常采用 13.56MHz 频段；而 900MHz 频段多用于远距离识别，如车辆管理、产品防伪等领域。阅读器与电子标签可按通信协议互传信息，即阅读器向电子标签发送命令，电子标签根据命令将内存的标志性数据回传给阅读器。

RFID 技术与互联网、通信等技术相结合，可实现全球范围内物品跟踪与信息共享。但其技术发展过程中也遇到了一些问题，主要是芯片成本较高，其他问题如 RFID 防碰撞、防冲突、天线研究、工作频率的选择及安全隐私等，也在一定程度上制约了该技术的发展。

传感技术、计算机技术与通信技术被称为信息技术的三大支柱。传感技术主要是关于如何从自然信息源获取信息，并对之进行处理（变换）和识别的一门多学科交叉的现代科学与工程技术。传感技术的核心即传感器，它是实现物联网中物与物、物与人信息交互的必要组成部分。目前无线传感器网络的大部分应用集中在简单、低复杂度的信息获取上，只能获取和处理物理世界的标量信息。然而这些标量信息无法刻画丰富多彩的物理世界，难以实现真正意义上的人与物理世界的沟通。为了弥补这一缺陷，既能获取标量信息，又能获取视频、音频和图像等矢量信息的无线多媒体传感器网络应运而生。作为一种全新的信息获取和处理技术，无线多媒体传感器网络利用压缩、识别、融合和重建等多种方法来处理信息，以满足无线多媒体传感器网络多样化应用的需求。

嵌入式系统是以应用为中心，以计算机技术为基础，并且软硬件可裁剪，适用于对功能、可靠性、成本、体积、功耗有严格要求的专用计算机系统。它一般由嵌入式微处理器、外围硬件设备、嵌入式操作系统及用户应用程序 4 个部分组成，用于实现对其他设备的控制、监视或管理等功能。

1.4.4.2 核心业务层

（1）智能运输。智能运输是指根据物联网感知到的货物信息、物流环境信息、基础设施信息、设备信息确定运输路线和运输时间的运输方式。智能运输在物流中的应用主要集中在运输管理和车/货集中动态控制两方面，可实现实时运输路线追踪、货物在途状态控制和自动缴费等功能。智能运输用到的主要技术有移动信息技术、车辆定位技术、车辆识别技术、通信与网络技术等。

（2）自动仓储。自动仓储是指利用物联网技术实现自动存储和取出物料。自动仓储系统由感知货架、智能托盘、自动搬运机构、堆垛机的自动控制和自动仓库管理系统等部分构成，通过物联网提供的货物信息确定仓库存货战略。仓储业务中的货物验收、入库、定期盘点和出库等环节可实现自动化及实时监控货物状态。

（3）动态配送。动态配送即利用物联网技术及时获得交通条件、价格因素、用户数量及分布、用户需求等因素的变化，并对以上各因素进行分析，制定动态配送方案，在提高配送效率的同时提高服务品质。

（4）信息控制。物联网对物流信息的全面感知、安全传输和智能控制可实现从物流信息管理到物流信息控制的飞跃。物联网可利用其技术优势通过信息集成实现物对物的控制，信息控制的应用可进一步提高整个物流系统的反应速度和准确度。

1.4.5 智慧物流系统的应用

目前，智慧物流系统基于共享服务体系构建而成，整合大数据、人工智能及标准数字化运营技术，通过真实、客观的全域测量，打通感知和认知智能，实现前端业务精准即时的触达，覆盖数据分析、数据洞察及应用优化的商业智能决策闭环，帮助企业实时、全面、准确地评估业务效果，优化商业决策、提升商业价值。智慧物流系统可以大致分为如下三个系统。

1.4.5.1 产品智慧可追溯系统

产品智慧可追溯系统在食品、钢铁、农产品、医药、烟草等行业发挥着巨大作用，可实现对产品的追踪、识别、查询，以及信息采集与管理等，强化了生产经营者的安全责任意识，为消费者提供尽可能全面的信息。产品智慧可追溯系统

1 智慧物流概述

可实现产品从原料、加工到成品运输等全过程的追溯，通过射频识别技术，对标签卡实现了读/写内部数据信息的功能，并通过无线电波将产品状态和定位信息实时传输到产品的智慧可追溯系统。用户可以通过登录系统查找相应产品的安全追溯信息。食品安全生产管理者也可以通过登录系统在出现产品安全问题时迅速发现、识别并召回有害产品，防止问题产品的流散。从这种意义上讲，产品智慧可追溯系统能够避免一部分生活中的产品质量安全问题，提高消费者对产品的信赖度。

1.4.5.2 可视化智慧物流调度管理系统

可视化智慧物流调度管理系统基于计算机、网络、GPS、GIS、RFID等多种技术和智慧物流理念，结合有效的管理方式，在物流过程中实现车辆定位、运输物品监控、车辆实时调度、可视化监控管理等功能，使整个物流供应链更加透明化，实现对物流资源的有效配置，从而提供高效、准确的物流服务。物流公司在每辆配送车辆上安装GPS或带独立系统电源的RFID钢质电子锁，在每件货物的包装中嵌入RFID芯片，从而建立起信息的定位与采集系统。物流公司和客户都能通过登录可视化智慧物流调度管理系统，了解车辆和货物所处的位置和环境。在运输过程中，可根据客户的要求，对货物进行及时的调整和调配，实现货物的全程实时监控，防止货物遗失、误送等问题。利用系统积累的数据，通过建立物流业务的数学模型，对历史数据进行分析、挖掘，在评估货物配送方案、预估货物配送时间、优化物流运输路线、减少中间环节、缩短运输时间等方面为用户提供决策支持。通过货物上的RFID芯片，在货物装卸时自动收集货物装卸信息，实现货物的自动放置，节约物流作业时间，提高物流运营效率，降低物流成本。

1.4.5.3 智慧物流配送中心

智慧物流配送中心采用先进的计算机通信技术、RFID技术、GPS技术、GIS技术等，通过科学化、合理化的科学管理制度，采用现代化的管理方法和手段，借助配送中心智能控制、自动化操作的网络，在基本实现机器自动堆垛、货物自动搬运、产品自动分拣、堆垛机自动出/入库等功能的基础上，实现整个物流作业与生产制造的自动化、智能化与网络化，并最终实现物流配送功能集成化、配送作业规范化、配送服务系列化、配送目标系统化、配送手段现代化、配送组织网络化、配送经营市场化、配送管理法制化。智慧物流配送中心可实现对整个物流配送过程的实时监控和实时决策，实现商流、物流、信息流、资金流的全面协同，充分发挥其基本功能，保障相关企业和用户整体效益的实现。

下面以仓储监控业务为例，具体说明智慧物流系统的应用模式。

在仓储监控业务中，智慧物流系统依靠比较成熟的 RFID 技术，采用远距离识别方式，利用网络信息技术对出/入库及在库商品进行智能化、信息化管理，实现自动记录货品出/入库信息、智能盘点、记录及发布货品的状态信息、车辆配载、卸货盘点等功能。

其活动过程如图 1-3 所示。

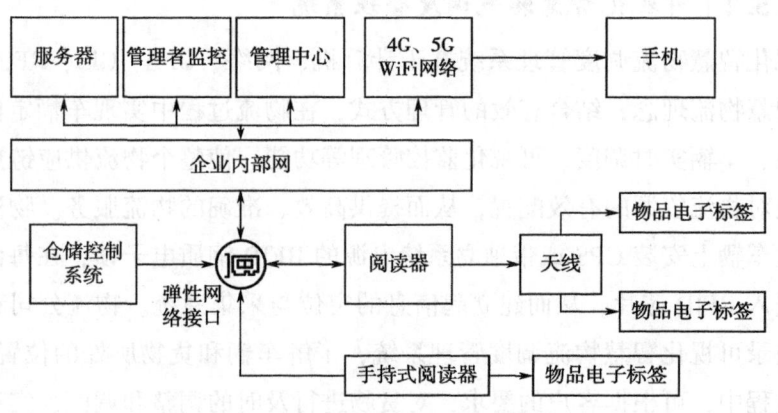

图 1-3　仓储监控活动过程

从图 1-3 中可以看出，智慧仓储监控系统集成了 RFID 技术、无线通信技术、网络技术及计算机技术。硬件部分有各种阅读器、天线、电子标签等。阅读器接收通过天线传递的电子标签信息，然后通过局域网将其传到信息管理系统中，对数据库中的数据进行处理。系统正常工作的前提是仓库的自动识别系统能够有效地识读物品电子标签，并安全识读电子标签内存储的数据，保证信息的准确性。因此在系统构建时，既要充分考虑标签与通信系统的标准化问题，也要考虑信息加密技术的可行性问题，还要考虑和 GPS 等系统的配合问题。

1.5　智慧物流信息平台系统

物流行业的快速发展对物流信息化服务提出了更高要求，只有通过推进物流

信息化建设，才能实现物流行业的系统化和现代化。物流信息平台是支持和提供物流服务供需信息的交互网站，随着智慧物流的快速发展，传统的物流信息平台已不能满足物流智能化、敏捷化的要求。智慧物流信息平台很好地解决了这一问题。

智慧物流信息平台是沟通物流活动各环节的桥梁，借助集成化技术，利用大数据、物联网、云计算及先进的信息技术将各层面的物流信息进行整合，可引导供应链结构的变动和物流布局的优化，支持物流活动中各业务运行及服务质量的管理控制，协调商物结构，促进商物供需平衡，协调人、财、物等物流资源的配置，促进物流资源的整合和合理利用。

智慧物流信息平台系统通过分析系统内外部各种资源和各方的需求，采用智慧配送技术，选择最佳运输路径，以降低配送成本，对物流的作业活动进行管理。智慧物流信息平台系统利用系统功能建立数学分析模型，将数据导入数学模型，得出物流战略和策略上的可选方案、物流中心选址、物流经营策略等，在满足用户需求的前提下，分析历史数据，考虑客户的服务水平、运输成本等因素，以保持合理的库存水平。

本节基于我国智慧物流的实际情况和发展需求，利用大数据技术及先进的信息技术，通过整合各参与机构的信息及物流服务，构建包括智慧物流商物管理平台、智慧物流供应链管理平台及智慧物流业务综合管控平台在内的智慧物流信息平台。该平台可为物流运作提供有力支撑，解决长期存在的物流业务彼此独立运作、缺乏整合、物流业务之间难以无缝连接的问题，从而达到降低物流成本、提高效率、提升管理和服务水平的目的。

智慧物流信息平台利用现代化信息技术与管理理念提高物流作业效率，扩大物流业务范围，降低物流成本，实现综合监管，提高企业内部管理水平，提高相关企业服务水平，带动区域经济发展。

1.5.1 智慧物流信息平台的设计原则与目标

1.5.1.1 智慧物流信息平台的设计原则

智慧物流信息平台是一个庞大而复杂的系统，因此在平台建设上要采用先进的建设思想，不仅要满足用户当前的需求，而且要能够随着需求的增加而扩展。平台设计采取的技术路线是：采用成熟的软硬件技术，努力开拓建设智慧物流信息平台的新技术。因此，平台在保证经济实用的前提下，还要遵循如下原则。

（1）规范性。智慧物流信息平台必须支持各种开放的标准，不论是操作系统、数据库管理系统、开发工具、应用开发平台等系统软件，还是工作站、服务器、网络等硬件，都要符合当前主流的国家标准、行业标准。

（2）先进性。在平台构建过程中应尽可能地利用一些成熟的、先进的技术手段，使系统具有更强的生命力。

（3）可扩展性。智慧物流信息平台的规划设计在充分考虑与现有系统无缝对接的基础上，要考虑未来新技术的发展对平台的影响，保证平台改造与升级的便利性，以适应新的技术与新的应用功能的要求。

（4）开放性。智慧物流信息平台的规划设计应充分考虑平台与外界信息系统之间的信息交换，因为它是一个开放的系统，需要通过接口与外界的其他平台或系统相连接。

（5）安全可靠性。智慧物流信息平台的业务系统直接面向广大用户，在业务系统上流动的信息直接关系到用户的经济利益，并且这些信息都是高度共享的。因此，只有保证系统的高度安全，才能保证信息传输的安全性，才能为用户的利益提供保障并提高用户的忠诚度和信赖度。

（6）合作性。智慧物流信息平台需要整合不同部门的信息，需要政府、企业、商家和信息系统开发商等多方参与系统的开发、维护和使用，只有各方统一规则、通力合作、积极参与，才会取得良好的效益。

1.5.1.2 智慧物流信息平台的设计目标

智慧物流信息平台将智慧物流理念贯穿于整个平台的规划和运营中，通过大数据、云计算、物联网等新技术，建立开放、透明、共享的物流信息平台，为物流企业、电子商务企业、仓储企业、第三方/第四方物流服务商、供应链服务商等各类企业提供一体化的物流服务解决方案，从而达到物流服务一体化、物流过程可视化、物流交易电子化、物流资源集成化、物流运作标准化、客户服务个性化的目标。

（1）物流服务一体化。智慧物流信息平台对主要物流业务进行整合，以消除物流业务之间不能无缝对接的情况，加强不同业务的协同和整合能力，提高物流服务整体效率。

（2）物流过程可视化。智慧物流信息平台通过应用大数据技术、物联网技术、云计算技术、全球卫星定位系统等技术，使物流活动的整个过程透明、可追

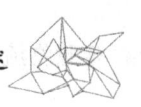

溯，对物流运营进行全面管控和规范化管理，从而提高物流运作效率。

（3）物流交易电子化。智慧物流信息平台的物流电子商务功能可提升物流服务交易效率，提高客户和物流企业的互动效率，降低物流服务的搜寻和交易成本，提高客户满意度。

（4）物流资源集成化。智慧物流信息平台通过整合各类物流资源，对其进行合理化分类管理和调度，将更加有效地调度更多的社会物流资源，实现智慧物流。

（5）物流运作标准化。智慧物流信息平台对物流运作方案实行全面标准化管理，可实现标准化信息管理和物流业务运作，提高管理效率和防范风险能力。

（6）客户服务个性化。智慧物流信息平台以客户需求为目标，能满足不同客户的多样化需求，为客户提供更加专业、细致、多样化的个性化智慧物流服务，提升企业服务水平及服务效率，从而提高客户满意度。

1.5.2 智慧物流信息平台业务体系设计

本节中的智慧物流信息平台业务主要指智慧物流商物管理、智慧物流供应链管理及智慧物流业务综合管控三个层面的物流业务。智慧物流商物管理主要是对商物的品类、流量流向、供需及商物协同等的管理；智慧物流供应链管理从供应链的角度出发，主要对采购物流、生产物流、销售物流等业务进行管理；智慧物流业务综合管控以仓储、配送、运输为核心业务，除此之外还包括货物信息发布、物流过程控制等一些增值业务。

从宏观的物流商物管理到中观的物流供应链管理，再到微观的物流业务综合管控，各层面的物流业务有所不同。针对我国智慧物流的发展现状及相关企业对智慧物流信息平台的需求，智慧物流信息平台根据各层面的业务特点将其合理科学地按一定层次组织在一起，形成智慧物流信息平台业务体系（如表1-1所示）。

根据表1-1可知，智慧物流信息平台从宏观物流、中观物流、微观物流三个角度出发，分别对智慧物流商物管理、智慧物流供应链管理、智慧物流业务综合管控三个层面的业务进行了详细设计。

表 1-1 智慧物流信息平台业务体系

智慧物流信息平台业务体系							
智慧物流商物管理	商物品类管理	商物品类现状评估	商品关联性分析	品类管理效果评估	……	安全防护	
	商物流量流向管理	流量流向分析	流量流向预测	运输销售网络规划	……		
	商物供需管理	供需信息管理	供需情况预测	运行记录	……		
	商物协同管理	客户管理	订单管理	进销存管理	……		
智慧物流供应链管理	采购物流管理	供应商信息管理	采购计划制订	采购订单管理	……	安全管理	入侵检测
		客户需求管理	库存管理				
	生产物流管理	生产成本控制	生产效率管理	生产质量管理	……		
		生产设备管理	生产人员管理				
	销售物流管理	销售网络管理	销售模式管理	销售计划制订	……		
		销售成本控制	销售信息查询				
	一体化物流管理	企业需求一体化	采购一体化	生产一体化	……		
		物流一体化	客户关系一体化				
智慧物流业务综合管控	自动仓储管理	仓库基本信息管理	货物入库管理	货物出库管理	……		物联网安全
		订单管理	费用结算				
	动态配送管理	车辆信息管理	配送计划制订	配送路线规划	……		
	智能运输管理	车辆信息管理	运输计划制订	运输路线规划	……		
	物流过程控制管理	车辆信息记录	车辆货物状态监控	车辆货物安全管理	……		
	分析与优化决策管理	行业数据处理	统计分析	数据挖掘	……		
		数据预测	智能决策	联合决策			
	货物信息发布管理	企业供求信息管理	车辆货物信息管理	信息交换与共享	……		防火墙
	增值服务管理	电子支付结算	第三方认证	合同与协议管理	……		

1.5.2.1 智慧物流商物管理

智慧物流商物管理是按照商品类别、货物性质、产品类型等不同分类标准和规则，将商物分为不同品类。在物品分类的基础上，根据不同商物品类的特点和

性质对商物进行相关业务管理，主要包括商物品类管理、商物流量流向管理、商物供需管理、商物协同管理等，从而满足客户的多样化需求，提高企业服务水平。

1.5.2.2　智慧物流供应链管理

智慧物流供应链管理是从供应链角度出发，对整个供应链过程进行管理监督，主要包括采购物流管理、生产物流管理、销售物流管理及一体化物流管理等业务。通过对供应链相关业务的管理监控，实现供应链的协同一体化。

1.5.2.3　智慧物流业务综合管控

智慧物流业务综合管控主要是对仓储、配送、运输等物流核心业务进行管理，主要包括自动仓储管理、动态配送管理、智能运输管理、物流过程控制管理、分析与优化决策管理、货物信息发布管理、增值服务管理等业务。通过对物流各业务过程的管理，实现物流业务操作的可视化及智能化。

1.5.3　智慧物流信息平台功能体系设计

物流信息平台可实现对物流各业务的管理监控、物流各业务信息的交互共享，从而方便相关企业的物流工作，提高企业的服务质量及客户的满意度。智慧物流信息平台的主要功能是对前面提到的三个层面的业务进行管理监督，使得各项业务能够顺利、快速地完成，同时对各物流业务信息进行实时更新，实现各用户之间的物流信息共享，从而达到合理配置物流资源、提高物流服务水平、提高整个物流系统效率的目的。

1.5.3.1　智慧物流商物管理信息平台的功能

智慧物流商物管理信息平台从商品货物流通的角度出发，对商品货物（以下简称"商物"）的品类、流量流向、供需管理及协同管理进行智能管控。

（1）商物品类管理。商物品类管理是指按照不同分类标准对商物进行分类。其中，按商品类别不同，可将商物分为食品类、五金类、化工类等；按货物性质不同，可将商物分为普通货物和特殊货物；按产品类型不同，可将商物分为农产品和工业品等。智慧物流商物管理信息平台在商物分类的基础上，利用大数据及智能处理技术，系统地收集、存储货物品类信息、进出历史记录、货物进出状况、生产地及消费地等数据，掌握客户对不同商品的消费情况，利用历史数据对客户需求进行预测，从而向客户提供超值的产品或服务来提高企业的营运效果。

（2）商物流量流向管理。智慧物流商物管理信息平台可对不同商物流通过程中商物的流量、流向进行量化处理，根据某类商品在不同区域的生产消费结构和客户需求，科学合理地规划商品销售网络，从而实现社会资源的合理配置，提高资源的利用水平。

（3）商物供需管理。智慧物流商物管理信息平台利用大数据捕捉、处理、分析、预测等技术，通过对各种商品货物供需数据的收集及分析，可掌握商品在不同区域的供需情况。根据商物实际供需情况，对商物的供需市场进行调节，从而实现商物的供需平衡。

（4）商物协同管理。智慧物流商物管理信息平台可对不同品类商品采购、生产、销售的整个过程进行协同管理，从而实现商品流通过程的可视化、智慧化监管，优化企业商物综合管理体系，节省人力资源开支，提高企业运营效率。同时，商物协同管理还可对商物的核心节点和主要通道进行管理控制，保证商物在整个运输网络中的顺畅流通。

1.5.3.2 智慧物流供应链管理信息平台的功能

基于大数据所形成的智慧物流供应链强调供应链的数据智慧性、网络协同化、决策系统化。智慧物流供应链管理信息平台利用大数据等先进技术，从供应链角度出发，可实现对整个供应链管理业务的智能监控管理。

（1）采购物流管理。采购物流管理是指对包括原材料等在内的一切生产物资的采购、进货运输、仓储、库存、用料和供应活动的管理。智慧物流供应链管理信息平台可对采购物流整个过程中涉及的供应商、库存情况、采购计划、采购渠道、采购订单、客户需求等进行管理，对采购过程进行严密的跟踪、监督，从而实现企业对采购活动执行过程的科学智能管理。

（2）生产物流管理。生产物流是指在生产过程中的物流活动，指从原材料购进开始直到产成品发送为止的全过程的物流活动。智慧物流供应链管理信息平台可对企业生产物流全过程进行全程监管跟踪，科学管理生产物料及生产设备，有效控制生产成本，从而使企业可以全面、快速、有效地控制整个生产过程。

（3）销售物流管理。销售物流是指生产企业、流通企业在出售商品时，物品在供方与需方之间的实体流动，它是企业物流系统的最后一个环节。智慧物流供应链管理信息平台可对企业销售物流业务进行综合管控，对商品的包装、储存、运输配送、流通加工等整个销售过程进行管理，同时可对企业销售物流网络进行规划与设计，实现企业销售过程的自动化、可视化和智能化。

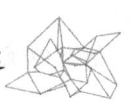

（4）一体化物流管理。智慧物流供应链管理信息平台以一体化机制为前提，以一体化技术为支撑，以信息共享为基础，从系统的全局观出发，整合供应链上下游各个企业的信息，通过高质量的信息传递与共享，实现供应链节点企业的战略协同、技术协同和信息协同。

1.5.3.3 智慧物流业务综合管控信息平台的功能

智慧物流业务综合管控信息平台从物流的基本业务角度出发，对货物的仓储、运输、配送等基本物流业务进行管控。

（1）自动仓储管理。智慧物流业务综合管控信息平台可利用大数据相关技术对企业货物仓储、出入库、客户统计等活动进行全方位管理，从而提高仓储效率，降低仓储成本。

（2）动态配送管理。智慧物流业务综合管控信息平台在利用调度优化模型生成智能配送计划的基础上，采用多种先进技术对物流配送过程进行智能化管理，可有效降低物流配送的管理成本，提高配送过程中的服务质量，保障车辆和货品的安全，并对物流配送环节进行可视化管理。

（3）智能运输管理。智慧物流业务综合管控信息平台通过综合考虑货物种类、数量、特点，制订合理的货物运输计划，智能生成运输路线，对货物运输过程进行全程监管，以保证货物在被安全、快速地送达目的地的同时，节省运输资源，提高运输质量及运输效率。

（4）物流过程控制管理。智慧物流业务综合管控信息平台可利用物联网技术对在途车辆及货物进行实时跟踪监控，当发现车辆或货物存在安全隐患时，及时向车辆及司机发出警告，保证车辆和货物在运输配送过程中的安全，实现货物运输配送过程的可视化监管。

（5）分析与优化决策管理。智慧物流业务综合管控信息平台可利用物流过程中产生的各种数据，通过大数据分析预测技术，对海量数据进行处理分析，挖掘客户与物流规律，为企业决策者做出正确的决策提供依据。

（6）货物信息发布管理。智慧物流业务综合管控信息平台可对生产企业、物流企业、商贸企业的各类货物信息、物流资源进行整合分类，通过信息交换技术实现各企业之间的信息共享，保证货运相关信息的实时发布，从而帮助企业获得更多的行业动态信息，提高企业的运营效率。

（7）增值服务管理。智慧物流业务综合管控信息平台除了提供一些基本的物流服务外，还可为用户提供包括电子支付结算、第三方认证、合同与协议管理和违约处理等各种延伸增值服务,从而提高企业的服务质量及运营管理效率。

【案例 1-4】 一达通——智慧供应链中的信息治理方式

随着互联网技术的快速发展及其在企业间的不断渗透,企业的竞争对手和边界都在变得日益模糊,企业的市场竞争已经从单个企业与企业之间的竞争转化为供应链与供应链之间的竞争。通过有效应用金融工具和财务杠杆来提升供应链的生产力和竞争力,正在成为现代企业竞争的关键。

一达通(即成立于 2001 年的深圳市一达通企业服务有限公司)就是金融机构与供应链企业之间进行"产融结合"的典范。一达通的智慧供应链信息服务平台(如图 1-4 所示)是中国第一家中小企业外贸综合服务平台。

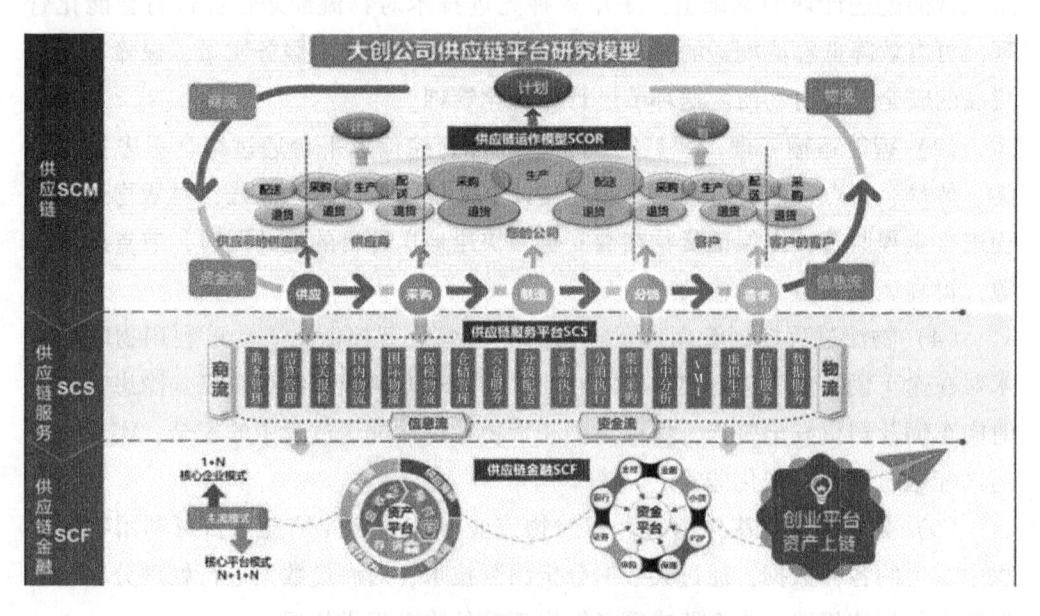

图 1-4 一达通的智慧供应链信息服务平台

该平台通过互联网为中小企业和个人提供金融、通关、物流、退税、外汇等所有外贸交易所需的进出口环节一站式服务,改变了传统外贸经营模式集约分散的外贸交易服务资源,帮助广大中小企业和个人减轻了外贸经营压力、降低了外贸交易成本、解决了贸易融资难题。公司于 2010 年 11 月加入阿里巴巴,成为阿里巴巴集团跨境企业对企业(Business to Business,B2B)业务的重要平台。目

前,已有3万多家外贸企业以一达通的名义进行出口贸易。

阿里巴巴一达通的主要服务对象是中国经济的中坚力量——中小微企业,这些企业占我国企业总数的90%以上,贡献了近60%的经济总量。在企业面临出口压力、全球竞争和产业转型升级困境的当下,如何解决中小微企业融资难的问题,成为多年来全国经济领域谈论的热门话题。特别是金融危机后,中小微企业即便能获得优质大额海外订单,也会面临应收账款周转率低带来的巨大资金压力。这一问题的难点在于:中小微企业业务分散、规模小、产业链地位低、管理不规范。阿里巴巴一达通看准这一形势,针对中小微企业的困境提供了赊销宝(为企业赊销提供资金融通)、信融宝(对应信用证贸易提供的融资服务)等金融服务。这些服务得以顺利开展的基础是什么?如何把控业务过程中有可能产生的各类风险?这些问题就涉及该企业的信息治理。

具体来讲,阿里巴巴一达通供应链运营的核心在于以下方面。

一是依托信息集成平台的活动服务化。该企业引以为豪的一直是其打造的综合信息系统,即 1-TIEPM System(在线进出口服务系统)、在线外贸成交数据认证系统,以及报关管理系统、客户关系管理系统、外汇管理系统、物流管理系统、退税管理系统、人事薪资管理系统、融资管理系统等。正是借助于这些不同参与主体间集成化的信息系统,阿里巴巴一达通实现了为中小微外贸企业提供通关、物流、退税、外汇、融资等外贸交易环节服务的目标。在系统中,中小微企业不仅能顺利地寻找到海外买家,保证交易安全,而且能随时监控、掌握货物的流转。同时海外买家也能掌握卖家的资讯以及产品物流、通报关情况,使得交易的过程变得更加透明、有效。而阿里巴巴一达通作为交易平台的搭建者和管理员,介入买卖双方整个交易环节,得以掌握企业真实的业务信息,及时获取中小微企业的海关交易记录、信用状态以及税务信息,从而将集约碎片需求"化零为整",把中小微企业的需求打包给银行,由银行审核统一授信给阿里巴巴一达通,然后再由其"零售"给中小微企业。

二是借助线上系统及其规则的确立,实现流程的标准化。中小微企业融资难的一个原因在于其经营活动具有复杂性、分散性和不规则性的特点,其业务流程往往很难标准化,而非标就容易产生管理上的困难(即信息的不稳定、不一致和不可使用)。阿里巴巴一达通的解决方法是利用互联网/IT技术将复杂的进出口业务逻辑标准化、在线化、规模化,在此基础上开展金融性业务。

三是业务数据化基础上的产品化。一达通的智慧供应链信息服务平台深入到中小微企业对外贸易的各个关键环节,采集最真实、全面的交易信息和数据。随着企业交易的重复进行,这些信息、数据得以不断累积和完善,从而建立起一套动态可监控、全生命周期的商业信息系统。以此为基础,就能够较准确地评估中小微企业的商业信用水平。在此基础上,阿里巴巴—达通可以根据中小微企业的现实需求不断推出新的融资产品。例如,2014年7月,该公司推出网商贷高级版,根据出口企业在平台上最近6个月的出口记录,一美元贷款一元人民币,最高可贷款1 000万元,随借随还,申请、放款、还款全部在线上完成。

四是信息、数据驱动的网络建构。为了掌握供应链运营全过程的交易细节和信息,一达通的智慧供应链信息服务平台的合作者包括商检、税务、海关、银行、保险、物流等机构,而且随着环境的不断变化,对参与者网络不断进行动态调整。例如,原来阿里巴巴—达通的海外客户都是优质大额订单客户,其信用调查基本委托中信保完成,而最近一年海外买家越来越碎片化、小型化,中信保无法对其实现有效征信。在这种状况下,2015年该公司在美国与美国贷款俱乐部(Lending Club Corporation)、在欧洲与伦敦微贷服务提供商(Iwoca)和英国创新借贷机构(Ezbob)合作,实现对海外客户的征信,以保障供应链服务能随时根据环境的变化而具柔性。

1.6 智慧物流的组织与实践

1.6.1 智慧物流系统的组织

智慧物流的实施涉及企业、行业(或区域)及国家三个层面。因此,从参与主体和服务范围角度看,智慧物流体系包含企业智慧物流、行业或区域智慧物流、国家智慧物流三个层次,其在智慧物流信息平台基础上协同运作,以支持智慧物流目标的实现,如图1-5所示。

1.6.1.1 企业智慧物流层面

加强信息技术在物流企业的推广和普及,用先进的信息技术武装和升级企业。培育一批信息化水平高、示范带动作用强的智慧物流示范企业。促进物联网、互联网,以及各种信息采集和处理技术的应用,建设覆盖仓储、运输、装卸、搬运、包装、配送以及整个供应链的全方位智慧化物流与供应链管理系统,

1　智慧物流概述

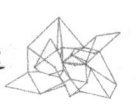

以全面提升我国物流管理水平。

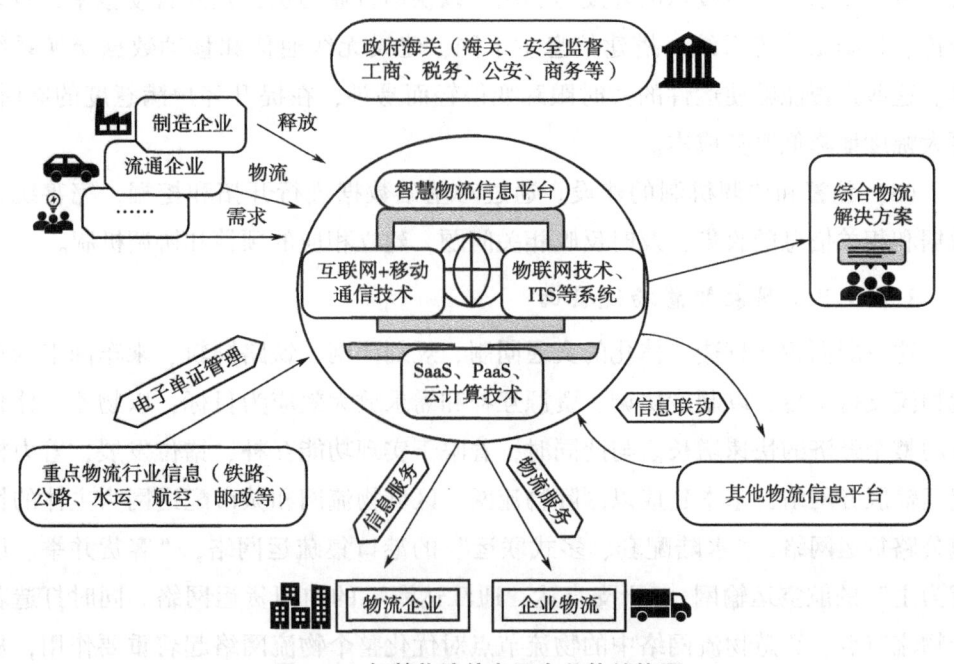

图 1-5　智慧物流信息平台总体结构图

1.6.1.2　行业（或区域）智慧物流层面

这一层面主要包括智慧区域物流中心、区域智慧物流行业以及预警和协调机制的建设三个方面。从行业层面协调物流企业及相关方，尤其是与物流需求方的运营与管理活动，才可提升物流服务的效率与效果。

（1）智慧区域物流中心。智慧区域物流中心建立的关键首先是搭建区域物流信息平台，这是区域物流活动的神经中枢，连接着物流系统的各个层次、各个方面，将原本分离的商流、物流、信息流和采购、运输、仓储、代理、配送等环节紧密联系起来，形成一条完整的供应链。其次，要建设若干智慧物流园区。智慧物流园区是指加入了信息平台的先进性、供应链管理的完整性、电子商务的安全性的物流园区，其基本特征是商流、信息流、资金流的快速安全协同运转，以满足企业信息系统对相关信息的需求，通过共享信息支撑政府部门监督行业管理与市场规范化管理方面协同工作机制的建立，确保物流信息的正确、及时、高效、通畅。智慧技术的运用使得运输合理化、仓储自动化、包装标准化、装卸机械化、加工配送一体化、信息管理网络化得以实现。

· 37 ·

（2）区域智慧物流行业。在行业中加强先进技术的应用，重视各种能提升行业智慧化水平的新技术的开发与利用。以快递行业为例，建立自动报单、自动分拣、自动跟踪等系统，搭建信息主干网，建设无线通信和移动数据交换系统等。这些投资能够使运件的实时跟踪变得轻而易举，在提升客户满意度的同时，更大幅度地降低服务成本。

（3）预警和协调机制的建设。通过对基础数据进行开拓和挖掘，完善统计数据和相关信息的收集，及时反映相关问题，建立相应的预警和协调机制。

1.6.1.3 国家智慧物流层面

这一层面旨在打造一体化的交通同制、规划同网、铁路同轨、乘车同卡的现代物流支持平台，以制度协调、资源互补和需求放大效应为目标，以物流一体化推动整个经济的快速增长。与此同时，着眼于实现功能互补、错位发展，着力构建运输服务网络，基本建成以国际物流网、区域物流网和城市配送网为主体的快速公路货运网络，"水陆配套、多式联运"的港口集疏运网络，"客货并举、以货为主"的航空运输网，"干支直达、通江达海"的内河货运网络。同时打造若干物流节点。智慧物流网络中的物流节点对优化整个物流网络起着重要作用，从发展来看，它不仅执行一般的物流职能，而且越来越多地执行指挥调度、信息传递等神经中枢的职能。

1.6.2 我国智慧物流的应用及实践

智慧物流是物流现代化发展的高级别阶段，具有参与主体多、涉及领域广和跨行业等特点，其发展既需要政府引导和企业参与，更离不开物流基础设施、技术及管理和服务的现代化。可喜的是，目前我国智慧物流在物流公共信息平台、数据交换与集成、智能分析与优化等方面的建设已初见成效，其规模化发展带来的便利与效益将会更加惊人，形成了一系列具有标志性意义的典型成果。

1.6.2.1 智慧物流公共信息平台的发展

运用物联网、云计算和互联网等技术建立起来的智慧物流信息平台，可提供实时货物配送、智能追溯和客户查询等信息服务，信息平台兼具信息发布、产品展示等功能。位于大西南的成都意欲领跑中国智慧物流发展，四川物流公共信息平台已经全面建成，成都物流公共信息平台也已经投入运行。另外，正在建设的湖南省物流公共信息平台，采取"政府主导、行业引领、科研院所牵头、市场运

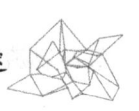

作"的建设和运作模式，将相关物流信息整合在统一的信息平台上，并将其与其他省市物流信息平台进行对接融合，试图打造内联外通的物流信息与数据交换的平台体系，进而形成全国性的公共信息平台。同时，山东省物流协会倡导打破区域界限，共同搭建"大物流、大产业"的省际物流平台，积极组建涵盖13个省市的物流联盟"蓝色直通车"。该构想的实施将是一次跨区域、跨行业的尝试，不仅实现了不同行业和领域的互联互通，而且其物流信息和数据的整合与共享，必将促进智慧物流的规模应用与发展。

1.6.2.2 智慧物流云平台的建设

2012年6月，IBM宁波智慧物流中心对外展示了智慧物流云平台，这是IBM中国开发中心（宁波）在智慧物流应用领域的又一成果。通过智慧物流云平台，可以实时监控物流动态信息。在这里，每一个运输工具都安装了定位系统，监视画面每5秒自动更新一次。通过智慧物流云平台，只要输入订单号、司机号、车号等任意一个信息，就可以实时查看货物、车辆等的状态信息。宁波是继北京、上海和西安之后IBM在中国的第四个智慧物流研发基地，宁波与IBM共同参与组建的智慧物流中心和智慧物流产业联盟是一个跨行业的产业链整合。联盟初期成员包括来自物流、金融、制造、科技等不同行业领域的10多家企业。该联盟的成立迈出了智慧物流融合不同行业领域的重大一步。跨行业、跨区域产业链整合与合作也必将是未来智慧物流发展的趋势。

无独有偶，2012年5月，江苏无锡智能化物流大厦启动并上线运营的"智慧物流宝"是我国第一个商用物联网配载信息平台，是物联网技术产业化应用和构建"江苏虚拟物流园"的又一成果。"智慧物流宝"使用物联网信息技术，通过温湿度感知、侵入系统感知，感知并传递物流运营过程中各环节的信息和数据，为各方提供物流过程中的实时动态信息。客户通过"智慧物流宝"公共信息平台即可动态查询商品、订单、仓储和配送等物流环节的信息与数据。

1.6.2.3 智慧物流企业的发展

2013年5月，阿里巴巴集团牵头组建菜鸟网络科技有限公司，计划投资亿元建立能够支撑日均亿元网络零售额和全国任何两个城市之间购物小时必达的智能骨干网络（cognitive spine network，CSN）。菜鸟网络科技有限公司将利用先进的互联网技术，建立开放、透明、共享的数据应用平台，为电子商务企业、物流公司、仓储企业、第三方物流服务商、供应链服务商等各类企业提供优质服务，支持物流行业向高附加值领域发展和向智慧物流模式升级，最终促使建立社会化资源高效协同机制，提升中国社会化物流服务品质。

《中共中央关于制定国民经济和社会发展第十四个五年规划和二〇三五年远景目标的建议》中8次提及供应链，重点提到"提升产业链供应链现代化水平"。其中，数字供应链将成为我国主要的经济增长动力。

驭思科技在供应链物流云服务方面，对供应链的物流网络、资源、订单、仓库、运输配送、资金等进行整体计划、协调、控制和优化，并协同供应链上下游采购、供应等环节，通过云服务+标准接口，让供应链端到端的流程更高效智能，打造具有互联性、共享性、可视化的供应链物流管理体系。

智慧物流集多种服务功能于一体，体现了现代经济运作特点的需求，即强调信息流与物质流快速、高效、通畅地运转，从而降低社会成本，提高生产效率，整合社会资源。无论是物流企业，还是生产制造业的物流流通部门，都需要尽快适应行业升级的步伐，积极迎接物流智慧化发展潮流。

【案例1-5】日日顺供应链科技股份有限公司的智慧物流

2021年12月，国家发展改革委发文介绍了日日顺供应链科技股份有限公司，此公司作为智慧物流发展的龙头企业，对于我国的智慧物流发展有着深刻的借鉴意义。

日日顺供应链科技股份有限公司（以下简称"日日顺公司"），顺应制造业产业集群化发展趋势，运用云计算、大数据等技术，把传统的仓储和运输服务发展为云仓和云配的服务体系，把服务延伸到制造企业供应链的前后端，构建了服务数智化、流程透明化、衔接标准化、全程一体化的物流服务体系。

日日顺公司在智慧物流中的成就归功于以下三个要点。

（1）建设三级云仓网络。基于大数据预测，建立线上、线下库存共享的分布式三级云仓网络（全国超900座仓库、6 000多家网店，覆盖2 840个区县），打通线上线下库存。制造商将产品交给日日顺供应链仓库后即可实时监控产品库存，制订生产计划，降低品牌客户的库存资金压力，同时根据客户信息合理规划库存水平，缩短配送周期，提升用户体验。

（2）打造全链条服务体系。建设首个大件物流全自动化智能仓库，基于硬件设备（无人仓/无人车）和软件系统（信息系统和用户服务平台）的搭建和开发，进行"联合仓储—干线—配送—送装同步"的全流程管理，搭建端到端的全链条用户服务体系。

(3) 推进三个"统一"。第一是统一入口，为用户、货主、车主、服务网点打造包括 App、PC、微信等多端的信息交互入口，并实现各入口的数据同步。第二是统一平台，搭建开放的接口系统应用程序编程接口（application programming interface，API）平台，实现外部订单的自动接入，来自不同客户、不同业务类型、不同标准的订单自动优化，以及订单合并、分拆、配送优先级等的自动选择等功能。第三是统一数据，搭建数据仓库，实现数据统一存储；开发多种业务报表，实现对日常业务的智能管理和监控，并通过海量数据分析，实现用户配送服务升级和用户体验优化。

通过物流全流程系统监控，提升仓储和配送服务质量，为用户提供差异化的用户体验（送装同步/用户订单轨迹监控/车辆轨迹优化），提升用户交互水平；同时也整合了网点/专卖店资源，实现专卖店入仓，线上线下库存共享，减少中间多级转运环节，提升物流全流程运行效率。以日日顺即墨智能仓储项目为例，该项目的实施节省人力 40~50 人，机械设备（夹抱车、电动地牛等）15 辆，储存效率提升 3 倍以上，出入库效率较传统仓储提升 5 倍以上。

思考题

1. 概述智慧物流的概念与特征。
2. 概述智慧物流的功能及作用。
3. 如何理解"智慧物流"中的"智慧"一词？
4. 智慧物流系统可以应用到哪些场景？
5. 智慧物流的实施涉及哪些方面？

2　智慧物流信息技术

【学习目标】

知识目标：

1. 理解智慧物流信息技术的概念和重要性；
2. 掌握标签与自动识别技术，包括条形码技术、标签技术和光学字符识别技术；
3. 了解定位跟踪技术，包括全球定位系统和地理信息系统的原理和应用；
4. 理解数据处理技术，包括电子数据交换、云计算、大数据和人工智能在物流中的应用；
5. 掌握网络与通信技术，包括移动互联网和物联网的基本概念和应用。

能力目标：

1. 能够评估并选择适合物流业务需求的标签与自动识别技术；
2. 能够应用定位跟踪技术来实现物流运输过程的实时监控和管理；
3. 能够利用数据处理技术进行物流数据的收集、分析和应用；
4. 能够利用网络与通信技术进行物流信息的传输和共享；
5. 能够运用系统仿真技术来模拟和评估物流系统的性能和效果。

2.1 概 述

智慧物流是一种拥有一定智慧能力的现代物流系统，它通过传感网、互联网、物联网、大数据等智慧化技术与手段，提高物流系统分析决策和智能执行的能力，并且提升整个物流系统的智能化、自动化水平。智慧物流集多种技术和服务功能于一体，体现了现代经济运作的需求，即强调信息流与实物流快速、高效、通畅地运转，从而实现降低社会成本、提高生产效率、整合社会资源的目的。

商业模式、物流运作模式、大数据等技术的发展促进智慧物流的迅速发展。在物流自动化技术基础上，诸如物联网、大数据、人工智能、云计算等新一代信息技术也得到广泛应用。这些技术的应用赋予物流系统以智慧，从而显著提高效率，降低成本。根据智慧物流的技术架构，智慧物流信息技术主要包括感知技术、数据处理技术、数据计算技术、网络通信技术、自动化技术等。

2.1.1 感知技术

感知技术是物联网的核心技术，是实现物品自动感知与联网的基础。主要技术有：①编码技术，根据国家商贸物流标准化试点示范要求，推荐采用 GS1 编码体系作为智慧物流编码体系，实现全球自动识别、状态感知、透明管理和追踪追溯；②自动识别技术，包括条码识别技术、RFID 技术等；③传感技术，包括位置、距离、温度、湿度等各类传感设备与技术；④追踪定位技术，包括 GPS、北斗卫星导航系统、室内导航与定位技术等。此外，红外、激光、近场通信（near field communication，NFC）、物与物、人与机器或机器与人（machine-to-machine 或 man-to-machine or machine-to-man，M2M）、机器视觉等各类感知技术在智慧物流领域也有一定的应用。

2.1.2 数据处理技术

数据处理技术主要有：①大数据存储技术，包括数据记录、数据存储、数据验证、数据共享等；②大数据处理技术，包括数据统计、数据可视化、数据挖掘等；③机器学习技术，包括经验归纳、分析学习、类比学习、遗传算法、增强学习等。区块链技术目前发展很快,也将被纳入智慧物流数据链技术。

2.1.3 数据计算技术

数据计算技术主要以云计算为核心,结合实际的应用场景,在智慧物流系统的层级常常应用云计算技术,在智慧物流独立硬件应用场景常采用边缘计算技术。之所以出现新的云计算创新模式,主要是为了更加适应实际智慧物流不同的场景,实现更快速的反应和智能物联实时的操作,达到统筹资源、快速响应的目的。

2.1.4 网络通信技术

网络通信是智慧物流的神经网络,是智慧物流信息传输的关键。网络通信技术在局部应用的场景,如智慧物流仓,常采用现场总线、无线局域网等技术;在实现状态感知、物物联网、物物通信时,常采用物联网技术;在全国或全球智慧物流网络大系统的链接中,主要采用物联网技术。目前,集网络、信息、计算、控制功能于一体的虚实融合网络系统——CPS 技术架构正在发展之中。2017 年中国正式发布《信息物理系统白皮书》,随着信息物理系统技术的发展,这一技术体系有望成为智慧物流底层的基础技术体系。

2.1.5 自动化技术

自动化技术是智慧物流系统应用层的执行操作技术,主要有:①自动分拣技术,包括各类机器人拣选、自动输送分拣、语音拣选、货到人拣选等各类自动分拣技术;②智能搬运技术,主要指通过自主控制技术,进行智能搬运及自主导航,使整个物流作业系统具有高度的柔性和扩展性,例如搬运机器人、自动导引车(automation guided vehicle,AGV)、无人叉车、无人牵引车等物料搬运技术;③自动立体库技术,指通过货架系统、控制系统、自动分拣系统、自动传输系统等技术装备集成的自动存储系统,实现货物自动存取、拣选、搬运、分拣等环节的机械化与自动化;④智能货运与配送技术,包括货运车联网、智能卡车、无人机系统、配送机器人系统等。这些技术相互支持、相互耦合,完成不同的业务功能。

按照其应用领域,德勤公司将这些物流信息技术进一步归类为仓内技术、干线技术、"最后一公里"技术、末端技术、智慧数据底盘技术等(如图 2-1 所示)。

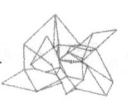

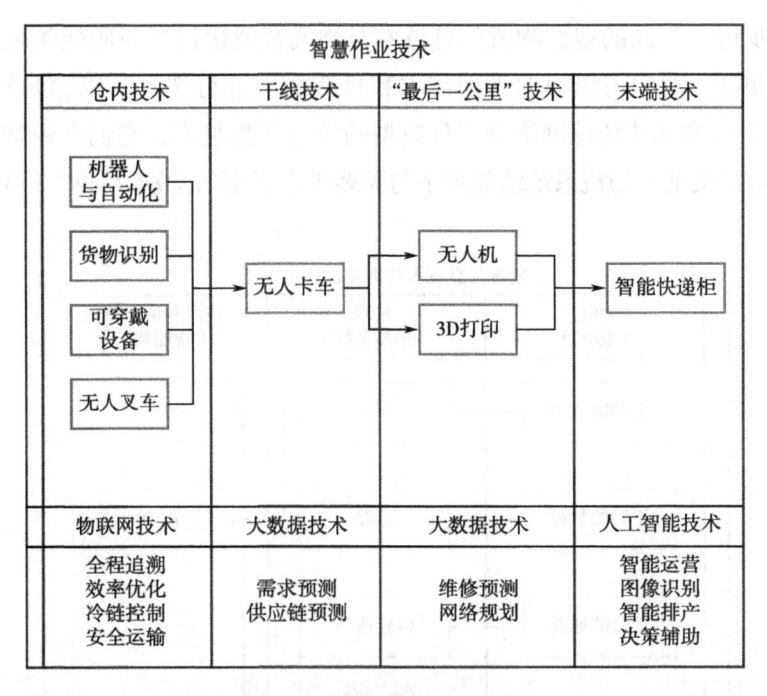

图 2-1 智慧物流技术体系

这些新兴信息技术的主要作用是实现真实世界与信息世界的紧密连接。很显然，技术越复杂，两个世界的匹配程度越高（如图 2-2 所示）。

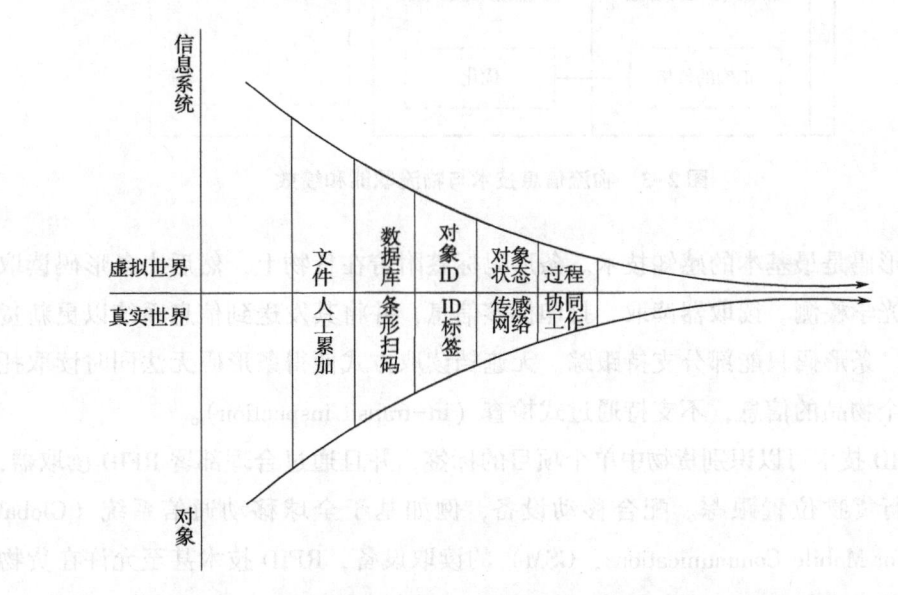

图 2-2 物流信息技术在信息世界与真实世界匹配中的作用

进一步讲，不同的智慧物流信息技术对物流智慧化目标与职能领域的支持能力也各不相同，组织可以根据管理需求和投资能力进行选择。以感知技术为例，条形码、RFID 和无线传感网络是三种典型的数据采集技术，它们在识别能力和覆盖领域的差异决定了物流系统绩效水平与顾客满意程度的差别（如图 2-3 所示）。

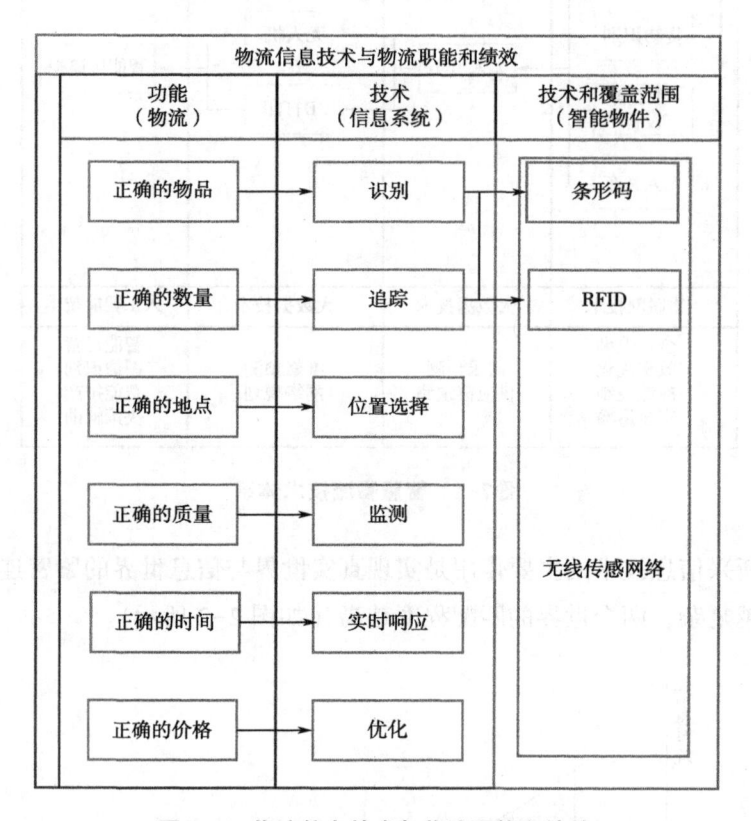

物流信息技术与物流职能和绩效		
功能 （物流）	技术 （信息系统）	技术和覆盖范围 （智能物件）
正确的物品	识别	条形码
正确的数量	追踪	RFID
正确的地点	位置选择	无线传感网络
正确的质量	监测	
正确的时间	实时响应	
正确的价格	优化	

图 2-3　物流信息技术与物流职能和绩效

条形码是最基本的感知技术。条形码标签附着在货物上，然后由条形码读取器进行光学检测。读取器读取、打印标签信息，并将其发送到信息系统以更新货物信息。条形码只能部分支持跟踪。无遮挡读取方式使得条形码无法同时读取托盘内每个物品的信息，不支持通过式检查（in-transit inspection）。

RFID 技术可以识别货物中单个项目的标签，并且通过合理部署 RFID 读取器，可以进行货物位置跟踪。配合移动设备，例如基于全球移动通信系统（Global System for Mobile Communications，GSM）的读取设备，RFID 技术甚至允许在货物运输过程中进行远程识别和跟踪。新型的 RFID 转发器还能获取货物传感器信息，

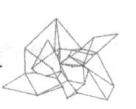

例如温度、压力或冲击，并监控货物状态，但目前这些传感器的功能还比较有限。

无线传感网络是面向物流过程的先进智能项目技术。传感器节点是微型、嵌入式传感和计算系统，在网络中协同工作。特别地，它们可以根据运输货物的要求进行定制。不同于之前系统需要传输数据到信息系统进行处理的方式，传感器网络可以在现场直接对物品执行信息系统的部分过程。商品变成了嵌入式物流信息系统的一部分。例如，为了便于对货物的监控管理，国内企业研发了用于身份识别的物流供应链智能监控终端。在货物仓储和运输的过程中，该终端可应用于室内外货物状态的追踪及环境变化的监控，如冷链生鲜食品、贵重物品、医药品、危化品等。当对货物进行扫描识别时，可以通过无接触式的信息读写，自动识别货物的信息，如监控温度、湿度、通用分组无线服务（general packet radio service，GPRS）定位、货物状态参数和质量信息。

2.2 标签与自动识别技术

现代物流信息系统离不开自动识别与数据采集技术，这些技术是现代物流信息系统的重要组成部分。这些技术包括条形码技术、标签技术、磁条磁卡技术、射频识别和数据传递技术、光学字符识别技术、生物统计识别方法等。本节对其中的部分技术进行介绍。

2.2.1 条形码技术

2.2.1.1 条形码概述

条形码技术是在计算机的应用实践中产生和发展起来的一种自动识别技术，也是自动识别与数据采集技术最典型和最普及的应用技术之一。它是为实现对信息的自动扫描而设计的，是实现快速、准确和可靠地采集数据的有效手段。条形码技术的应用解决了数据录入和数据采集的瓶颈问题，为物流管理提供了有力的技术支持。条形码是一种信息代码，用特殊的图形来表示数字、字母信息和某些符号，由一组宽度不同、反射率不同的条和空按规定的编码规则组合起来，用以表示一组数据。每一组完整的条形码由下列几部分组成（如图2-4所示）。

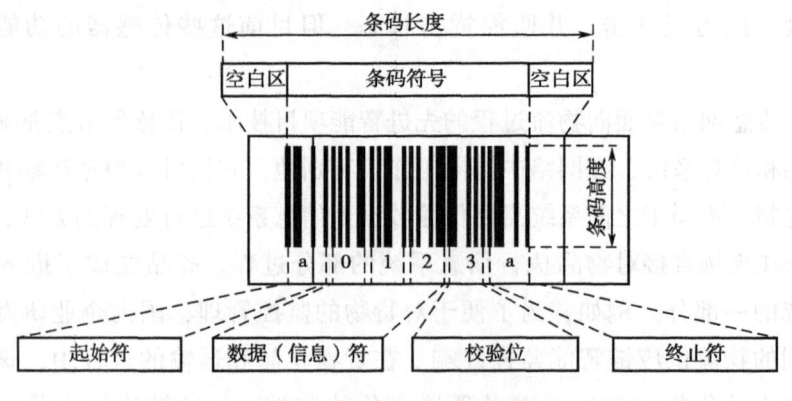

图 2-4 典型的一维条形码

（1）起始符。这是一组特定的条形码，一般位于完整条形码的头部。阅读时，首先扫过起始符，表示该组条形码开始读入。起始符可以避免连续阅读时几组条形码互相混淆，或由于阅读不当丢失前面的条形码。

（2）终止符。它与起始符作用类似，是条形码终止的标志。

（3）数据（信息）符。起始符紧接着的是数据符，数据符用来表示要传递的主要信息。数据符是条形码的核心部分，承载着一定的数据内容。

（4）校验位。数据符之后是校验位。它通过一种对数据字符的算术运算，对所译出的条形码进行校验，以确认所阅读信息的正确性。

（5）头、尾空白区。为了保证条形码扫描器的光束到达第一个条纹之前能够达到较稳定的速度，黑白相间条纹的头部与尾部留有一空白区域是必要的。条形码一般可以双向阅读，因此，尾部空白区的作用与头部空白区相同。

常见的条形码有一维条形码和二维条形码。

如图 2-5（a）所示的一维条形码是由一组规则排列的条、空以及对应的字符组成的标记，"条"指对光线反射率较低的部分，"空"指对光线反射率较高的部分，这些条、空组成的数据表达一定的信息，并能够用特定的设备识读后转换成计算机兼容的二进制和十进制信息。

（a）一维条形码　　　　（b）二维条形码

图 2-5 条形码实例

现代高新技术的发展要求条形码技术做到在有限的几何空间内表示更多的信息，从而满足千变万化的信息需求。如图 2-5（b）所示的二维条形码就是一种充分利用一维条形码在垂直方向上的冗余，向二维方向扩展而形成的新的条形码。二维条形码用某种特定的几何图形按一定规律在平面（二维方向）上分布的条、空相间的图形来记录数据符号信息，它具有条形码技术的共性，即每种码制有其特定字符集，每个字符占有一定的宽度，具有一定的校验功能等。二维条形码分为层排式二维条形码（stacked bar code）和矩阵式二维条形码（dot matrix bar code）两大类型。

二维条形码是各种证件及卡片等大容量、高可靠性信息实现存储、携带并自动识读的最理想的方法。其应用水平和应用领域都比一维条形码有更大的优越性。美国讯宝（Symbol）公司于 1991 年正式推出名为 PDF417（portable data file 417）的二维条形码，简称为 PDF417 条形码，它是一种层排式二维条形码，是目前技术比较成熟、应用比较广泛的二维条形码。

2.2.1.2 物流条码

目前的条形码码制有许多，物流条码是用于标识物流领域中具体实物的一种特殊代码，是在整个物流过程中，包括生产厂家、分销业、运输业、消费者等环节的共享数据。它贯穿整个贸易过程，并通过物流条码数据的采集、反馈，使信息的传递更加方便、快捷、准确，从而提高整个物流系统的经济效益。

与商品条码相比较，物流条码有这样几个特点：①是储运单元的唯一标识；②服务于物流的整个过程；③信息量大；④可变性强。

物流条码是由国际物品编码协会（European Article Numbering Association, EAN，现称为 GS1）和美国统一代码委员会（Uniform Code Council Inc, UCC）制定的用于贸易单元标识的条码，包括商品条码（EAN/UPC）、储运单元条码（Interleared 2 of 5 Bar Code-14, ITF-14）、贸易单元 128 条码（UCC/EAN-128）、位置码等。国际上通用的和公认的物流条码码制主要有三种：EAN-13 条码、ITF-14 条码和 UCC/EAN-128 条码。

根据货物的不同和商品包装的不同，应采用不同的条码码制。单个大件商品，如电视机、电冰箱、洗衣机等商品的包装箱往往采用 EAN-13 条码。储运包装箱通常采用 ITF-14 条码或 UCC/EAN-128 条码。包装箱内可以是单一商品，也可以是不同的商品或多件商品小包装。

其中，EAN-13 为通用商品条形码。其组成如下：

（1）前缀码：第1~3位，标识国家或地区，赋码权在国际物品编码协会，如00~09代表美国、加拿大，690~695代表中国大陆。

（2）制造厂商代码：第4~8位，赋码权在各个国家或地区的物品编码组织。

（3）商品代码：第9~12位，标识商品的代码，赋码权在生产企业。

（4）商品条形码：第13位，用来校验商品条形码中左起第1~12位数字代码的正确性。

在物流领域，条形码技术就像一条纽带，把产品生命周期各阶段产生的信息连接在一起，可跟踪产品从生产到销售的全过程。通过手持式条形码终端，可以实现数据采集、数据传送、数据删除和系统管理等功能。其主要应用领域有：①仓储及配送中心的应用，包括商品的入库验收、出库发货和库存盘点等；②商品卖场中的应用，包括自动补充订货、到货确认和盘点管理等。

2.2.2 标签技术

2.2.2.1 有线电子标签技术

电子标签系统是指装置于货架上的信号转换器、完成器、电子标签、订单显示器、现场操作计算机和服务器等一系列设备构成的网络化计算机辅助拣货系统。电子标签具有弹性控制拣货流程、即时现场控制、紧急订单处理功能，并能降低拣货错误率，加快拣货速度，免除表单作业，节省人力资源。

电子标签系统的主要功能可以归纳为：拣货资料的上传与下载；拣货资料即时监控；硬件自我监测；跳跃式拣货；提早离开；紧急插单；货号与标签对应维护；缺货通知；查询作业；报表作业。

电子标签辅助拣货系统的拣货流程如图2-6所示。

2.2.2.2 射频识别技术

（1）射频识别技术概述。射频识别（radio frequency identification，RFID）技术是自动识别技术的一种，也称为无线追踪系统，是从20世纪90年代开始兴起的。它利用无线射频方式进行非接触双向通信，以达到识别并交换数据的目的。与条形码、集成电路卡（integrated circuit card，IC）卡等接触式识别技术不同，RFID电子标签是一种非接触式的自动识别技术，它通过射频信号来识别目标对象并获取相关数据，识别工作无须人工干预。作为条形码的无线版本，RFID技术术具有条形码所不具备的防水、防磁、耐高温、使用寿命长、读取距离大、标签上数据可以加密、存储数据容量更大、存储信息更改自如等优点。电子标签的编码方式、存储及读写方式与传统标签（如条码）或手工标签不同，电子标签编码的存储是在集成电路上以只读或可读写格式存储的；特别是读写方式，电子标签是用无线电子传输方式实现的。

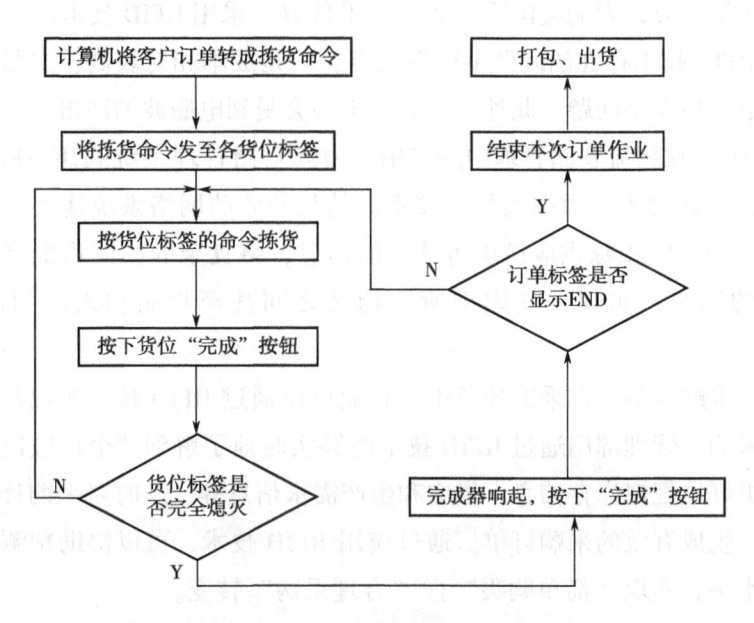

图 2-6 电子标签作业流程

RFID 电子标签突出的技术特点有：第一，可以识别单个的非常具体的物体，而不像条形码那样只能识别一类物体；第二，可以同时对多个物体进行识读，而条形码只能一个一个地读；第三，存储的信息量很大；第四，采用无线电射频，可以透过外部材料读取数据，而条形码必须靠激光或红外在材料介质的表面读取信息。使用 RFID 技术，顾客可以迅速结账；商店可以实时知道商品情况，可实时快速补货，还可以防窃；供应商可以知道自己商品的销售情况，有助于第三方物流的使用。

沃尔玛（Wal-Mart）从 2004 年就开始 RFID 试验。2006 年初，沃尔玛有 130 家主要供应商向分销中心发送带有 RFID 标签（Tag）的产品，以取代条形码。通过采用 RFID 技术，2006 年沃尔玛库存积压下降了 16%，贴有 RFID 标签的商品进货量超过条形码商品进货量的 3 倍。2007 年 1 月，又有 200 家供应商提供 RFID 标签产品，用于沃尔玛 1 000 家超市和仓库。沃尔玛集团宣称 RFID 技术帮助其在仓储、物流、货品管理等环节发掘出新的商业潜能。2022 年初，沃尔玛宣布要求其供应商在 2022 年 9 月之前使用 RFID 标记家居用品、体育用品、电子产品和玩具，并计划将要求扩展到更多类别。因其巨大的规模和影响力，沃尔玛成为美国零售业的领头羊。随着 RFID 技术扩展到更多的新产品类别，沃尔玛可能会引发连锁反应，影响美国零售业"几乎普遍"采用 RFID 技术。

当前 RFID 技术存在的问题主要有三点：一是成本相对较高；二是隐私安全问题；三是使用安全问题。此外，还有人担心会受到电磁波的冲击。

(2) RFID 在物流仓储管理中的应用。物流仓储管理系统利用 RFID 技术来捕获信息，并通过无线数据通信等技术将其与开放的网络系统连接起来。它能够自动识别与实时跟踪供应链中各环节的信息，将复杂的物流系统简化为一个高度智能的网络，实现了仓库中所有物品之间甚至物品和人之间的实物互联网。

第一，采购环节。在采购环节中，企业可以通过 RFID 技术实现及时采购和快速反应采购。管理部门通过 RFID 技术能够实时地了解到整个供应链的供应状态，从而更好地把握库存信息、供应和生产需求信息等，及时对采购计划进行制定和管理，生成有效的采购订单。通过应用 RFID 技术，可以协助预测采购提前期和库存水平，实现"简单购买"向"合理采购"转变。

企业以通过物联网技术集成的信息资源为前提，可以实现采购内部业务和外部运作的信息化，实现采购管理的无纸化，提高信息传递的速度，加快生产决策的反应速度，并且最终达到工作流的统一，即以采购单为源头，对从供应商确认订单、发货、到货、检验、入库等采购订单流转的各个环节进行准确的跟踪，并可进行多种采购流程选择，如订单直接入库，或经过到货质检环节后检验入库等。同时，在整个过程中可以实现对采购存货的计划状态、订单在途状态、到货待检状态等的监控和管理。通过对采购过程中资金流、物流和信息流的统一控制，以达到采购过程总成本和总效率的最优匹配。

第二，生产环节，传统企业物流系统的起点在入库或出库，但在基于 RFID 技术的物流系统中，所有的物资在生产过程中应该已经开始实现 RFID 标签 (Tag)。由于在一般的商品物流中，大部分的 RFID 标签都以不干胶标签的形式使用，简便地贴在物品包装上就可以。

在企业物资生产环节中最重要的是 RFID 标签的信息录入，完成这一工作可分为以下四个步骤：

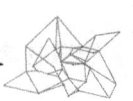

首先,描述相对应的物品信息,包括生产部门、完成时间、生产各工序以及责任人、使用期限、使用目标部门、项目编号、安全级别等。RFID 标签全面的信息录入将为过程追踪提供有力支持。

其次,在数据库中将物品的相关信息录入到相对应的 RFID 标签项中。

再次,将物品与相对应的信息进行编辑整理,得到物品的原始信息和数据库。这是整个物流系统中的第一步,也是 RFID 技术开始介入的第一个环节,需要绝对保证这个环节中的信息和 RFID 标签的准确性与安全性。

最后,完成信息录入后,使用阅读器进行信息确认,检查 RFID 标签相对应的信息是否和物品信息一致。同时进行数据录入,显示每一件物品的 RFID 标签信息录入的完成时间和经手人。为保证 RFID 标签的唯一性,可将相同产品的信息进行排序编码,方便相同物品的清查。

第三,入库环节。传统物流系统的入库有 3 个基本要素是严格控制的:经手人员、物品、记录。此过程需付出大量的人力、时间,并且一般需要多层多次检查才能确保准确性。在 RFID 技术的入库系统中,通过 RFID 技术的信息交换系统,这三个环节能够得到高效、准确的控制。通过在入库口通道处的阅读器(Reader),识别物品的 RFID 技术标签,在数据库中找到相应物品的信息并自动输入到 RFID 技术的库存管理系统中。系统记录入库信息并进行核实,若合格则录入库存信息,如有错误则提示错误信息,发出警报信号,自动禁止入库。在 RFID 技术的库存信息系统中,通过功能扩展,可直接指引叉车、堆垛机的设备上的射频终端,选择空货位并计算最佳途径,抵达空位。阅读器确认货物就位后,随即更新库存信息。物资入库完毕后,可以通过 RFID 系统打印机打印入库清单,责任人进行确认。

第四,库存管理环节。物品入库后还需要利用 RFID 系统进行库存检查和管理,这个环节包括通过阅读器对分类的物品进行定期的盘查,分析物品库存变化情况;物品出现移位时,通过阅读器自动采集货物的 RFID 标签,在数据库中找到相对应的信息,并将信息自动录入库存管理系统中,记录物品的品名、数量、位置等信息,核查是否出现异常情况。在 RFID 系统的帮助下,传统库存管理中的人工作业量大幅减少,实现了物品安全、高效的库存管理。

由于 RFID 实现数据录入的自动化,盘点时无须人工检查或扫描条码,可以减少大量的人力物力,使盘点更加快速和准确。利用 RFID 技术进行库存控制,能够实时准确掌握库存信息,从中了解每种产品的需求模式并及时进行补货,改变低效率的运作情况，同时提升库存管理能力，降低平均库存水平，通过动态实时的库存控制有效降低库存成本。

第五，出库管理环节。在RFID的出库系统管理中，管理系统按物品的出库订单要求，自动确定提货区以及最优提货路径。经扫描货物和货位的RFID标签，确认出库物品，同时更新库存状态。当物品到达出库口通道时，阅读器将自动读取RFID标签，并在数据库中调出相对应的信息，与订单信息进行对比，若正确即可出库，货物的库存量相应减除；若出现异常，仓储管理系统则出现提示信息，方便工作人员进行处理。

第六，堆场管理环节。物品在出库到货物堆场后需要定期进行检查，而传统的检查办法耗费大量的人力和时间。在RFID系统帮助下，堆场寻物的检查便捷很多。使用超高频（Ultra High Frequency，UHF）的高频射频系统可对方圆10米的RFID标签进行自动识别。RFID系统的阅读器首先将同批物品的RFID标签进行识别，同时调出数据库相对应的标签信息；然后将这些信息与数据库的进行对比，查看堆场中的各类物品是否存在异常。

2.2.3 光学字符识别技术

2.2.3.1 光学字符识别技术概述

光学字符识别（optical character recognition，OCR）是指电子设备（例如扫描仪或数码相机）检查纸上打印的字符，通过检测暗、亮的模式确定其形状，然后用字符识别方法将形状翻译成计算机文字的过程。即针对印刷体字符，采用光学的方式将纸质文档中的文字转换成黑白点阵的图像文件，并通过识别软件将图像中的文字转换成文本格式，供文字处理软件进一步编辑加工。OCR技术通常可以分为两步：文本检测（text detection）和文本识别（text recognition）。通过文本检测从图片中提取文字，再通过文本识别将图像中的文字转换成文本格式。

OCR技术具备自动判断、拆分、识别和还原各种通用型印刷体表格的能力，在表格理解上实现令人满意的实用结果。它能够自动分析文稿的版面布局，自动分栏，判断出标题、横栏、图像、表格等属性；并判定识别顺序，将识别结果还原成与扫描文稿版面布局一致的新文本。此外，表格自动录入技术不仅能自动识别特定表格的印刷或打印汉字、字母、数字，可识别手写体汉字、手写体字母、数字及多种手写符号，并按表格格式输出，提高了表格录入效率，可节省大量人力。同时，该技术支持将识别结果直接还原成PTF、PDF、HTML等格式文档，

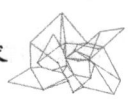

并可以对图像嵌入横排文本、竖排文本、表格文本进行自动排版分析。

OCR 技术可应用于大量文字资料、档案卷宗、文案、银行票据的录入和处理领域，适用于银行、税务等行业大量票据表格的自动扫描识别和长期存储。对于一般文本，通常以最终识别率、识别速度、版面理解正确率、版面还原满意度作为 OCR 技术的评测依据；对于表格及票据，通常以识别率或整张通过率及识别速度为测定 OCR 技术的实用标准。

2.2.3.2 OCR 技术的发展

OCR 技术的发展经过了两个阶段：平板扫描仪阶段和自然场景文字识别阶段。

（1）平板扫描仪阶段。这一阶段始于 20 世纪 50 年代，IBM 开始使用 OCR 技术对各类文档进行数字化，标志着进入 OCR 技术的初始阶段。但是由于早期 OCR 设备庞大复杂，所以只能处理干净背景下的印刷字体。80 年代，平板扫描仪的问世使得 OCR 技术进入商用阶段，其设备更轻巧便捷，可处理的字体数量增多，但对文字的背景、成像质量依旧有很高要求。90 年代以后，比较好的平板扫描仪对印刷体文本的识别率已经达到 99%，迎来 OCR 技术应用的第一个高潮。同时手写字体的识别也并行发展，在邮件分拣、支票分类、手写表格数字化等领域被广泛应用。

（2）自然场景文字识别阶段。这一阶段始于 21 世纪初。从 2004 年 300 万像素的智能手机出现后，情况发生了改变。更多人愿意随手拿起手机拍摄所看到的事物，而对于这类自然场景的文字识别难度远远高于平板扫描仪时期，即使是对于印刷字体也很难实现很高的识别率。同时，随着云计算、大数据以及通信网络的快速发展，智能手机实现了 24 小时在线，前端用手机摄像头进行文字捕捉，后端进行实时的分析和处理，二者的结合让 OCR 技术的未来应用模式充满想象。OCR 技术开始进入自然场景下的文字识别阶段。

自然场景图像中的文字识别难度大于扫描仪图像，因为它具有极大的多样性和不确定性。微软亚洲研究院团队对相关算法、技术进行了有针对性的优化和创新，通过在文字检测阶段采用新算法，实现检测准确高效。同时，在文本识别阶段进行创新分类，使得检测更高质。2014 年 8 月，在瑞典首都斯德哥尔摩举办的国际模式识别大会（International Conference on Pattern Recognition，ICPR）上，微软亚洲研究院团队公布的自然场景文字检测研究成果实现了在标准数据集（ICDAR-2013 测试集）上 92.1% 的检测精度和 92.3% 的召回率。此前业界能达到的最高水平分别是 88.5% 和 66.5%，微软的技术让自然场景图像中的文字检测水平实现了突破。

2.3 定位跟踪技术

2.3.1 全球定位系统

2.3.1.1 全球定位系统概述

全球定位系统（GPS）是美国继阿波罗登月计划、航天飞机之后的第三大航天工程，是一种全球性、全天候、连续的卫星无线电导航系统，可提供实时的三维位置、三维速度和高精度的时间信息。美国从 20 世纪 70 年代开始研制 GPS，历时 20 年，耗资 200 亿美元，于 1994 年将其全面建成，它是具备在海、陆、空同时进行全方位实时三维导航和定位能力的新一代卫星导航与定位系统。

GPS 是美国第二代卫星导航系统，它是在子午仪卫星导航系统的基础上发展起来的，并采纳了子午仪系统的成功经验。与子午仪系统相同，GPS 包括三大部分：空间部分——GPS 卫星星座，地面控制部分——地面监控系统，用户设备部分—GPS 信号接收机（如图 2-7 所示）。

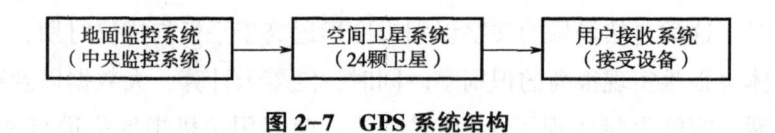

地面监控系统（中央监控系统）→ 空间卫星系统（24颗卫星）→ 用户接收系统（接受设备）

图 2-7 GPS 系统结构

（1）空间部分。GPS 的空间部分由 24 颗工作卫星组成，它位于距地表 20 200 千米的上空，均匀分布在 6 个轨道面上（每个轨道面 4 颗），轨道倾角为 55°。此外，还有 4 颗有源备份卫星在轨运行。卫星的分布保证了在全球任何地方、任何时间都可观测到 4 颗以上的卫星，并能保持得到具有良好定位解算精度的几何图像，提供在时间上连续的全球导航能力。

（2）地面控制部分。地面控制部分由 1 个主控站、5 个全球监测站和 3 个地面控制站组成。监测站均配装有精密的铯钟以及能够连续测量到所有可见卫星的接收机。监测站将收到的卫星观测数据（包括电离层和气象数据）经过初步处理后传送到主控站。主控站从各监测站收集跟踪数据，计算出卫星的轨道和时钟参数，然后将结果送到 3 个地面控制站。地面控制站在每颗卫星运行至上空时，把这些导航数据及主控站指令注入卫星。每天对每颗 GPS 卫星进行一次注入，并在卫星离开注入站作用范围之前进行最后的注入。如果某地面站发生故障，那么在卫星中预存的导航信息还可用一段时间，但导航精度会逐渐降低。

（3）用户设备部分。用户设备部分即 GPS 信号接收机。其主要功能是捕获按一定卫星截止角所选择的待测卫星的信号，并跟踪这些卫星的运行。在接收机捕获到跟踪的卫星信号后，即可测量出接收天线至卫星的伪距离和距离的变化率，解调出卫星轨道参数等数据。根据这些数据，接收机中的微处理计算机就可按定位解算方法进行定位计算，计算出用户所在地理位置的经纬度、高度、速度、时间等信息。

接收机硬件和机内软件以及 GPS 数据的后处理软件包构成完整的 GPS 用户设备。GPS 接收机分为天线单元和接收单元两部分。接收机一般采用机内和机外两种直流电源。设置机内电源的目的在于更换外电源时不中断连续观测。在用机外电源时机内电池自动充电。关机后，机内电池为随机存取存储器（Random Access Memory，RAM）供电，以防止数据丢失。目前各种类型的接收机体积越来越小、质量越来越轻，便于野外观测使用。

2.3.1.2 GPS 在物流领域的应用

在物流领域，GPS 可以实时监控车辆等移动目标的位置，根据道路交通状况向移动目标发出实时调度指令。地理信息系统（Geographic Information System，GIS）、GPS 和无线通信技术有效结合，再辅以车辆路线模型、最短路径模型、网络物流模型、分配集合模型和设施定位模型等，可以建立功能强大的物流信息系统，实现物流实时跟踪以及优化成本。GPS 在物流配送中的应用主要有精确导航、城市交通疏导、车辆跟踪、货物配送路线规划、固定点的定位测量、信息查询、紧急援助，以及 GPS/GIS 在物流领域的集成应用等。

2.3.2 地理信息系统

2.3.2.1 地理信息系统概述

GIS 萌芽于 20 世纪 60 年代初。当计算机技术广泛应用于数据自动采集、数据分析和显示技术等分支领域时，GIS 应运而生。

Corporation，DEC）应用 EDI 后，存货期由 5 天缩短为 3 天，每笔订单费用从 125 美元降到 32 美元。新加坡采用 EDI 贸易网络之后，贸易的海关手续耗费时间从原来的 3~4 天缩短到 1 015 分钟。

2.4.1.2 EDI 的组成及工作流程

数据标准、EDI 软件及硬件和通信网络是构成 EDI 系统的三要素。

（1）数据标准。EDI 标准是由来自不同组织和地区的代表共同讨论、制定的电子数据交换共同标准，可以使各组织通过共同的标准，达到彼此之间文件交换的目的。

（2）EDI 软件及硬件。实现 EDI 需要配备相应的 EDI 软件和硬件。EDI 软件具有将用户数据库系统中的信息译成 EDI 的标准格式，以供传输交换的能力。在发送 EDI 电文时，需要从公司专有数据库中提取信息，并使用 EDI 相关软件将其翻译成 EDI 标准格式进行传输。EDI 软件主要有以下几种：

第一种是转换软件（mapper）。转换软件可以帮助用户将原有计算机系统的文件转换成翻译软件能够理解的平面文件（flat file），或是将从翻译软件接收来的平面文件转换成原计算机系统中的文件。

第二种是翻译软件（translator）。将平面文件翻译成 EDI 标准格式，或将接收到的 EDI 标准格式文件翻译成平面文件。

第三种是通信软件（communication software）。将 EDI 标准格式的文件外层加上通信信封（envelope），再送到 EDI 系统交换中心的邮箱（mailbox），或由 EDI 系统交换中心将接收到的文件取回。

EDI 所需的硬件设备大致有计算机、调制解调器（modem）及电话线。

（3）通信网络。通信网络是实现 EDI 的手段。EDI 的通信方式有以下几种：

第一种是点对点（peer-to-peer，PTP）方式。点对点方式即 EDI 按照约定的格式，通过通信网络进行信息的传递和终端处理，完成相互的业务交往。早期的 EDI 通信一般都采用该方式。然而，它也存在一些缺点。比如，当 EDI 用户需要与数十甚至数百个贸易伙伴进行通信时，这种方式就显得非常耗时，并且需要进行大量的重复发送。此外，这种通信方式是同步的，不适于跨国家、跨行业之间的应用。

第二种是增值网（Value-Added Network，VAN）方式。VAN 方式是一种由增值数据业务（Value Added and Data Services，VADS）公司提供的服务，利用现有的计算机和通信网络设备，除了完成常规通信任务外，还增加了 EDI 的服务功能。VADS 公司向 EDI 用户提供的主要服务是租用信箱和协议转换，其中后者对

用户是透明的。引入信箱实现了EDI通信的异步性，提高了效率并降低了通信费用。此外，EDI报文在VADS公司自己的系统（即VAN）中的传递也是异步的，即先存储再转发。EDI将所有贸易单证的传送由EDI通信网络实现，并且买卖双方单证的处理全部（或大部分）由计算机自动完成。EDI的工作流程可以划分为三个步骤：①文件的结构化和标准化处理。用户首先将原始的纸面商业或行政文件经计算机处理，形成符合EDI标准的、具有标准格式的EDI数据文件。②传输和交换。用户用本地计算机系统将形成的标准数据文件经过EDI数据通信和交换网传送到登录的EDI服务中心，继而转发到对方用户的计算机系统。③文件的接收和自动处理。对方用户计算机系统收到发来的报文之后，立即按照特定的程序自动处理。

对于一个生产企业来说，其EDI系统的工作过程为：企业收到一份EDI订单，则系统自动处理该订单，检查订单是否符合要求；然后通知企业内部管理系统安排生产；向零配件供应商订购零配件；向交通运输部门预订货运集装箱；向海关、商检等部门报关、报检；通知银行并给订货方开EDI发票；向保险公司申请保险单等。EDI系统可使整个商贸活动在最短时间内准确完成。

2.4.1.3 EDI在物流业中的应用

现代物流是建立在互联网和EDI等众多现代信息技术平台基础上的物流资讯和电子商务服务。在企业物流活动中，货主、承运业主以及其他相关的单位之间通过EDI系统进行物流数据交换，并以此为基础实施物流作业活动。EDI系统把货物运输企业、加工贸易企业、流通领域企业，以及海关、检验检疫、税务、环保、边检和银行等部门有效地连接起来，使整个供应链上及相关的各个环节协调同步，从而促进现代物流管理效率的提高。

2.4.2 云计算

2.4.2.1 云计算的概念

"云计算"概念由谷歌（Google）首席执行官埃里克·施密特（Eric Schmidt）在2006年的搜索引擎战略大会上首次提出，随后微软、亚马逊、IBM、思科、惠普、甲骨文、EMC等众多巨头企业相继跟进，IT巨头们也把它看作未来的"决战之地"。云计算是一种基于互联网的超级计算模式，在远程的数据中心，成千上万台电脑和服务器连接成一片电脑云，用户可以通过计算机、笔记本电脑、手机等方式接入数据中心,体验每秒超过 10 万亿次的运算能力。

2.4.2.2 云计算的优势

将云服务应用于物流领域的优势在于以下几方面。

(1) 成本。云服务的应用使得企业无需大量投资于内网连接、计算机服务器和支持等相关费用,从而节省了成本。同时,安全计算能力以租赁的方式提供,无须资金成本。其通常以服务形式为企业提供复杂技术支持,这将极大地吸引创新企业和中小企业。

(2) 接入速度和可用性。云服务能提供一种弹性,允许企业快速地开发新市场或者新产品,使得企业能够在最短的时间以最少的投资实现扩张。通过云计算方式,企业可以快速实施和运行安全且经济的应用程序,同时降低 IT 维护和升级成本。

(3) 可靠性和容错性。将企业内部信息系统中存储的数据上传到云端,便于使用者进行安全的远程访问、审查和存储。

(4) 服务器与网络的运营支持和升级。供应商提供运营和网络的支持和升级服务。例如,位于英格兰赫尔的云和 IT 提供商 Keyfort 公司开发了一个云应用环境下的物流管理信息系统,称为 Keyfort 数据交换服务(kegfort data interchange service,KDIS)。利用它可以获取和存储数据,并利用数据生成报告、进行数据分析、按需查询信息等。任何公司都可以应用 KDIS 系统。同时该公司也开发了一种特定的可选应用 KeyPOD,通过监测执行配送任务的司机手中的智能手机实现对产品状态、位置等信息的追踪,提高产品的可追踪性。使用 KeyPOD,配送中心和承运人能够有效地一起工作,共享实时交付信息。

总而言之,移动技术和云计算的应用为公司提供了线上且实时的收益。在物流供应链环境日渐复杂、市场信息瞬息万变的情况下,云计算系统的及时性和可靠性对企业的发展至关重要,因此这种收益就愈发显著。

2.4.3 大数据

根据高德纳(Gartner)的定义,"大数据"是指那些海量、高增长率和多样化的信息资产,它们需要新的处理模式才能发挥更强的决策力、洞察发现力和流程优化能力。大数据技术的意义并不是掌握和拥有大量数据,而是通过专业化的处理获得所需要的信息从而实现数据的价值。目前大数据领域已经涌现出大量新技术,这些新技术正在成为大数据采集、存储、处理和呈现的有力武器。

物流大数据指的是在运输、仓储、装卸搬运、包装、配送及流通加工等物流环节中涉及的数据和信息。虽然大数据技术在各个领域都存在广泛的使用价值，但是物流领域是大数据的主要应用领域之一。这是因为条形码等技术的发展，使得物流部门可以利用前端 PC 系统收集、存储大量的数据，如货物进出历史记录、货物进出状况和服务记录等。物流业同其他数据密集型企业一样积累了大量的数据，这些数据正是大数据的基础。大数据技术有助于识别运输行为，发现配送新模式和趋势，提升运输效率，增强核心竞争力，降低物流成本。

2.4.3.1 大数据对智慧物流的助力作用

目前研究表明，大数据对于智慧物流发展的助力作用主要表现在以下三个方面。

（1）促进物流企业竞争观念的转变。大数据时代改变了企业的竞争环境，实现了信息数据等多种资源的共享，同时大数据技术对信息价值最大限度的挖掘提高了企业决策等方面的能力，从环境、资源和能力等方面影响企业的竞争力。

（2）优化物流企业的资源和能力。大数据可以帮助物流企业充分开发和利用人力、物力等资源，例如借助大数据信息技术进行人才甄选等活动。此外，大数据还能提升物流企业的环境适应能力，并使企业能够获取有价值的资源。

（3）在物流活动中应用大数据技术，能够使物流活动变得更加"智慧"和"智能"，随之也会提升企业的竞争能力。

2.4.3.2 大数据技术在物流业的典型应用

具体来讲，大数据技术在物流业中的典型应用主要有以下五个方面。

（1）需求预测。通过收集用户消费特征、商家历史销售等大数据，利用算法提前预测需求，前置仓储与运输环节。这方面目前已经有了一些应用，但在预测精度上仍有很大提升空间，需要扩充数据量，优化算法。

（2）设备维护预测。通过物联网的应用，在设备上安装芯片，可实时监控设备运行数据，并通过大数据分析做到预先维护，增加设备使用寿命。随着机器人在物流环节的使用，这将是未来应用非常广泛的一个方向。

（3）供应链风险预测。通过对异常数据的收集，可以对诸如贸易风险、不可抗力引起的货物损坏等供应链风险进行预测。

（4）供应链系统管理。供应商和生产商在建立供应商管理库存（vender managed inventory，VMI）运作机制以及实现库存与需求信息共享的情况下，可以实现更好的供给配合，减少因缺货而造成的损失。此外，在供应商数据、质量数据、交易数据、资源数据等数据的支持下构建供应链管理系统，可以对供应链系统的成本以及效率进行跟踪和掌控，进而实现对质量与可靠性的控制。

（5）网络及路线规划。利用历史数据、时效、覆盖范围等构建分析模型，对仓储、运输、配送网络进行优化布局，如通过对消费者数据的分析，提前在离消费者最近的仓库进行备货。甚至可实现实时路由优化，指导车辆采用最佳路由线路进行跨城运输与同城配送。

此外，大数据技术在了解运输全局、优化库存管理、客户细分等方面也具有广阔的应用前景。

当前中国的网络购物规模空前扩大，这对物流提出了很高的要求，信息需求量也越来越大。而借助物流大数据分析，可以提高运输与配送效率，降低物流成本、提高客户满意度，更有效地满足客户服务要求。

以借助大数据和云计算所进行的京东平台"双十一"精准营销为例：根据大量的历史销售商品数据信息，结合气候、促销条件等因素，选取火爆商品，同时对火爆商品在各个城市的销量进行预测，从而提前将商品转移到距离消费者最近的前置仓；根据对用户相关大数据进行分析，可以实现对核心城市的各个区域的主流商品需求量的较准确的预测，提前在物流分站发货；根据历史销售数据以及对未来市场的预测，在制订精准生产计划方面为商家提供帮助，帮助他们进行合理的区域分仓等。大数据在此智慧化物流活动中起到的作用是至关重要的。合理地运用大数据可以为企业带来更多创新机遇，这将对物流企业的管理与决策、维护客户关系、配置资源等起到相当大的推动作用。

2.4.4 人工智能

2.4.4.1 人工智能的概念

人工智能（artificial intelligence，AI）是研究、开发用于模拟、延伸和扩展人的智能的理论、方法、技术及应用系统的一门技术科学。而其他关于动物或人造系统的智能也普遍被认为是其相关的研究课题。该领域的研究包括机器人、语言识别、图像识别、自然语言处理和专家系统等。自诞生以来，理论和技术日益成熟，应用领域也不断扩大，未来人工智能带来的科技产品，将会是人类智慧的"容器"。

人工智能是新一轮科技与产业变革的核心驱动力，它可以看成是历次科技与企业变革积累的能量，并将其叠加释放，从而快速催生一系列的物流领域新型产

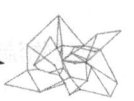

品、服务与业态结构。在其创新驱动作用下，出现了很多引发新一轮物流智慧化行业变革的新型技术，如自动货物分拣系统、智能配送机器人、智能客服等。人工智能技术将成为未来物流行业极具竞争力的技术领域。之所以"人工智能+物流"可以被业界快速接受和吸收，是因为人工智能能够实现物流行业降本增效的目标，这可以有效解决我国社会物流成本过高的问题，智慧物流2.0时代正全面开启。

2.4.4.2 人工智能技术的应用场景

人工智能技术主要有以下五个物流应用场景。

(1) 智能运营规则管理。未来将会通过机器学习，使运营规则引擎具备自学习、自适应的能力，能够在感知业务条件后进行自主决策。未来，人工智能将能够根据电商高峰期和常态期的不同场景、订单和商品品类等条件，自主设置订单生产方式、交付时效、运费以及异常订单处理等运营规则。这将实现人工智能的自主处理能力，为电商提供更智能化的运营服务。

(2) 仓库选址。人工智能技术能够根据现实环境的种种约束条件，如顾客、供应商和生产商的地理位置、运输经济性、劳动力可获得性、建筑成本、税收制度等，进行充分的优化与学习，给出合理的选址建议。

(3) 决策辅助。利用机器学习等技术来自动识别场院内外的人、物、设备、车的状态，学习优秀的管理和操作人员的指挥调度经验、决策方法等，逐步实现辅助决策和自动决策。

(4) 图像识别。利用计算机图像识别、地址库和卷积神经网络提升手写运单机器的有效识别率和准确率，大幅减少人工输单的工作量，降低差错率。

(5) 智能调度。通过对商品数量、体积等基础数据的分析，对各环节（如包装、运输车辆等）进行智能调度，如通过测算百万库存量单位（stock keeping unit, SKU）商品的体积数据和包装箱尺寸，利用深度学习算法技术，由系统智能地计算并推荐耗材和打包排序，从而合理安排箱型和商品摆放方案。

2.5 网络与通信技术

2.5.1 移动互联网

移动互联网是互联网与移动通信技术各自独立发展后，互相融合形成的新兴技术。随着上游客户需求和物流服务发展模式不断变化，物流信息化也要应需而动，进一步提升发展水平。而移动互联网在物流行业的快速普及应用，给物流信息化的升级发展提供了重要技术支撑，促使传统物流加速向智慧物流迈进。移动互联网在智慧物流的发展过程中起到的支持作用表现在以下三个方面。

（1）智慧云平台助力打通供应链。由于进入供应链竞争时代，各环节需要打通企业间的边界以实现相互协作，占据主动，获得竞争优势。移动互联平台为物流企业提供按需分配且动态调整的云资源池，免去了企业对信息化硬件资源的大量投入、维护以及升级的资金成本，并为企业提供个性化物流解决方案，协助企业协同供应链上下游关系。

（2）通过移动信息实时采集，能够实现货物动态跟踪。企业通过对外勤人员或车辆进行移动定位掌握货物位置信息；同时，客户通过电话、移动互联网App等方式，实时确认货物位置。

（3）智慧物流移动互联平台可以在不同参与企业之间搭建信息沟通的渠道，协助参与企业之间的高质高效交流。此外，该平台还能实现与企业现有的应用系统和程序数据接口的连接，让现有系统发挥应有的应用效果，提供数据优化工具与模型，通过数据来支持业务环境的优化。通过移动应用提供智慧物流平台，提升物流企业的服务水平以及核心竞争力。

2.5.2 物联网

2.5.2.1 物联网的提出

1999年，美国自动识别技术（automatic identification，Auto-ID）中心首先提出"物联网"的概念。同年，在美国召开的移动计算和网络会议提出"物联网是下一个世纪人类面临的又一个发展机遇"。2003年，美国《技术评论》提出传感网络技术将是未来改变人们生活的十大技术之首。2005年11月17日，在突尼斯举行的信息社会世界峰会（World Summit on the Information Society，WSIS）上，国际电信联盟（International Telecommunication Union，ITU）发布《国际电信联盟互联网报告2005：物联网》，正式提出"物联网"的定义：把所有物品通过射频识别、红外感应器、全球定位系统、激光扫描器等信息传感设备与互联网连接起来，进行信息交换的网络。物联网可实现智能化识别、定位、跟踪、监控和管理物流各环节，其原理和结构如图2-8所示。

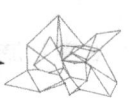

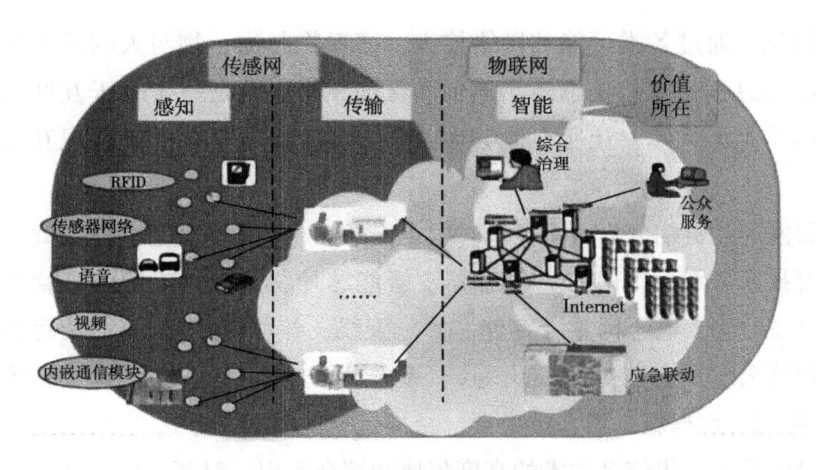

图2-8 物联网的原理和结构

从字面解释，物联网就是"物物相连的互联网"，其有两层意思：①物联网的核心和基础仍然是互联网，物联网是在互联网基础上延伸和扩展的网络。②用户端相比互联网进行了延伸和扩展。互联网的用户端是计算机、手机等电子设备，物联网的用户端则扩展到了任何物体。

物联网的基本原理是在计算机互联网的基础上，利用RFID、无线数据通信等技术，构造一个覆盖世界万事万物的智能网络，即"物物相连"。在这个网络中，物品能够彼此进行"交流"，而无须人工干预。其实质是利用RFID技术，通过计算机互联网实现物品（商品）的自动识别和信息的互联与共享。其作业步骤为：①标识物体属性；②完成对物体属性的读取，并将信息转换为适合网络传输的数据格式；③将物体的信息通过网络传输到信息处理中心，由信息处理中心完成物体通信的相关计算。

"物品"进入物联网的条件：要有相应信息的接收器；要有数据传输通路；要有一定的存储功能；要有中央处理器（central processing unit，CPU）；要有操作系统；要有专门的应用程序；要有数据发送器；要遵循物联网的通信协议；要在世界网络中有可被识别的唯一编号。

物联网把感知技术、网络技术运用于万物，以精细动态方式管理生产生活，提高资源利用率和生产力水平，改善人与自然的关系。现实的世间万物与虚拟的"互联网"充分结合，通过各种信息传感器、射频识别技术、全球定位系统、红外感应器、激光扫描器等装置与技术，实时采集任何需要监控、连接、互动的物体或过程，采集其声、光、热、电、力学、化学、生物、位置等各种需要的信息，通过各类可能的网络接入，实现物与物、物与人的泛在连接，实现对物品和过程的智能化感知、识别和管理。物联网是一个基于互联网、传统电信网等信息承载体，让所有能够被独立寻址的普通物理对象实现互联互通的网络。

物联网产业链细分为四个环节：标识、感知、处理、信息传送。每个环节对应的关键技术分别为：RFID、传感器、智能芯片、无线传输网络。物联网的三大类产品主要为：电子标签（存储芯片、天线、各种传感器等）、读写器（智能芯片、识读天线、信息传输模块等）、系统集成产品（系统中间件、数据库软件、PC终端、数据服务器、路由器、交换机、传输网络等）。

物联网是新一代信息技术的高度集成和综合运用，对新一轮产业变革和经济社会绿色、智能、可持续发展具有重要意义。目前，物联网主要应用于个人、办公、汽车、物流、消费、资源环境、家庭、工厂和城市九大方面。全球物联网产值4万亿~12万亿美元，涉及生活与工作的方方面面。其中，智能城市、智能交通、智能穿戴、智能医疗等领域前景最为可观。随着5G的到来，万物互联渐近，物联网无疑成了最热的关键词，物联网正在取代移动互联网成为信息产业的主要驱动。国际数据公司（International Data Corporation，IDC）发布的《2021年V1全球物联网支出指南》，从技术、场景、行业等角度对2020年全球物联网市场进行了梳理，并对未来5年的市场进行了预测。数据显示，2022年全球物联网支出规模约为7 300亿美元，2027年预计接近1.2万亿美元，5年复合增长率为10.4%。IDC预测，2027年中国物联网支出规模将趋近3 000亿美元，位居全球第一，占全球物联网总投资规模的1/4左右。在2023—2027年的预测期内，复合年增长率（compound annual growth rate，CAGR）为10.4%。预计到预测期结束之后，中国的物联网支出将超过美国，其复合年增长率达13.2%。

2.5.2.2 物联网的体系结构

物联网系统至少包含三部分：信息采集子系统、信息处理子系统、用户界面系统。另外，还需要有一个信息传输子系统贯通整个过程，所以一共是四部分（如图2-9所示）。

从抽象角度来看，物联网系统可以分为四层，详见图2-10。

各层的主要功能如下。

感知层：进行信息的获取与辨识，包括物质属性、环境状态、行为态势等静态、动态信息。对应信息采集子系统。

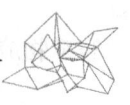

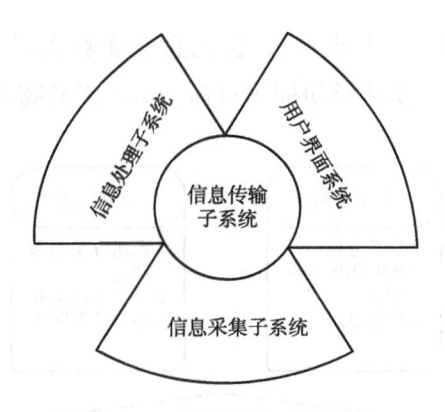

图 2-9　物联网的系统结构

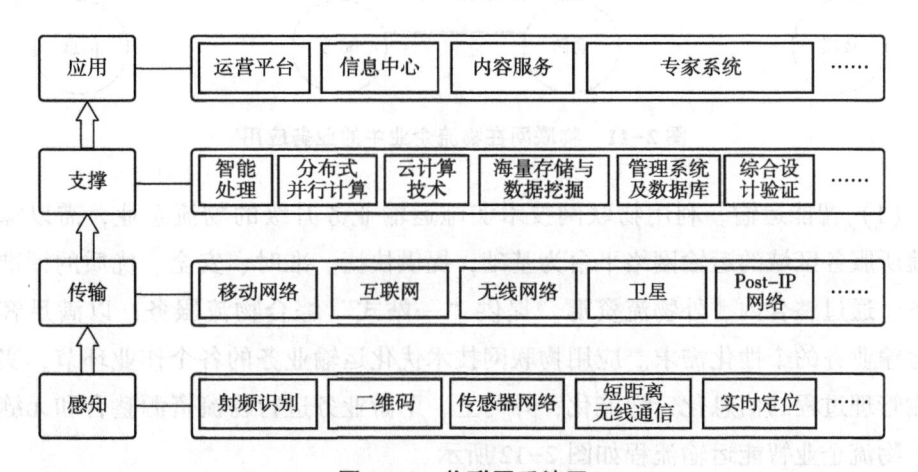

图 2-10　物联网系统层

传输层：借助互联网或移动通信网，对来自感知层的信息进行接入和传输。对应信息传输子系统。

支撑层：作为物联网的大脑，进行智能化的存储和计算、信息融合、数据挖掘等。对应信息处理子系统。

应用层：强调智能化、便携化的人机交互。支持面向行业的应用（如灾害预测、智能交通等）。对应用户界面系统。

2.5.2.3　物联网在物流领域的应用

在物流领域中，企业应用物联网完善业务，需要以提高效率、减少人为错误为目标，利用物联网技术分析研究业务流程、物流感知与信息采集、进行数据的自动化处理等，以做出更好的决策，进一步优化业务流程。通过物联网在物流企业中的业务应用（如图2-11所示），物流企业能够实现车辆调度、行驶安全、货物追溯、全程冷链以及供应链协同等目标，从而提高物流系统的运作绩效。

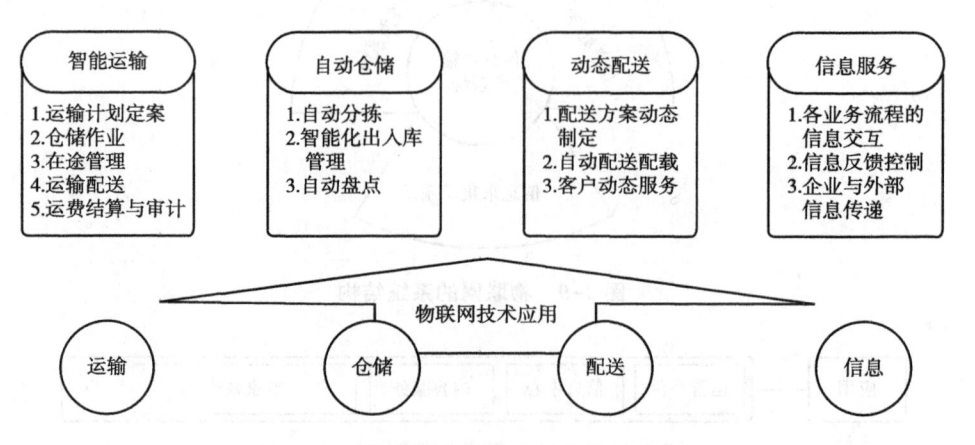

```
┌──────────────┐  ┌──────────────┐  ┌──────────────┐  ┌──────────────┐
│   智能运输    │  │   自动仓储    │  │   动态配送    │  │   信息服务    │
│1.运输计划定案 │  │1.自动分拣    │  │1.配送方案动态│  │1.各业务流程的│
│2.仓储作业    │  │2.智能化出入库│  │  制定        │  │  信息交互    │
│3.在途管理    │  │  管理        │  │2.自动配送配载│  │2.信息反馈控制│
│4.运输配送    │  │3.自动盘点    │  │3.客户动态服务│  │3.企业与外部  │
│5.运费结算与审计│  │              │  │              │  │  信息传递    │
└──────────────┘  └──────────────┘  └──────────────┘  └──────────────┘
                       物联网技术应用
       ○运输          ○仓储          ○配送          ○信息
```

图2-11 物联网在物流企业中的业务应用

（1）智能运输。利用物联网技术实施运输业务升级的物流企业，需以深度覆盖所服务区域的运输网络平台为基础，提供快捷、准时、安全、优质的标准化服务。通过整合内、外物流资源，提供"一站式"综合物流服务，以满足客户对运输业务的个性化需求。应用物联网技术优化运输业务的各个作业环节，实现运输管理过程的信息化、智能化，并与上、下游业务进行物流资源整合和无缝连接。物流企业智能运输流程如图2-12所示。

（2）自动仓储。物流企业仓储管理业务以供应商库存管理为基础，将服务作为其标准化产品。将物联网技术应用于仓储管理业务中，可实现仓储管理中的货物自动分拣、智能化出入库管理、货物自动盘点及"虚拟仓库"管理，从而形成自动仓储业务。通过智能及自动化的仓储管理，可有效降低物流成本，实现仓储作业的可视化和透明化管理，提高仓储服务水平，最终实现智能化、网络化、一体化的管理模式。

（3）动态配送。在传统的配送过程中，交通条件、价格因素、用户数量及分布和用户需求等因素的变化会对配送方案、配送过程产生影响。物联网的引入很好地解决了这一问题，通过对以上影响因素涉及的物体利用物联网感知布点进行信息采集并有效反馈就可形成动态的配送方案，从而提高配送效率，提升服务质量。此外，还可为客户提供实时的配送状态信息服务。图2-13展示了物联网技术在物流配送中得到的广泛应用（如图2-13所示）。

2 智慧物流信息技术

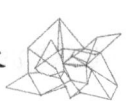

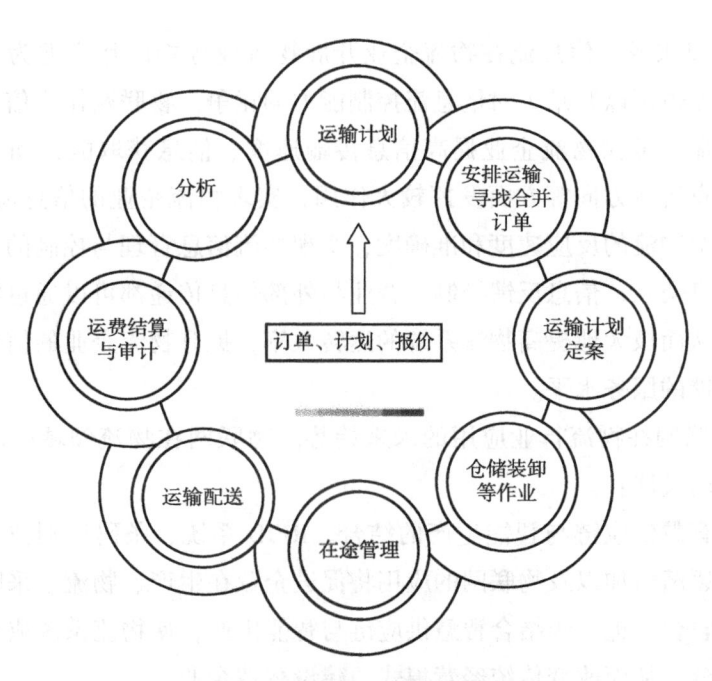

图 2-12　物流企业智能运输流程

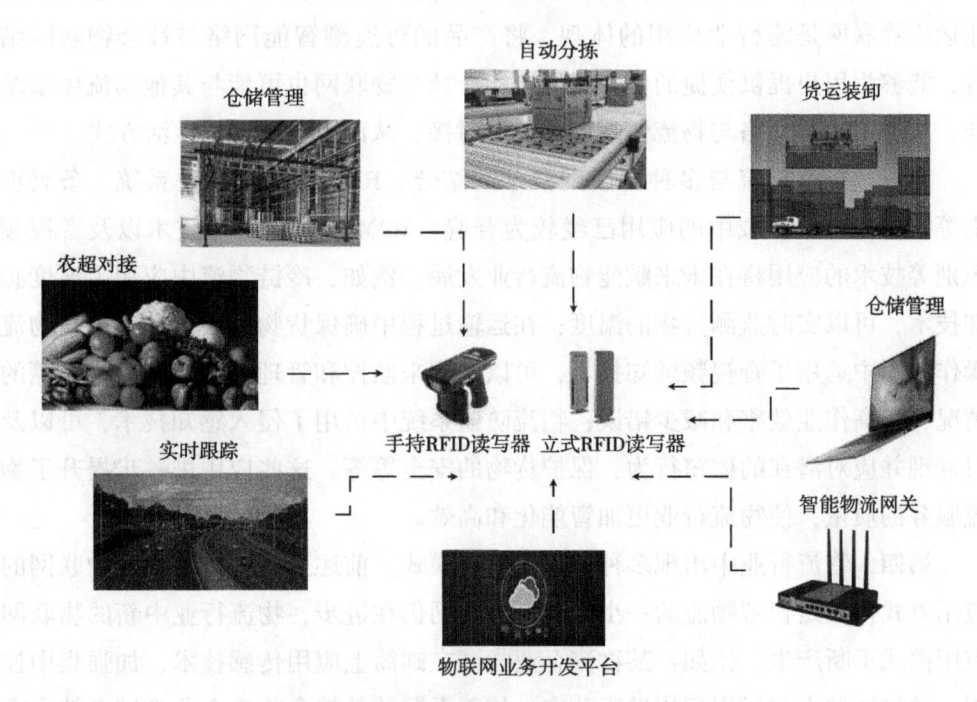

图 2-13　物联网技术在物流配送中的应用

(4)信息服务。信息流在物流企业开展物流业务中的作用尤为重要,物流企业之间的竞争可以归结为对信息流控制能力的竞争。物联网作为信息技术领域的第三次革命,可在物流企业提高信息传输速度、信息获取能力和信息处理能力、把控信息传输方向等方面发挥较大作用,实现物流企业的信息流活动升级,从而提高整个物流的反应速度和准确度,实现物流信息管理与控制的飞跃。各业务流程的信息交互、信息反馈控制、企业与外部信息传递都可以通过物联网技术进行优化,从而极大地提高物流系统的运转效率,提升物流企业的信息化水平和基于信息反馈的服务水平。

(5)物联网在物流行业应用的未来趋势。物联网在物流领域中的应用会向如下四个方向发展:

第一,智慧供应链与智能生产的结合。RFID系统、条码识别技术、传感器技术的应用逐渐增加以及物联网的应用将促进企业在生产、物流、采购和销售方面的智能化整合,进一步结合智慧供应链与智能生产,使物流系统成为企业经营活动的一部分,从而改变传统经营模式,建设智慧企业。

第二,智慧物流网络与社会物联网的结合。物联网技术属于聚合型应用,企业运用物联网是跨行业应用的体现。将产品的可追溯智能网络与社会物联网结合,能够为用户提供便捷的信息查询功能,社会物联网也可能与其他物流体系结合,或者由相关网络与物流体系实现信息对接,从而改变人们的生活方式。

第三,智慧物流与多种互联网技术的结合。RFID、全球定位系统、条码识别等技术在物流领域中的应用已经较为普遍,M2M技术、蓝牙技术以及音视频识别等技术的应用将在未来赋能物流行业发展。例如,冷链物流中应用了温度感知技术,可以实时监测货物的温度,在运输过程中确保货物的质量和安全;物流操作过程中运用了音视频感知技术,可以被用来监控和管理仓库和这运输车辆的情况,提高作业效率和减少错误;物流防盗系统中运用了侵入感知技术,可以及时发现并应对潜在的盗窃行为,保护货物的安全等等。这些应用进一步提升了物流服务的质量,使物流行业更加智能化和高效。

第四,物流行业中出现多种物联网应用模式。前述几种物流业中对物联网的应用方式仅仅是智慧物流的一小部分,物联网仍在进步,物流行业中新的物联网应用模式不断产生。比如:某物流企业尝试在邮筒上应用传感技术,加强集中控制,并将这种方式运用到快递行业中;位于无锡的某粮食物流企业尝试在粮食仓储物流技术中运用感知技术,掌握仓库中的空气温度和湿度等数据,致力于建设

能够进行智能粮食配送和质量监管的智慧物流体系；某信息企业在酒店仓储中的物联网技术应用可以加强对存储物品的管理和追踪，提升企业品牌形象和服务效果。

物联网技术还在进步，在不久的将来，智慧物流将会真正落地，我国智慧物流业发展大有可为。

2.6 物流系统仿真技术

2.6.1 系统仿真

2.6.1.1 系统仿真的概念与步骤

系统仿真是通过建立实际的系统模型，在特定的时间内对系统进行实验研究的过程。随着计算机技术的发展，系统仿真已逐步成为一门新兴学科。具体来说，系统仿真是以控制理论、相似理论、信息处理技术和计算机技术等理论为基础，以计算机和其他专用物流设备为工具，对真实或假设的系统模型进行实验，并借助专家经验、统计数据和信息资料对实验结果进行分析研究，进而做出决策的一门综合性、实验性的学科。

一般而言，系统仿真可以分为以下九个步骤。

（1）问题定义。定义问题的陈述越通用越好，应详细考虑引起问题的可能原因，做出恰当的假设。

（2）制定目标和定义系统效能测度。在定义目标时，应详细说明影响目标实现的性能测度，并列出仿真结果的先决条件。

（3）描述系统和列出假设。仿真将现实系统资源分成四类：处理器、队列、运输和共享资源（如操作员）。在建立仿真模型时，首先需要对现实系统做模型描述，通过合理假设，抽象并准确表达其本质属性。

（4）列举可能的替代方案。应在仿真初期考虑替代方案，使设计的模型能够非常容易地转换到替换系统。

（5）收集数据和信息。数据可以通过历史记录、经验和计算得到。这些粗糙的数据将为模型输入参数提供基础。除了为模型参数输入数据外，在验证模型阶段还可以把实际数据与模型的性能测度数据进行比较。

（6）建立计算机模型。一般建模过程是呈阶段性的，在进行下一阶段建模之前，首先验证本阶段的模型工作是否正常，并应在建模过程中运行和调试每一阶段的模型。

（7）验证和确认模型。验证的内容包括模型的功能是否与设想的系统功能相符合，模型是否与想构建的模型一致。确认模型的范围包括确认模型是否能够正确反映现实系统，模型仿真结果的可信度有多大等。

（8）运行可替代实验。当系统具有随机性时，就需要多次运行实验。尽可能在第二步中计算出已定义的每一性能测度的置信区间。

（9）输出分析。通常使用报表、图形和表格进行输出结果的分析，同时应用统计技术分析不同方案的模拟结果。一旦得出结论，就要根据模拟的目标来解释这些结果，并提出实施或优化方案。

2.6.1.2 系统仿真算法

仿真算法所要解决的问题包括如何推进仿真钟，如何建立起各类实体之间的逻辑联系，以及如何使模型描述的形式更容易被计算机处理等。对同一个系统，所确定的算法不同，仿真模型的结构也不同。下面以事件调度法、活动扫描法和进程交互法为例，阐述这三类算法在系统描述、建模要点、仿真钟推进以及执行控制等方面的不同点（如表2-1所示）。

表2-1 三种算法的比较

算法	事件调度法	活动扫描法	进程交互法
系统描述	主动成分可施加作用	主动成分、被动成分均可施加作用	主动成分、被动成分均可施加作用
建模要点	对事件建模，构建事件子程序	对活动建模，构建事件子程序	进程分步、事件测试与执行活动
仿真钟推进	系统仿真钟	系统仿真钟、成分仿真钟	依据当前事件表（current event list, CEL），按最早发生事件的开始时间执行活动
执行控制	选择最早发生的时间记录	扫描全部活动，执行可激活成分	扫描CEL，执行Da（S）= True记录断点

（1）事件调度法。事件调度法是按时间顺序处理所发生的一系列事件，通过记录每一事件发生时引起的系统状态的变化来完成系统的整个动态过程的仿

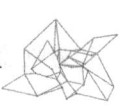

真。由于事件都是预定的，状态变化发生在明确的预定时刻，因此这种方法适合于活动持续时间比较确定的系统。

（2）活动扫描法。活动扫描法是面向活动的方法。活动的开始与结束除受到事件因素影响外，还受到其他因素（例如条件因素）的影响。

（3）按进程交互法。按照这种方法，系统仿真钟的控制程序采用当前事件表和将来事件表。前者包含从当前时间点开始有资格执行的事件记录，但是该事件是否发生的条件尚未判断；后者包含未来某个仿真时刻发生的事件记录。

2.6.2 物流系统仿真

2.6.2.1 物流系统仿真的主要应用领域

系统仿真技术在物流系统中的应用非常普遍，例如物流系统设施规划与设计、物料控制、物料运输调度、物流成本估算等环节。

（1）物流系统设施规划与设计。假设一个由自动化立体仓库、AGV、缓冲站等组成的复杂物流系统。系统设计的内容包括确定：自动化立体仓库的货位数；AGV 的速度、数量；缓冲站的个数；堆垛机的装载能力（运行速度和数量），以及规划物流设备的布局；设计 AGV 的运送路线等。系统设计应该考虑的重要指标包括生产能力、生产效率和系统投资等，这些指标在某种程度上是相互矛盾的，物流系统设施规划与设计要求选择技术性与经济性的最佳结合点（如图 2-14 所示）。

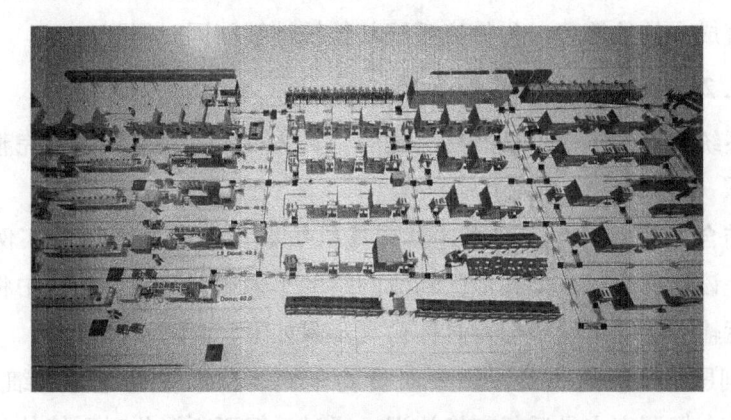

图 2-14 厂房的物流系统仿真模型

（2）物料控制。物料供应部门与生产加工部门的供求关系存在着矛盾，且生产加工中各个工序的加工节奏一般不可协调。为确保物料的及时、准确供应，最有效的办法是在工厂、车间设置物料仓库，在生产工序间设置缓冲物料库来协调生产节奏（如图2-15所示）。

图2-15 输送系统仿真模型

（3）物料运输调度。对于拥有多种运输车辆和多种运输路线的复杂物流系统来说，应用合理的调度工具来规划运输路线，对于保障运输线路的通畅和高效是非常必要的。由于物流系统运输调度的复杂、动态性，系统仿真成为解决问题的有效方法。

（4）物流成本估算。物流成本的核算与花费的时间直接相关，为保证系统的经济性，通常用成本核算结果来评价物流系统的各种方案。一般物流成本包括运输成本、库存成本、装卸成本等。物流过程是非常复杂的动态过程，在实际仿真中，物流成本的估算可以与物流系统其他统计性能同时得到。

2.6.2.2 物流系统仿真的步骤

物流系统仿真的步骤不是严格一致的，具体可参考一个典型、完整的物流系统仿真步骤（如图2-16所示）。

下面结合"某地区物流网络运营计算机仿真与动态显示"的实例来说明仿真的步骤。该仿真的对象是某地区物流网络的车辆运营组织，仿真中将同步显示货物节点运输车辆的运营状态。具体仿真步骤如下。

（1）问题描述。这一阶段需要对货物车辆运营系统进行深入细致的了解，并与车队、车场调度人员反复交换认识，通过反馈不断深化对系统的认识，使描述的系统与实际相符合。

（2）确定目标与总体方案。该仿真的目标是：从整体考虑物流网络，确定运营的改进方向及改进方案，使物流网络能以较少的车辆和人员配置完成预定的物流任务。根据这一目标，构造总体研究方案，包括研究人员的数目、分阶段参加人员的工作天数、投入的研究费用等。

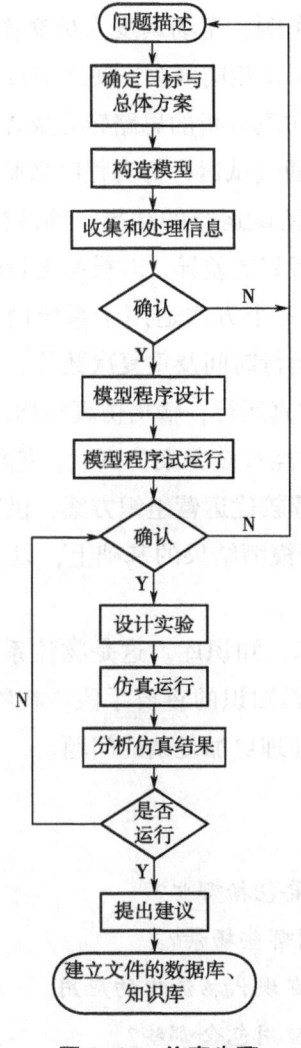

图 2-16 仿真步骤

（3）构造模型。首先进行系统的实体及属性分析、活动分析、模型变量分析、系统特征分析、模型指标分析、模型的输入/输出分析以及仿真模型选定分析，进而确定各组成要素以及表征这些要素的状态变量和参数之间的数学逻辑关系，从而建立仿真模型。

（4）收集和处理信息。信息的正确性直接影响仿真结果的正确性，正确收集和处理信息是系统仿真的重要组成部分。它包括估计输入参数和获得模型中采用随机变量的概率分布。

（5）确认。在整个仿真过程中确认仿真模型及输入参数，尤其是在此步和第八步确认，进一步与货运车辆、车场调度人员交换信息，增强模型的有效性，并根据决策者的要求，对模型作相应修改，使之更符合实际。

（6）模型程序设计。将仿真分析的思路转化成计算机语言编制的程序。

（7）模型程序试运行。通过试运行仿真程序来验证程序的正确性。

（8）确认。根据仿真模型试运行的结果，确认模型的正确性，通过比较实际系统的行为和仿真过程两者间的差异，对模型进行改进。

（9）设计实验。当不止一个方案适用于系统时，对仿真方案要经过选择，考虑合适的初始运行条件、运行时间及重复次数等。

（10）仿真运行。通过仿真运行，输出仿真指标，获得方案比选的信息。

（11）分析仿真结果。在经过多方案仿真后，把输出的指标按某种数学方法处理后进行方案的排序。推荐较优运营组织方案，供决策者参考。

（12）提出建议。在分析模型结果的基础上，以文字形式提出对决策者有价值的参考建议。

（13）建立文件的数据库、知识库。这是物流系统仿真过程中的重要阶段，也是为进一步智能化仿真积累知识的重要手段。在物流网络计算机仿真的基础上，使本系统更加完善，能处理更加复杂的问题。

思考题

1. 智慧物流信息技术主要包括哪些？
2. RFID 技术可以应用到哪些场景？
3. 简述云计算的优势及在现代物流中的应用。
4. 物联网在物流领域的应用包含哪些？
5. 简述物流系统仿真的步骤。

3 智慧供应链
——互联网时代下的供应链创新模式

【学习目标】

知识目标：

1. 了解智慧供应链的概念和发展体系；
2. 了解构造智慧供应链的意义和价值；
3. 了解智慧供应链模式在企业中的应用；
4. 了解智慧供应链体系的设计路径；
5. 了解智慧供应链是如何提升效率的。

能力目标：

1. 在供应链规划过程中运用各类信息推动供应链智慧化；
2. 从供应链管理的视角搭建智慧供应链管理体系；
3. 可以将客户需求整合进智慧供应链体系中；
4. 可以帮助企业搭建信息共享平台以更加紧密地联系上下游成员。

3 智慧供应链——互联网时代下的供应链创新模式

3.1 智慧供应链概述

3.1.1 智慧供应链的概念与特点

3.1.1.1 智慧供应链的概念

供应链的发展历程基本上可以分为五个阶段：初级供应链、响应型供应链、可靠供应链、柔性供应链和智慧供应链。

伴随着第四次工业革命的全面兴起以及在"中国制造2025"的浪潮推动下，新一代智能技术，如云计算、大数据、物联网、人工智能、5G等，不断融合、叠加、迭代和进步发展，越来越多的企业开始实施精细化供应链管理，如JIT[①]、敏捷供应链管理等，对原有的供应链模式进行改革，以期望达到加速供应链运转的目的。但与此同时，这些创新性的生产管理模式在很大程度上弱化了供应链在各类风险事件中的应对抵抗能力。

基于此，有机融合物联网技术与现代供应链管理方法的智慧供应链应运而生，成为未来供应链发展升级的主流方向。特别是制造行业，在智慧供应链的支持下，与生产制造企业的生产系统互相连接，通过供应链服务提供智能虚拟仓库和精准物流，配送生产企业可以专注于制造，不再需要实体仓库，将从根本上改变制造业的运作流程，提高管理和生产效率，成为企业在市场竞争中获得优势的关键。

"智慧供应链"这一概念最早是由复旦大学博士后罗钢2009年在上海市信息化与工业化融合会议上提出的。智慧供应链指通过有机结合日益发展成熟的物联网技术与现代供应链管理的理论、方法和技术，在企业内部以及企业之间构建的智能化、数字化、自动化、网络化的技术与管理综合集成系统。智慧供应链的核心是通过实现供应链中信息流、物流、资金流的无缝对接，最大限度消除不对称信息因子的影响，从而在根本上提升企业内外部供应链的运作效率。

随着传统供应链的发展，技术的渗透性日益增强，很多供应链已经具备了信

---

① JIT 即 Just in time，准时制生产方式，实质是保持物流和信息流在生产中的同步，实现以恰当数量的物料，在恰当的时候进入恰当的地方，生产出恰当质量的产品。

息化、数字化、网络化、集成化、智能化、柔性化、敏捷化、可视化、自动化等先进技术特征。在此基础上,智慧供应链将技术和管理进行综合集成,系统化地论述技术和管理的综合集成理论、方法和技术,为现代供应链管理与运营的实践提供指导。

3.1.1.2 智慧供应链的特点

与传统供应链相比,智慧供应链具有以下特点。

(1) 技术的渗透性更强,强调对客户需求的全过程精准分析与有效管理。在智慧供应链的环境下,运营者和管理者具有更强的技术敏感性和应用能力,更加主动地吸收包括物联网、互联网、大数据、人工智能等在内的各种现代技术,依托现代科技手段对客户需求进行精准分析,并主动调整管理过程以适应引入新技术带来的变化。

事实上,在实际应用中,大多数的传统供应链都能做到超越客户需求,但问题的关键在于及时获取并精准感知客户需求究竟是什么,普通供应链主要做到的是与客户互动,进而及时、准确地交付产品。智慧供应链贯穿产品的整个生命周期,包括从产品研发、日常使用到产品寿命终止等各个环节,并以各大现代先进技术手段作为辅助,有助于从源头获得信息,进而达到与客户紧密联系的目的。例如,从货架上抬起的货物、从仓库里运出的产品或显露磨损迹象的关键部件,其中的每次互动都是与客户合作的机会。

不仅如此,智慧供应链还可以利用其"智能"来区分客户,经过深入分析,它们可以对客户进行智能感知,预测用户的需求、习惯和兴趣;经过智能分析,可以对客户进行详细的分类,构建出不同人群的不同画像,并为他们量身定做产品,从而延伸至产业链的上下游,提供精准服务。

【案例 3-1】AI 与 OR 驱动的京东端到端补货技术建设实践

整个京东集团供应链业务分为第三方卖家平台(platform of platform,POP)和自营两部分,智能供应链 Y 部门 80% 以上的工作是服务于自营供应链。自营供应链是指自己采购、自己销售,这部分工作主要由 Y 的技术团队承接,整个业务体量非常大。

京东 2021 年度财报显示,京东平台的活跃用户大约有 5.52 亿,自营商品超过了 900 万种,涵盖家电、电脑数码、快销等所有品类,对接了超过 20 万家的

供应商，以采购不同的商品。整个网络规模非常复杂，商品基本使用了物流的全部仓库，通过这种方式更好地提升了用户的体验、降低了成本。通过一系列的供应链优化动作，2021年第三季度财报显示周转期达到了30.1天。对标行业来看，处于非常领先的水平，93%以上的自营订单，实现了24小时达。一方面是因为业务人员熟练的操盘技术，另一方面是技术服务的加持。

商品被消费者购买会有一个非常长的流程，从刚开始的创意设计、研发制造，到最终零售厂商定价交易、仓储、物流配送、售后，整个链条是非常长的。面对这么长的链条，如何去提升效率？这需要全链条各个环节的优化。Y部门在优化过程中着重提升了五大能力。

（1）客户到制造商（customer to manufacturer，C2M）能力。C2M能力是服务于供应商、品牌商的一个核心能力，通过基于销售数据的行业洞察算法，识别出未来哪些是消费者更加青睐的商品，把商品的特性、特质以及一些关键的属性，赋能给整个品牌商。品牌商基于洞察建议，进行新品的生产和设计。这样生产商品效率非常高，可以卖得更快、更好。

（2）品类规划。行业内品类规划的范围比较广，主要是品类规划策略，Y部门任务主要聚焦在商品结构和多端选品。什么是商品结构？比如京东有900多万种商品，要找出哪些商品是重复的，消费者选择起来比较困难。要减少一些自营商品让消费者选择，把一些更好的商品曝光给消费者。也要看哪些商品在自营商品中是没有的，考虑能不能把这些商品引入京东平台，让消费者更好地选择。另外多端多渠道选品，京东是一个大平台，有不同的场域、频道，不同品质的不同商品在不同频道的销售效率是完全不一样的。希望把不同的商品通过技术识别出来，推到不同的渠道，加速销售和流转。

（3）自动定价。Y的一个核心能力是通过自动的方式实现效率的提升。希望未来能实现整个京东平台的自动定价，给消费者提供更合理的价格，保持比较低的利润。

（4）智能库存。库存能力是Y比较成熟的能力，从预测、补货、调拨到清滞多个环节布局了相应能力。

（5）仓网履约。在整个零售供应链中，希望通过网络的调节和履约的优化，实现整个成本和效率的最优化。

为了实现全链条的最优化，大部分工作可以归为三类：第一类是预测类工作，是各类决策和规划的基础。在整个自营的供应链中，最核心的就是如何去预测出未来的销量,因为知道未来销量,才能决定什么样的时机采购。针对销量预测,京东做得非常成熟。流量预测和财务预测,是为了更好地把销量计划做好,把事情做得更加极致。第二类是布局优化能力。优化能力可以提供更好的决策,比如在补货场景下,在什么时机进多少量,是一个非常明确的运筹优化类问题。要想实现整个周转效率的最佳化,需要把最佳时机和最佳量决策出来,这一块依赖于运筹能力的搭建。运筹能力的搭建会服务于履约,包括派单优化、履约路线优化,也会有额外的产出。第三类是仿真平台。对于任何一个算法,在落地上线之前,都要做一轮详细的评估。

案例思考题:

1. 影响库存补货决策的因素有哪些?
2. 京东集团Y部门面临的问题是什么?原因在哪里?如何应用智慧供应链技术解决该问题?

(2)可视化、移动化特征更为明显。在实际应用中,供应链的管理者们都希望了解其中的各个环节,比如即将离港的货物情况、签约制造商组装线上正在生产的每个部件、销售中心或客户库房中正在装卸的每个货盘等。相较于传统供应链,智慧供应链更倾向于运用以互联网、云计算、大数据、人工智能等新一代信息化技术为支撑的现代科技手段来收集或访问数据,从而可视化表现数据。这种依托于技术而存在的可视性,使得数据共享变得更加容易,同时,并不需要供应链上下游中的合作伙伴付出任何额外的努力以达到支撑数据运转的目的。

这意味着,在智慧供应链的环境中,对象(而不是人员)更多承担的是信息报告和共享工作,关键数据的摄取将来源于供应链所涉及的货车、码头、货架和部件及产品,这样的环境不仅可以用于实现长远且优良的规划,还可以从根本上达到实现实时执行的目的。

智慧供应链的可视性还可以扩展到供应链的运营领域。比如:可以实时监控土壤情况和降雨量,从而达到优化灌溉的目的;或者实时监测交通情况,灵活调整运货路线或交货方式等。这些都对实际生产运营有一定的积极作用。

众所周知,随着社会的不断发展,制约可视性的因素从信息太少变成了信息太多,但这些弊端在智慧供应链的智慧建模、分析和数据模拟功能下可迎刃而解。

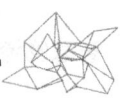

【案例3-2】壹沓科技运小宝产品

由壹沓科技主办的2022世界人工智能大会"数智世界·链通全球"主题论坛，于2022年9月1日成功举办。值得一提的是，壹沓科技基于数字机器人，还推出了数据智能平台"运小宝"，以打通全球物流的数据节点并实现可视化，从而进一步赋能供应链企业实现业务超自动化。超自动化是数字机器人技术的进一步发展，赋能供应链实现降本增效，助力供应链数字化转型及智能化升级。超自动化包含数字机器人、AI、集成平台即服务（Integration Platform as a Service，iPaaS）、低代码、流程挖掘等前沿技术，用以实现端到端的业务超自动化。

运小宝是一种一站式物流数据综合平台。壹沓数字机器人可通过运小宝对接各主流船司，获取船期及箱货动态信息，并自动监控异常物流状态、预测船期和目的港预计到达时间（estimated time of arrival，ETA），企业能够以此及时调整生产和物流计划。面向国际物流行业多个应用场景，提供完整运输里程碑节点跟踪方案，通过运小宝平台，企业可实现端到端物流节点可视化、船舶轨迹及定位、集卡轨迹及定位、智能预警、全局物流动态掌握等功能，助力企业实现动态监测、提高供应链敏捷性、辅助企业决策，从而打造智慧供应链。

在海运数据解决方案方向：支持超过59家船司、国内8大港区、40余家码头的节点信息，提高海运可视化追踪能力；在空运数据解决方案方向，整合超过100多家航司数据，一手掌握航班动态节点和通知信息，提高空运追踪能力；在国际快递解决方案方向，汇集国际超过900家运输公司，超大范围覆盖货物动态，实现货运信息实时掌控。

围绕运小宝、数字机器人、金识雀等核心产品，壹沓科技所打造的供应链超自动化产品体系，将作为数字化转型赋能平台，帮助企业快速部署、高效落地，助力企业解放人力、降本增效、精细化运营。据了解，壹沓数字机器人已为近万家供应链、物流、新零售等企业提供数字化产品及服务，运小宝产品已经被近千家物流企业应用并认可。

案例思考题：

1. 提高可视性对企业有何重要意义？影响可视性的因素有哪些？如何提高可视性？
2. 壹沓科技的运小宝产品是如何解决全球化过程中的供应链可视性问题的？
3. 在企业运营管理中，哪些过程可以借鉴运小宝的方案？

（3）信息整合性更强，协同与配合更高效，使得供应链链主更凸显。依托高度开放共享的智能化信息网络，智慧供应链系统能够有效地解决内部成员信息系统的异构性问题，从而更好地实现物流、信息流、资金流的无缝对接，使供应链的信息具有更强的整合性与共享性。在此基础上，使企业可以有效地了解供应链内外部的各种消息，并基于实际情况随时与供应链上下游企业进行联系沟通，做出有针对性的调整与协作，从而大幅度地提升供应链的运作效率。

在智慧供应链的管理体系中，往往是由一个物流服务总包商（lead logistics service provider，LLP）来向供应链链主（一般情况下都是货主）直接负责，利用智慧型信息系统管理整个门对门的供应链运作，包括由一些物流分包商或不同运输模式的承运人所负责的各个物流环节。

（4）更加强调以制造企业为切入点的平台功能。智慧供应链作为集成智能制造工厂规划设计各种功能的基础平台，其功能不再是单一维度的，而是具有立体性，涉及产品生命周期、市场、供应商、工厂建筑、流程、信息等多个维度和要素（如图3-1所示）。

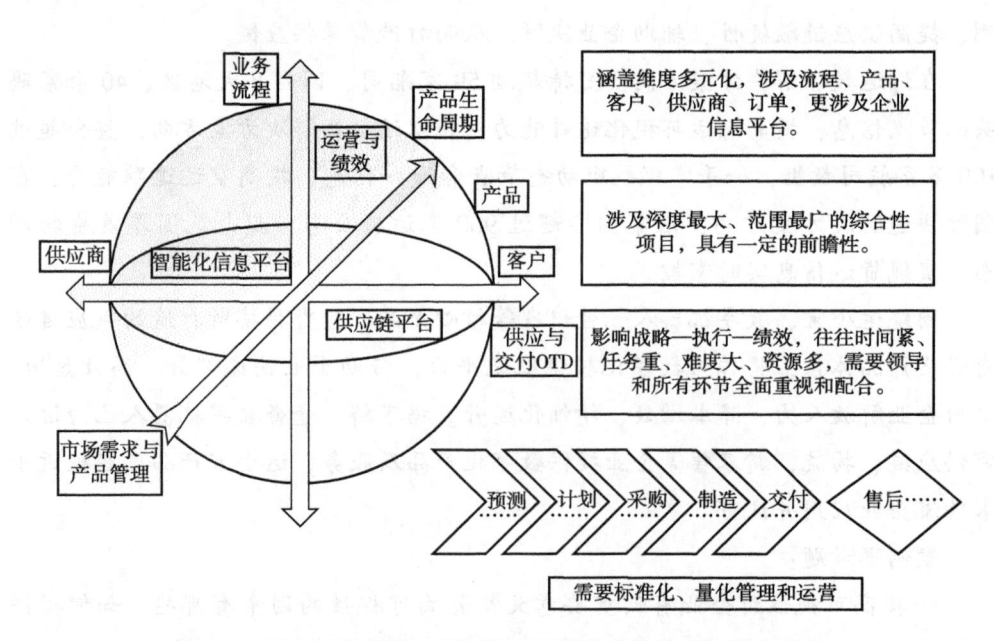

图3-1　面向智能制造工厂规划设计的供应链维度和基本要素

从图3-1可以看出，智能制造企业供应链不再是以某个单一功能实现为目标的暂时性项目，而是从长远目光着手打造制造企业服务能力一流的综合系统，使

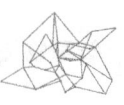

3 智慧供应链——互联网时代下的供应链创新模式

企业具有"凝聚力",从而提升核心竞争能力,使得企业自身在社会竞争中脱颖而出。

3.1.2 构建智慧供应链的意义与价值

智慧供应链结合了先进的物联网技术和现代供应链管理理论、方法与技术,实现了供应链的数字化、网络化、智能化,是未来供应链发展、变革、转型的必然方向。具体来看,构建智慧供应链的意义与价值如图3-2所示。

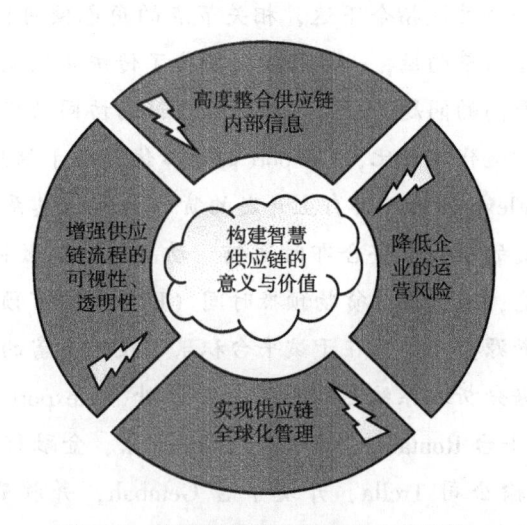

图 3-2 构建智慧供应链的意义与价值

3.1.2.1 高度整合供应链内部信息

在传统供应链中,成员间的信息交流只局限于具有直接供需关系的企业之间,并且在实际交流过程中,不同企业采用的信息标准也不一致,从而导致供应链系统中的信息无法实现自由流通、整合与共享。

与此不同,智慧供应链是以智能化信息技术的集成为支撑的,能够借助大数据、云计算、人工智能等先进技术有效解决成员之间信息系统的异构性问题,从而保证了信息在整个供应链系统中的自由、高效流通,具有更强的信息整合性与共享性。

【案例3-3】Flexport公司的高效供应链管理

众所周知,国际货运是一个非常复杂且具有挑战性的全球供应链领域。美国硅谷的一家新创公司 Flexport 于 2015 年异军独起，通过数字化使整个公司的国际货运流程取得了较大的改进，2022 年公司被评选为世界最具创新力公司的第 16 名。其成长迅速的原因在于公司注重国际货运流程的数字化，并已初见成效。

Flexport 在 2013 年创立于硅谷，其服务覆盖海运、空运、卡车、铁路货运、仓储、海关和贸易咨询、融资及保险等。不同于传统货运业务操作和信息传递模式，在 Flexport 平台上，从下单到装柜，再到出口、报关以及最后的目的地货运，甚至包括满载率、碳排放量、货物离岸价格、货主库存情况等相关信息，均可实时点击查询。一个关键指令下达，相关节点的角色便可同时得到信息反馈，由此改变了信息传递的单向性，一定程度上解决了传统物流流程中信息流转成本高、效率低、差错率高的问题，提升了物流供应链的协同效率。

与其他数字化货运代理相比，Flexport 的核心优势在于信息技术和资源整合。信息技术优势在于 Flexport 依托其自主开发的货代业务信息系统及底层数据分析平台，从全程供应链的视角，整合即时通信、动态追踪、数据分析、电子文档、库存管理等核心功能，着力提升货物预抵时间（ETA）的可预见性，并开发了卡车运输管理软件。资源整合优势在于该平台积累了较为丰富的数据资源，并成为其信息系统开展数据分析和系统迭代的基础。此外，Flexport 还相继投资电商平台 Elliot、B2B 支付平台 Routable、物流公司 Flextock、金融科技平台 Axle、电商平台 Tajir、卡车运输公司 Trella、开发平台 Gembah，并收购了技术公司 Crux Systems，以扩展自身服务能力，增强对资源的控制。

思考题：

Flexport 公司的供应链管理从哪些方面体现出高效性？

3.1.2.2 增强供应链流程的可视性、透明性

在传统供应链系统中，上下游企业之间的信息相对孤立，缺乏流动性、共享性，整个供应链的可视化程度很低，从而导致上下游企业只能从自身业务和所处环节出发选择合作伙伴，而不能基于对整个供应链系统"产供销"状况的全面了解下，再做出适宜的选择，因此容易导致供应链中的企业之间缺乏一致性和协作性，出现无法建立良好稳定的合作关系、供应链系统的整体运作效率和竞争力等不良情况。

相比之下，智慧供应链系统则具有很强的可视性和透明性，能够实现内部企业间信息的充分沟通与共享，从而使得企业可以及时全面地获取供应链中各环节

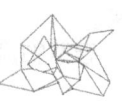

的信息，增强适应内外部环境变化的能力，并通过与上下游企业的整合协作，实现有序的生产和管理，提升整个供应链的效率。

3.1.2.3 实现供应链全球化管理

在传统供应链中，信息交流的方式主要表现为点对点，但是随着供应链的拓展和内部成员的不断增多，这种交流方式越来越难以满足更加复杂的信息流通需求。智慧供应链系统具有更强的可延展性，有助于实现供应链的全球化拓展和管理，同时又能有效解决全球化扩张导致的信息流通不畅、运作效率下降等问题。

与传统供应链相比，智慧供应链中信息的高度整合、共享性与可视化等特点，颠覆了以往点对点的交流方式，使信息流通更加自由高效，从而打破了成员间的信息交流阻碍，以达到实现供应链全球化管理的目的。

3.1.2.4 降低企业的运营风险

智慧供应链系统具有信息共享性、可视性、可延展性以及协作性等特点，有效地解决了传统供应链中信息流通不畅、不能共享、成员协作化程度低等问题，使供应链内部成员可以实时了解供应链中各环节的"产供销"情况，促进上下游企业的有效整合与协作，降低企业的经营风险。

3.1.3 智慧供应链实现流程中的"四化"管理

供应链流程是供应链运营价值实现的过程，埃尔拉姆（Ellram）等提出供应链的高效和持久运作依赖于综合需求管理、客户关系管理、供应商关系管理、物流服务传递管理、复合型的能力管理、资金和融资管理等主要流程的整合与协调。

这六个流程的实现能够帮助企业有效地掌握客户需求、合理地组织生产和服务，提升企业服务绩效。智慧供应链的实现在流程上除了上述六大流程外，更加突出了"四化"管理，即供应链决策智能化管理、供应链运营可视化管理、供应链组织生态化管理、供应链要素集成化管理。

这四个方面分别对应供应链管理的宏观战略决策层面和微观经营层面，以及供应链管理主体组织层面和客体要素层面。只要这四个层面能够有效地落地并产生绩效，同时能够很好地结合，相互作用，相互促进，智慧供应链就能得以确立，真正推动产业的发展和网络的创新。

3.1.3.1 供应链决策智能化

供应链决策智能化指的是在供应链规划和决策过程中，能够运用各类信息、大数据驱动供应链决策制定，诸如从采购决策、经营制造决策、运送决策到销售决策全过程。数据驱动的决策制定对于企业的作用是不言而喻的。

具体讲，供应链决策智能化主要是通过大数据与模型工具的结合，并通过智能化以及海量的数据分析，最大限度地整合供应链信息和客户信息，有助于正确评估供应链运营中的成本、时间、质量、服务、碳排放和其他标准，实现物流、交易以及资金信息的最佳匹配，分析各业务环节对于资源的需求量，并结合客户的价值诉求，更加合理地安排业务活动，使企业不仅能够根据顾客需求进行业务创新，还能提高企业应对顾客需求变化的能力。

显然，这一目标的实现就需要建立起供应链全过程的商务智能化，并且能够将业务过程标准化、逻辑化和规范化，建立起相应的交易规则。

3.1.3.2 供应链运营可视化

实现企业供应链的优化、提高供应链运作的协调性的关键是充分运用互联网、物联网等信息技术，实现供应链全程可视化。供应链可视化是利用信息技术，通过采集、传递、存储、分析、处理供应链中的订单、物流以及库存等相关指标信息，按照供应链的需求，以图形化的方式展现出来。主要包括流程处理可视化、仓库可视化、物流追踪管理可视化以及应用可视化。通过将供应链上的各节点进行信息连通，打破信息传输的瓶颈，使链条上各节点企业可以充分利用内外部数据，这无疑提高了供应链的可视化。供应链的可视化不仅可以提高整个供应链需求预测的精确度，还能提高整个链条的协同程度。

从实现路径上看，实现供应链运营可视化，需要从以下五个步骤入手：

第一步，能及时感知真实的世界在发生什么。也就是第一时间获得、掌握商业正在进行的过程、产生的信息，或者可能发生的状况。这一目标的实现需要在供应链全过程运用传感技术、RFID、物联网技术手段捕捉信息和数据，以保证信息不是片段、分割的。

第二步，预先设定何时采取行动。即在分析供应链战略目标和运营规律的前提下设定事件规则以及例外原则。

第三步，分析正在发生什么状况。这需要分析者具备一定的能力，以有效地分析所获取的信息和数据。

第四步，确定需要做什么。在获得商业应用型、图示化的分析结果之后，供应链各环节的管理者需要根据此前确立的商业规则、例外等原则，知晓需要运用什么样的资源、如何优化工具应对供应链运营调整，形成良好的供应链方案。

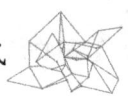

第五步，具体采用什么措施实施供应链资产、流程的调整与变革。

3.1.3.3 供应链组织生态化

供应链组织生态化指的是供应链服务的网络结构形成了共同进化的多组织结合的商业生态系统。在供应链服务化过程中，服务的品牌和价值不仅是由供需双方，或者三方（即企业、客户、企业网络中的成员）的相互行为所决定，同时也受到他们同企业利益相关者关系的影响。因为利益相关者能帮助企业（服务集成商）、需求方和为服务供应商带来合作中的合法性或者新的资源，继而促进各方合作关系的发展。因此，如何协调和整合四方关系和行为是生态化运营的核心。

3.1.3.4 供应链要素集成化

供应链要素集成化指的是在供应链运行中有效地整合各种要素，降低要素聚合的成本，实现价值最大化。这种客体要素的整合管理不仅仅是通过交易、物流和资金流的结合，实现有效的供应链计划（供应链运作的价值管理）、组织（供应链协同生产管理）、协调（供应链的知识管理）以及控制（供应链绩效和风险管理），更是通过多要素、多行为交互和集聚为企业和整个供应链带来新的机遇，有助于供应链创新。具体讲，智慧供应链下的要素集成主要表现为通过传统的商流、物流、信息流和资金流等诸多环节的整合，进一步向以下几个方面集成拓展：

一是供应链与金融的结合与双重迭代。即将金融机构融入供应链运作环节，为供应链注入资金，解决了供应链中的资金瓶颈，降低了供应链的运作成本，提高了供应链的稳定性。

二是消费活动、社交沟通与供应链运行的集合。消费活动和社交沟通作为一种人际交流和沟通的方式，已经开始融入供应链运营过程中，这不仅是因为消费活动、社交沟通使得信息传播的方式和形态发生改变，从而使得供应链信息交流的途径多样化，而且是因为社交活动改变了产业运营的环境和市场，使得供应链关系的建立和组织间信任产生的方式发生变革。

三是互联网金融与供应链金融的结合。即将依托于互联网产生的资金融通（如众筹等）、第三方支付等金融业务创新，既通过互联网金融降低供应链金融运营中的融资成本，拓展资金来源渠道，又通过供应链金融有效解决互联网金融产业基础不足、风险较大的问题。

【案例 3-4】 酒钢集团的智慧供应链模式分析

在工业和信息化部主办的 2021 中国 5G+工业互联网大会上，工业互联网产业联盟联合中国钢铁工业协会、中国金属学会研究编制的《工业互联网与钢铁行业融合应用参考指南（2021 年）》正式发布。其中，酒钢集团的智慧物流和供应链管理被列为六大典型解决方案案例之一。

酒钢集团拥有六大产业板块，产业物流相对繁杂、密集。以钢铁制造为例，上游聚焦铁矿石、煤炭、机电等各类工业产品和服务供应商，下游涉及钢材贸易、研发、加工、仓储、金融等配套产业。酒钢集团改变传统的物流管理模式，以物流为主线对冶金物料的采购、运输、质量、成本进行全方位分析、优化和管控。针对全企业物料管理的工艺特点，融合先进可靠的自动化、信息化、互联网、物联网技术，建立客商网络协同平台，实现采购物流、厂内物流与客户物流的高效协同、全程跟踪和低成本运营。通过科学规范的计划、组织、指挥、协调、控制和监督，实现流程链上各业务环节信息共享、相互验证与实时监控，提升物流效率、降低物流成本，实现物流环节的总体优化。

酒钢集团智慧物流和供应链管理主要包括全厂货运物流作业的一体化智能化管控平台、供应链网络协同平台、车辆跟踪及车辆到达预报、物流路线规划、运输全程防作弊管理等内容。

在智慧物流中，酒钢基于大宗原燃料的供应商预警分析试点、车辆动态监控系统、设备状态监测系统等大数据项目，开启了企业员工智能管理高效模式，实现了对采购人员履职过程量化、透明的有效监管，实现了对供应商的综合评价、风险预估和动态监控，实现了设备状态的智能报警、智能诊断、设备健康状态评价，搭建了集团公司统一的车辆动态监控平台。

钢铁产业物流相对密集，以钢铁制造为中心，上游聚焦铁矿石、煤炭、机电等各类工业产品和服务供应商，下游涉及钢材贸易、研发、加工、仓储、金融等配套产业。

通过项目应用，减少了中间倒运和质量争议的现象产生，提高了相关岗位的劳动生产率，每年产生经济效益近 450 万元。

该供应链体系覆盖贸易、物流、分销营销等供应链运行全流程以及所有相关参与者，是"互联网+"对产业供应链的渗透融合与变革重塑。由此形成的智慧供应链，在产业运营管理上有着诸多价值。具体表现为以下几方面：

（1）智慧供应链可以帮助企业及时准确地获取供应链中的客户需求的变化

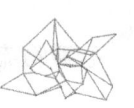

情况。产业供应链中的客户既指终端消费者或购买者，也包括与企业合作的各类商业主体。客户的真实需求是提升供应链运营管理的深层驱动力。对此，酒钢集团借助"互联网+"下的数字供应链系统实现了对客户真实诉求的实时追踪监控，进而据此提供更有针对性的供应链服务。

（2）通过融入互联网、物联网、大数据、云计算、人工智能等创新技术，智慧供应链系统实现了全程可视化，从而使企业能够对供应链运营全流程，以及国内外市场、物流活动与交易状态等环节进行实时监控与操作。

比如酒钢集团携手甘肃移动和华为联合打造的5G+智慧矿山创新示范中心，使产业发展加速迈向数智化，未来将依托数字化转型的经验，赋能酒钢集团构建数智化平台及治理体系，实现作业全在线、数据不落地，支撑集团数智化转型战略落地探索，全厂区数字孪生与数字化管理，支持集团三化改造，最终实现产业数字化、数字产业化。

（3）智慧供应链系统具有更完备的预警体系，能够很好地进行风险预控，通过融入各流程、各环节、各主体的预警体系，实现供应链活动的持续稳定、质量可靠与成本可控。以酒钢集团的"智慧矿山"打造系列为例，通过构造全厂货运物流作业的一体化智能化管控平台、供应链网络协同平台，以及提供车辆跟踪及车辆到达预报、物流路线规划、运输全程防作弊管理等服务，实时监控，进而实现供应链的智能敏捷化与高效精益化，实现产业供应链的精敏化运营管理。

总体来看，"互联网+"本质上是一种创新性的思维与模式，不是单纯地给企业日常运营管理活动贴上"互联网+"的标签或者引入互联网技术，而是以互联网新技术、新手段为支撑，对传统产业运营管理的思维和模式等方面进行变革再造和优化升级，从而构建出更好的产业供应链运营管理模式，达到"四个有机化"（产业组织网络的有机化、产业价值网络的有机化、产业物流网络的有机化、产业资金网络的有机化）的标准，实现效率提升、服务拓展和结构流程透明。

3.2 搭建路径：寻求供应链与互联网模式的相互融合

3.2.1 智慧供应链管理体系

智慧供应链管理信息系统的体系结构可以用图3-3所示的金字塔来表示，该体系从整个供应链管理的视角对智慧物流系统进行协同全面监控和管理。该金字塔的使用者是供应链物流服务的总包商。

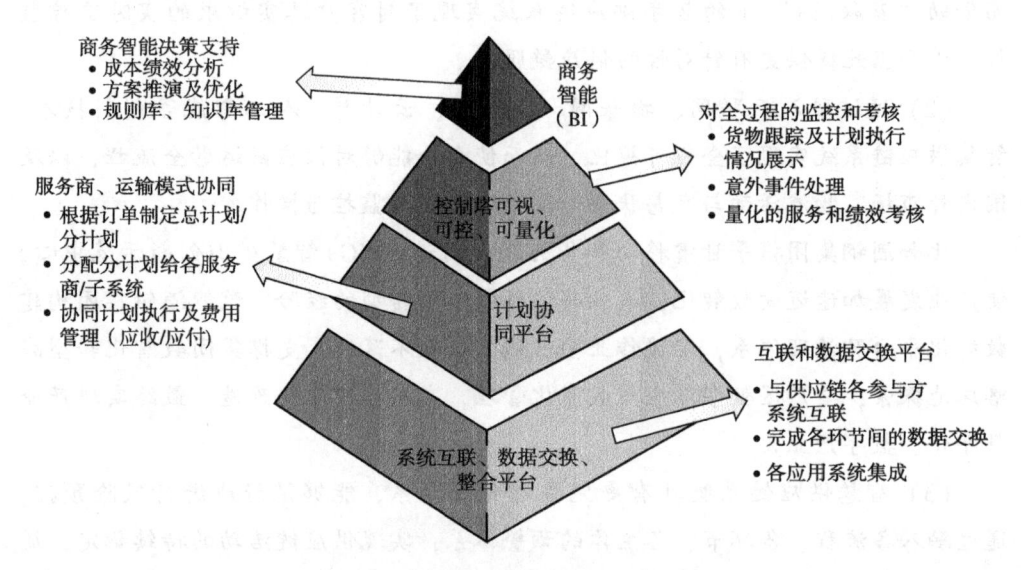

图 3-3　智慧供应链管理的金字塔体系

金字塔最底层的系统互联、数据交换、整合平台是与供应链各参与方或同一参与方的其他应用系统进行互联对接集成，完成数据共享协同的基础设施。企业内部各应用系统的集成主要通过 SOA 体系下的企业服务总线（Enterprise Service Bus，ESB）和接口技术等实现，与外部企业（包括货主、制造商和物流分包商）的数据交换则通过系统互联和 EDI 实现。

计划协同平台根据各种订单和供应链上的资源情况在商务规划上以智能化的方式制订总体物流计划，并分解成各具体环节或针对具体物流服务商的分计划，将这些分计划分配给各服务商或子系统，并根据总计划协调各计划的执行。同时，平台的商务模块根据与各服务分包商的合同和完成的服务对应付费用进行核算管理，根据与货主的合同对整个供应链的费用进行应收账款、应付账款等管理，形成应收/应付等相关财务凭证，并通过接口转发至财务系统。

控制塔是近年来针对复杂的供应链管理需求而发展起来的、对供应链全过程实行全面监视、对异常事件控制和量化考核的体系，如同机场上居高临下统观全局的控制塔台。

智慧供应链金字塔的顶端是商务智能和决策支持系统。目前用于物流行业的

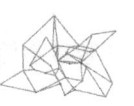

商务智能系统通常基于规则库、知识库和决策支持体系构建，可以完成诸如成本绩效分析、方案推演及优化等基本决策支持功能，可以通过建立数学模型或其他大数据分析方法，实现对整个供应链运作的更高层次的智慧化决策支持。

3.2.2 智慧供应链的设计与路径

近年来，随着全球贸易的不断发展和科技手段的进步，越来越多的企业开始实施精细化供应链管理，同时尝试跨境采购，在原有管理模式上进行改革。这是由于现代化的管理模式虽然可以加速供应链的运转，但大大降低了供应链自身的抗风险能力，容易受外界因素的影响而无法正常运营。

对于现代化的管理模式而言，在出现意外情况后，无论是供应链上哪个环节的生产及运营受到影响，都会对企业的整体发展产生一定的干扰，最终牵一发而动全身，影响供应链上各个环节的企业，导致利益受损。也就是说，供应链的整体系统容易受到其中某个环节的影响而无法正常工作，且在问题发生后如果不及时纠正，则会导致供应链各个环节脱节，增加整体的成本消耗，使得企业面临的风险升高。

以日本丰田汽车为例，日本神户市在1995年发生7.2级地震，导致当地及附近的交通运输系统中断运行，这场自然灾害打击了神户的经济与社会发展，日本将近50%的进出口业务受到影响。日本丰田汽车公司采用精益生产模式，但因交通中断，公司的零部件无法正常供应，企业只能暂时搁置某些汽车产品的生产计划，其汽车产量明显下降，企业的经济利润也大大减少。从国际化发展的角度来分析，许多世界知名企业都在日本开设了跨国公司，而地震带来的影响在短时间内扩散到了全球。宝洁公司、微软公司等不得不停止在日本的运营，并将位于日本神户及周边地区的事业部门转移到其他地方。

从以上的例子可以看出，日本丰田汽车公司的供应链中一个环节脱钩，深刻地影响到供应链的上下游发展，让一个原本可以单独解决的问题对公司未来的长远规划造成了严重的不良影响。因此我们可以认为，智慧供应链首先应该是"自愈供应链"，即能够迅速找出供应链中脱钩的环节或企业，尽快解决问题，由供应链系统自行或在该环节工作人员的帮助下采取纠正措施，按照规定时间交付产品，避免给其他环节企业的发展带来严重干扰。拥有这样自愈能力的供应链抵御风险的能力大幅提升，更好地体现了整条供应链的自动化和智能化水平。

若具备一定的自愈能力,供应链就能够对其生产和运营情况进行实时监督,将潜在风险扼灭在萌芽期,而对已经出现的危机情况进行准确定位,并及时提出有针对性的解决方案,将企业所要承担的风险保持在可控范围内。在这个过程中,由于信息共享程度、收集能力提升,企业可运用数据统计与分析技术等手段构建预测模型,不断提高决策的正确率,避免因为供应链中的某一环节中断,而导致整条供应链正常运营中断的情况。

为了做到这一点,通常在供应链的设计环节就应该确立备用成员企业,可以理解为:如果供应链上某个环节的企业出现了危机情况,则可以迅速利用信息手段准确了解危机发生的位置及详细情况,同时启用备用成员企业,及时弥补空缺,保证供应链持续正常运行,将出现问题的企业与供应链的上下游隔离开,避免问题进一步影响和蔓延。

智慧供应链体系的设计与路径如图3-4所示。

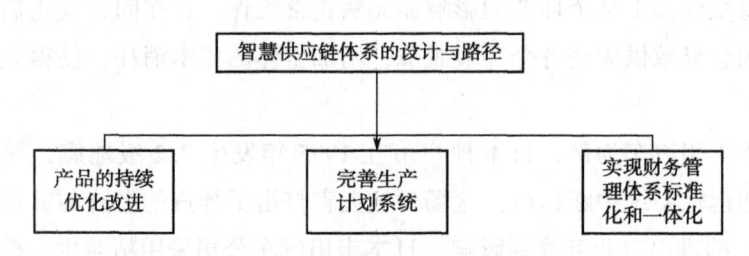

图3-4 智慧供应链体系的设计与路径

3.2.2.1 产品的持续优化改进

产品的持续优化改进是企业获取利润的主要来源。在智慧供应链中,企业需要积极利用产品生命周期管理(product lifecycle management,PLM)方面的数字化、智能化技术增强产品的数据集成性和协同性,以此持续优化改进产品。

企业要通过打造集产品研发设计、生产制造和计划执行等于一体的业务流程,实现产品研发管理的集中化以及生产工艺、生产标准、信息系统的统一化,从而借助集成技术有效地解决供应链中各成员间的导构性问题,增强成员的一致性和协同性,更好地促进产品的持续优化改进。

3.2.2.2 完善生产计划系统

企业应站在整个供应链的角度制定并完善生产计划管理系统,使各类产品都能匹配适宜的计划模式、物料需求和配送模式,实现企业资源计划(enterprise resource planning，ERP）系统与供应链管理（supply chain management，SCM）的有效对接，从而大幅提升业务过程的可视化和可控性，构建覆盖业务交易过程的整体控制，通过可视化报表及时预测、发现和应对工作环节中可能出现的各种问题。

3.2.2.3 实现财务管理体系标准化和一体化

标准化管理是提升企业运作效率、构建核心竞争力的重要手段，而财务管理一直是现代企业管理制度中的核心内容，因此更需要实现标准化运作。从构建智慧供应链的角度来看，实现财务管理体系的标准化和一体化，是以客户需求为导向，对产品生产采购到客户交付、资金回流的整个过程中的物流、商流、资金流、信息流进行统一管理，使供应商、渠道商、客户、物流服务、金融服务之间建立长期稳定的战略合作关系，提高业务效率，降低经营成本，使各方能够源源不断地获取较高的利润回报，对内外部环境做出最佳的应对举措等。

企业要改变传统的财务业务运营管理思维与模式，需要从记账式财务业务分析转向价值创造型财务分析，并积极利用ERP系统推进财务管理体系的标准化和一体化，实现基于数据仓库平台的数据分析和商业智能应用，从而大幅提升供应链的可视性和共享性水平。

3.2.3 基于需求实现个性化设计

供应链管理也叫需求管理，而如何充分满足不断增长且日益多元化、个性化的客户需求已成为供应链管理的一大痛点。智慧供应链系统通过将客户整合到供应链系统中，保持企业与客户的紧密连接与良性互动，有效地解决了这一难题。

对智慧供应链的运营管理人员来说，有两方面任务要重视：一方面要改变将客户排除在外的传统供应链思维模式，以客户需求为中心进行供应链的管理运作；另一方面，还要通过多种手段鼓励客户参与到供应链系统的设计、运行和管理之中，让客户成为供应链不可分割的重要部分，使产品生命周期的每个环节流程都与客户紧密连接，从而通过大量的信息沟通实现对客户的细分和精准画像的描绘，提升智慧供应链的定制化服务能力。

从供应链可靠性的角度来看，在消费社会市场供求关系中，需求端是价值创造的源泉，处于主导地位，因此客户需求是一种重要资源，有助于更好地实现市场供需关系平衡，增强供应链系统的供应可靠性。从客户角度来看，则可以通过参与供应链系统的设计、运行与管理，优化购买方式，获得更加符合自身需求的定制化产品和服务。

不过需要注意的是，在围绕客户需求进行智慧供应链系统的设计、运行与管理时，应首先对客户进行合理细分和精准画像的描绘，如此才可能提供真正符合客户需要的个性化的产品或服务解决方案。

日益增加的客户需求对企业的供应链管理能力提出了更高的要求。如今大多数企业都更加注重与供应商之间的沟通，在客户沟通方面投入的精力则十分有限。在这种情况下，客户在企业的产品设计环节参与度较低，这项工作通常由企业与供应商共同来承担。

在实施智慧供应链管理的过程中，企业要注重维护客户的关系，将客户关系管理与供应链管理结合起来。为此，企业要对客户的需求进行把握，并据此进行供应链建设与管理，在各个环节考虑客户的利益；与此同时，要提高客户在供应链管理过程中的参与度，不断发现问题并进行改进及优化。

传统供应链与客户之间的交流，仅限于按照客户的时间要求为其提供一定数量的产品。相比之下，智慧供应链与客户之间的互动，贯穿于产品从研发设计到消费的各个环节中。在与客户交流的过程中，智慧供应链能够将客户进行分类，根据客户的需求为其提供个性化的产品。

为提高供应链的可靠性，企业要对客户需求进行有效的把握并实施完善的管理，从而做到供应与需求之间的平衡，避免供应链在运营过程中出现意外情况。客户可以参与到供应链的管理过程中，并通过这种方式完善自身的消费行为，与供应商进行高效沟通，从中获得更多的利益。当然，不同客户的需求是不同的。有的客户对供应链可靠性的要求较高，有的客户对这方面的要求则没有那么严格。对此，企业应该将供应链划分成不同的等级，可靠性越高，则服务的价格也应相对提升。需求方可根据自身的实际需求，在综合考虑各种因素的基础上选择性价比高的方案，并与供给方达成协议。

3.2.4 借助标尺竞争提升供应链效率

"标尺竞争"（benchmark competition）即将同类型的第三方企业视为标杆，根据第三方的成本消耗情况制定自身的成本战略，并据此进行资金分配。在产品运营与销售的过程中，企业根据第三方的成本消耗情况来设置产品的价格，为扩大自身的利润空间，企业就要压缩营业成本，并加快业务以及资金运转速度，不断优化自身的服务体系，追赶竞争对手，并固化自己的差异化优势。

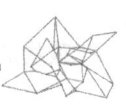

在遵循标尺竞争原理的过程中，供应链管理者要有意识地降低对成员企业相关信息的依赖性。为此，管理者要做到，即使没有掌握供应链各个环节企业的全方位信息，也能够实施科学有效的管理，避免因信息不对称而出现监管不力的情况。价格方面，管理者可设置价格上限，通过提高供应链的可靠性并向客户提供高质量的产品来完善自身的服务；还可通过构建相应的数学模型进行有效的数据分析与资源管理，对各个环节企业的服务体系及质量进行评估，用局部监管提升整体效益。

标尺竞争思想的核心是引入同类型企业作为参照对象，根据相同条件下同类型企业的成本与资金投入分析自身企业的成本与资金投入状况。从智慧供应链的角度来看，引入标尺竞争后，供应链运营管理人员就不必费时费力地去了解各成员企业成本与资金投入的具体信息，从而大大弱化了监管过程中对被监管企业的信息依赖，也为信息不透明、不对称情况下的监管难度大的问题提供了解决方案。

比如，根据"标尺"企业对成员企业从供应可靠度与产品合格率两方面评估成员企业的服务可靠性，推动成员企业按照"标尺"不断提升自身的服务可靠性，最终实现供应链系统整体可靠性的提升。

总而言之，智慧供应链可通过多种方式来提高整体运营的可靠性，为了实现这个目标，各个环节的企业要共同努力。

3.2.5 搭建信息共享平台，紧密上下游合作关系

在我国经济面临下行压力的背景下，各行业产能过剩问题越发突出，由此引发了激烈的价格战，中小企业的生存环境越发艰难。供需关系变化导致交易主导权发生转移，快速满足动态变化的用户需求成为企业从激烈的市场竞争中脱颖而出的关键所在。

为此，企业需要建立高效供应链，对供应链管理进行持续优化，以更低的成本、更高的效率，来为用户提供优质产品及服务。如今的企业竞争，已经演变为供应链之争。供应链管理将供应商、渠道商、服务商及零售商连接起来，实施集成化、同步化管理，使各参与方共同为消费者创造价值。

20世纪90年代兴起的公司核心能力理论，为供应链管理在企业界的推广普及提供了强大推力。公司核心能力理论强调：能成为企业持续竞争力的知识、能力、资源具有难以模仿性、可延展性、高价值性、高异质性等特征。

在供应链整合过程中，关键是进行业务流程持续优化，提升对核心业务的管理能力，而将部分的非核心业务外包给更为专业的第三方企业。在日趋白热化的市场竞争中，企业为了打造出强大的核心竞争力，需要不断满足动态变化的消费需求。企业将资源与精力投入核心业务，通过将供应链相关业务外包给第三方物流公司，以提升企业的核心竞争力以及服务质量。

加强核心业务有助于提高企业在市场中的竞争力与话语权，使企业能够吸引优秀的上下游企业与之合作，使供应链链条更加稳定并降低企业经营风险。沃尔玛凭借其打造的顾客网络及优质的购物体验，赢得了全球范围内诸多供应商的认可。与此同时，沃尔玛还根据用户需求与市场环境的变化，帮助供应商及时调整产能、开发新品等，降低其库存风险及经营风险，有效压缩了供应商的业务成本。

企业要想建立优良、高效的供应体系，就要组建协调便捷、运转高效的供应链，为此，企业要与优质的供应商达成长期合作关系。通过与优质供应商的合作，企业不仅能够降低采购、运输、仓储等物流环节的成本消耗，还能够向市场输出质量可靠的产品，并且能够提高运输速度、缩减运送时间、加快整体运转。这些因素都会直接影响客户的体验，进而促进企业的整体经济效益及发展。

供应链上下游企业之间的协同合作，是供应链管理最为基本也是最为重要的内容。良好的合作关系，有助于信息的自由高效流通，更能科学合理地制定战略规划，共同解决组织成员经营管理中遇到的问题等。在现代企业竞争中，很多上下游企业之间通常会以战略联盟的形式达成供应链合作伙伴关系，通过释放合体势能应对激烈的外部竞争。

传统企业管理模式，对供应链上下游企业缺乏足够的重视与沟通，还会为了追求所谓的"利益最大化"而牺牲上下游企业的利益。表面上，企业可能短期获利，但由于生产、供应及销售三大环节缺乏沟通及目标不一致，无法根据市场环境及用户需求变化快速做出调整，面临着极高的库存运作风险，很容易被竞争对手淘汰出局。

而在现代企业打造的供应链合作伙伴系统中，供应链上下游企业成为一个利益共同体乃至命运共同体，只有各方的协同配合才能为用户创造更多的价值。它使供应商、分销商、零售商、物流服务商等企业通过信息系统实现无缝对接。在保持各自独立运营的同时，又能通过信息共享，制定一体化发展战略，实现整体

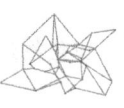

利益最大化。而共享人才、技术、资金等诸多优质资源也提升了消费者的服务体验。

供应链合作伙伴关系的构建，使组织成员的信息化建设提高至新的高度，可以控制供应链各环节的库存水平，提高运营效率，降低经营成本。构建良好的供应链合作伙伴关系并不是一件简单的事情，往往需要经过上下游企业的多年磨合，才能发挥规模效应，并在控制成本、提高经营业绩等方面展现出实际效果。为此，供应链中的各个企业应从长期发展的角度出发，为供应链整体利益而放弃部分各自利益。

信息共享是打造供应链合作伙伴关系的重要基础。在新生事物层出不穷的当下，上下游企业之间的信息共享尤为关键。因此，企业应该积极引入大数据、云计算等新一代信息技术，加强企业信息化建设，为各部门及上下游合作伙伴快速精准地提供信息服务，考虑到供应链上下游企业地域分布、业务类型、管理模式等方面的差异性，打造各方无缝对接的信息系统。

信息技术在供应链管理中扮演着十分关键的角色，它能提升信息资源的传递效率与质量，降低工作中的人为失误，提高供应链管理水平。

自20世纪90年代提出至今，ERP系统在企业界已经得到了广泛应用，它也是供应链信息管理系统的一项重要组成部分。ERP系统在对企业自身的资源进行精细化管理的同时，还将供应链上下游企业纳入管理体系，通过对生产、供应及销售进行统一管理，减少资源浪费，充分整合企业内部及外部的优质资源等，实时高效地满足顾客需求，使企业在激烈的市场竞争中取得领先优势。

目前，国内大部分企业在信息化水平方面仍有较大的提升空间，虽然在办公、财务、人事等方面应用了软件系统，但是企业内部各部门之间仍存在沟通壁垒，而供应链上下游企业之间实现信息共享则更加困难。未来，国内企业要想打造强大的供应链组织，必须不断提升自身的信息化水平，实现供应链上下游的信息共享（如图3-5所示）。

3.2.5.1 利用信息技术优化供应链管理

快速发展的互联网技术对社会生活产生了深刻的影响，如今，人们已经进入信息化时代了。信息逐渐成为许多行业的竞争焦点，在参与竞争的过程中，企业要充分认识信息资源的价值，物流行业同样要做到这一点。物流企业是一个有机整体，这个整体包含众多职能体系，要实现其健康、快速的发展，就要进行内部信息的共享。

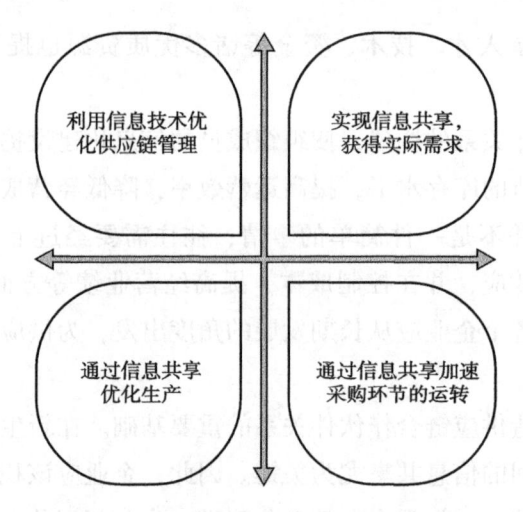

图 3-5 实现供应链上下游的信息共享

一方面，要实现物流供应链内的纵向信息共享，需要在供应链内部各个层级间达成协同关系；另一方面，要实现物流企业内的横向信息共享，需要在企业内不同的职能部门间达成协同关系，优化内部资源的配置，降低运营成本。而且在信息技术发达的今天，物流企业要利用有效的渠道及时获取信息资源，选择适合自己的运营方式；利用先进的技术手段建立完善的物流系统，提高整体的运营效率。

3.2.5.2 实现信息共享，获得实际需求

在供应链内实现客户需求信息共享，能够有效避免信息被各个层次放大而造成资源浪费的情况。通过供应链内不同企业间的信息交流，所有参与者都能获取客户的实际需求信息，从而更加合理地安排产品生产与服务提供。在这种模式下，除了零售端的订单量之外，企业还能通过数据获取与分析得到真实的客户需求信息，并做出经营方案的设定与调整。

3.2.5.3 通过信息共享优化生产

要促进供应链内部的信息共享，就要让所有经济参与主体了解整体的生产计划与执行进度，加强供应链内各个环节之间的合作关系，提高物流效率和服务水平。实现供应链内部的信息共享之后，上游供应商能够及时掌握下游企业对商品的需求状况，适时调整生产计划，优化商品生产；下游企业则能有效降低商品库存，避免货物过量囤积。

概括而言，信息共享的实现，能够促进供应链内不同企业之间的合作，降低

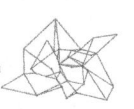

整个供应链成本的消耗，使企业的供给与市场需求保持平衡，提高企业的总体效益。

3.2.5.4 通过信息共享加速采购环节的运转

想要加速企业在商品采购环节的运转，就要利用信息技术实现供需双方的信息同步。当下游采购部门发出订单信息时，上游生产商需要立即进行商品准备。另外，销售商在制订采购计划时，上游制造商就要做好产品制造的相关准备，以便供应商根据订单信息及时安排产品生产。如此一来，整个供应链内就能实现订单需求和生产计划的同步进行，客户的需求变化能够促使制造商对生产计划进行调整，推动供应链中各个环节之间的有效衔接。

在这个过程中，采购部门如同上下游企业之间的连接桥梁，要保证供应链内部的商品生产和运输能够满足客户的需求，进而减少库存管理方面的成本消耗，提高物流效率，加快整个供应链的运转。

思考题

1. 概述智慧供应链的发展历程。
2. 概述智慧供应链实现流程中的"四化"管理。
3. 概述智慧供应链管理体系。
4. 如何提升供应链效率？
5. 供应链上下游如何合作？

4　传统供应链如何实现转型

【学习目标】

知识目标：
1. 了解数字化供应链的转型架构和方法；
2. 学习达成数字化转型智慧供应链的企业案例；
3. 了解 ERP 系统在供应链管理中的应用；
4. 了解供应链协同的概念和内涵。

能力目标：
1. 学会帮助企业实施 ERP 系统；
2. 学会构建有效的 ERP 供应链绩效评价体系；
3. 学会构建供应链协同度评价指标体系；
4. 学会基于个性化需求打造联合管理库存。

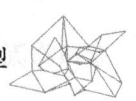

4.1 基于数字化的智慧供应链发展

4.1.1 数字化供应链

数字化供应链指供应链管理服务的数字化，也就是对供应链数据采用即时收集、分析、反馈、预测、协同等干预方式，将庞杂交错的供应链运营及信息流进行数据化后并行处理，达到提前决策、提高效率、节省成本、控制风险的目的。供应链数字化的核心是同一价值链的横向延伸与不同价值链间的纵向互动。

近年来，我国互联网技术的快速发展和移动支付的广泛应用，使得消费需求侧数字化进程发展迅猛。然而供给侧由于业务链条复杂、业态模式差异化明显，其数字化升级难度高、时间跨度长。总体而言，国内供给体系质量与效率整体与需求结构仍不匹配，低端供给过剩和中高端产能不足，使得消费者日趋多样化、优质化的消费需求难以被满足，而这恰恰催生了供给侧改革升级的迫切需要。而且随着电商的兴起，中国商业的业态已经发生了巨大的变化。人、货、场三大组成要素正在进行全面的重构和升级，各大商业企业面临着多方面的挑战：消费者需求分散导致了订单碎片化，产品定制化给生产端带来了大量压力；需求预测难和供应链敏捷度差；线上线下物流体系分立，带来了诸多的额外成本；消费者对"时效"要求的逐步提升，前置仓、门店仓等大量新模式涌现，增加了企业运营难度和成本等。在这样的需求背景下，传统的企业供应链协同与管理难以为继，供应链的各个环节都暴露出亟待解决的问题。例如：采购环节如何及时响应需求变化，如何高效率、低成本采购；生产环节如何保障按时效、高质量产出，同时避免资源浪费；分销环节如何解决层级冗杂、库存及资金压力大问题等。除了供应链各环节管理的痛难点外，更为艰巨的挑战是如何协同全链条作业、降本增效，如何解决供应链长鞭效应带来的"供需不对称—产能过剩—资源浪费"负循环。面对传统供应链承压困境，供应链上的各节点企业必须依靠新兴技术加持以及供应链平台赋能，逐步实现供应链信息化、数字化与可视化，从而进一步助推我国供给侧结构性改革，以实现供需两侧相匹配的完整数字经济。

而数字供应链凭借"供应链管理"加"数字化"，通过对供应链数据的即时收集、分析、反馈、预测、协同等干预方式，可以把庞杂交错的供应链运营及信息流进行数据化后并行处理，起到提前决策、提高效率、节省成本、控制风险的功能，妥善地解决上述难题。具体而言，供应链数字化可分为两个步骤：第一步是实现供应链的业务数据化；第二步是处理第一步中积累的数据，将其反映出的信息价值反哺赋能给供应链各环节业务。传统供应链多为"推动式"供应链模式，信息按照固有链条进行线性传播，企业决策者基于市场预测进行生产，通过维持高供给量和高库存应对市场需求；相反，"拉动式"供应链则以市场终端需求为生产驱动力，大幅提升了企业对需求变动的响应速度及柔性，同时有效降低了库存成本。供应链数字化使得信息不再以线性方式传播，而是形成矩阵结构的信息网络，由此提升全链条的信息共享程度和协同能力，使"拉动式"供应链成为可能，为企业的商业模式带来根本性变革。

以需求预测难和供应链敏捷度差为例，其主要原因在于消费者需求分散导致的订单碎片化、产品定制化给生产端带来了大量压力。而在数字商业新业态模式及新技术发展下，各大企业应加快数字供应链建设，根据消费者用户数据提升需求预测准确率，提升库存管理水平，从而完善产销规划及运营效能。

针对需求预测难，行业内先进的企业也在综合采取数据系统建设、预测算法优化、分析能力提升及定制化生产等方式加以解决。

2020年，中国数字化供应链市场规模约为50亿元。据前瞻产业研究院测算，2020—2025年，中国数字化供应链市场规模复合平均增长率应该在20%左右（如图4-1所示）。据此测算，2025年中国数字化供应链市场规模有望达到125亿元。

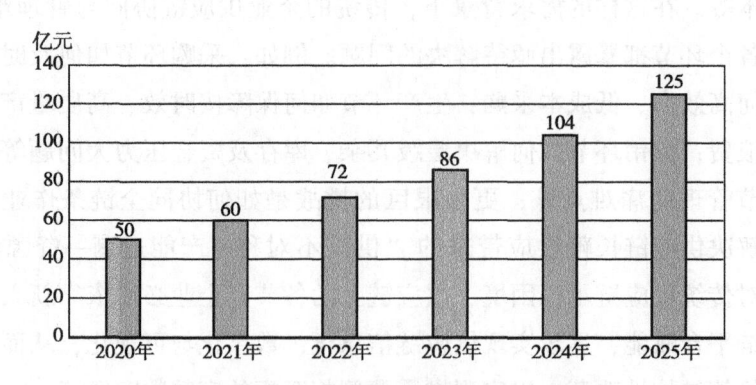

图4-1 2020—2025年中国数字化供应链规模

资料来源：《中国AI数字商业产业展望2021—2025》。

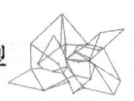

4.1.2 供应链数字化转型作用与方法

4.1.2.1 供应链数字化转型的作用

供应链管理，是从采购端开始到将商品交付终端用户完毕的所有全过程的管理。因此，供应链管理实质上是以成本效益为中心，核心目标是缩短商品交付周期、缩短现金资金周转时长、提高商品毛利率（降低成本）和降低企业运营风险性（交付、品质等）的管理活动。供应链企业数字化转型具有以下三个作用。

（1）优化管理，降低成本。企业通过数字化管理可以实时了解采购、销售、库存、配送进度等信息，便于企业对产品进行管理并对职工进行明确合理的分工。供应商还可以通过数字化技术对动态生产、物流流程、产品质量进行实时监控，对员工行为进行规范，减少产品损耗浪费，打造可靠、高效、低成本、高收入的运营管理体制。

（2）主动感知。数字化平台中蕴含大量的信息储备，可为供应商决策提供科学客观的指导性建议。数字化供应链中认知技术和人工智能可以辅助经营者感知市场需求并调整经营策略，提升在行业中的竞争力。此外，在企业内部建立跨部门的集成供应链机制与平台，对提升供应链的整体运作效能有重要意义。

（3）供应链思维转变。传统模式下，企业的供应链是"链式"运作，若上游供应商供应出现问题，下游厂商的出货必定受到影响，进而导致市场的短缺。随着云计算、物联网、大数据等数字化技术的应用，这一"链式"运行模式将被颠覆，企业供应链的运营将从"链式"变成"网状"，这将极大加强企业与供应商、客户等商业伙伴间的快速互联互通，革命性地提升供应链的整体执行效率。

数字化供应链的转型，并不只是统计相关数据进行分析，还需要构建一整套管理体系，包括供应商管理、品质管理、品类管理等多个方面，在完整的管理体系下，供应链才能发挥更大的优势。只有用管理体系结合数据化的工具以及物联网技术，才能做到线上线下的融合，帮助供应链企业提高竞争力。

从经济的角度来说，供应链（包括生产、采购、物流、计划等环节）的数字化转型是至关重要的，相关的智能制造、智慧物流等也已经成为大家耳熟能详的话题，然而，数字化转型之路并不平坦，有报告指出，相关实践的失败比例高达80%。

近年来，"数字化转型"的浪潮浩浩荡荡，渗透到社会生活的每一个角落：

并已经被提升到相当的高度。例如：浙江省人大常委会把《浙江省数字经济促进条例》列为一类立法项目，并且将数字经济列为浙江的"一号工程"；上海市则在2020年底发布了《关于全面推进上海城市数字化转型的意见》，要求在经济数字化、生活数字化、治理数字化等多方面全面推进变革。

4.1.2.2 供应链数字化转型的方法

那么，如何做好供应链数字化转型？如何让数字化最大限度地助力实体运作？

（1）以始为终：明确数字化转型的目的。除去以形象提升为目的的一些示范项目，如今的企业在推进数字化的过程中越来越多地追求经济效益，注重投资回报率。这也是数字化项目规划的第一步：确定项目的业务目标。这个目标应该和企业的整体战略相结合。

业务目标至少可以分为开源（更好地触及客户、增加收入）、节流（节省运营成本、采购成本等）、增效（提升协作效率、提高系统安全性等）几大方面。在项目之初，应该明确数字化转型的主要目的、所需资源以及可能风险等。数字化、信息化本身并不是目的，它们带来的业务绩效提升、决策质量提高等才是目标。

（2）理解数字化转型也存在"木桶效应"。这一说法来源于知名专家郭朝晖教授。他指出：企业运行往往是多个环节环环相扣的结果。从职能上来说，包括销售、运营、财务、人力资源等领域；从供应链运作来说，包括生产、采购、物流等环节（当然，其中还有更为细分的环节）。在协作过程中，任何一个领域出现问题都可能导致链条运行不畅，所以数字化转型的单点突破往往并不能带来整体的提升。许多时候，解决供应链环节中的短板（瓶颈）才是数字化转型成功的关键。

有趣的是，其他领域的生产也存在和供应链运作类似的现象，如在软件开发过程中，产品设计、开发、测试等环节如果不能做好相互衔接，则可能出现每个环节都忙忙碌碌，但整体效率仍然十分低下的情况，即所谓的"效率竖井"。应对这种情况同样需要整体思维，找到协作过程中的关键瓶颈。

（3）需要注意数字化转型所处的阶段。通常来说，数字化转型不能"一步登天"，而是需要按照标准化、数字化、智能化等步骤循序渐进地推进。数字化的过程也分为不同的步骤：从企业内部信息系统覆盖，到打通企业内各个不同部门的"信息孤岛"，再到上下游企业彼此之间数据打通。各个步骤难度逐步增

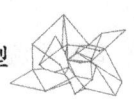

加，而每个步骤的完成能给公司带来的效益也是截然不同的。

在推动数字化覆盖的过程中，要尤其注意避免线上线下"两张皮"的情况，即企业投入很高成本搞信息化建设，而实际的系统利用率却很低。甚至，斥巨资购置的专业软件只是沦为"数据记录本"，实际运行过程中仍然高度依赖于手工（纸面）和 Excel 等工具。为了解决此问题，可以增加自动化采集数据的比例，如应用物联网传感器来自动取数。自动收集到的数据也可以用来校验/监督人工操作，如在物流运输的过程中监控卡车车门打开的次数，以防止货物被"调包"转运的情况。

（4）转型过程需要将"刚性"和"柔性"相结合。供应链数字化进程中，信息系统的应用一般是以流程标准化为前提，这意味着对流程的强管控：IT 流程中的每一个步骤都需要按照预先设定的方式来运行。然而，实体供应链运作环节众多，对每一个细小环节都加强管控的话，成本会令很多企业难以承受。

因此，在数字化过程中可能需要有的放矢：对一些关键步骤、瓶颈步骤，需要大力投入，从更细致的颗粒度加以管控；而对非关键环节，则留有一些余地和灵活性，甚至采用外包等方式，不把所有的控制权都掌握在自己手里。当然，这种取舍也很考验管理者的战略规划思路。

在"刚性"和"柔性"的取舍之中，一些颠覆性技术可能会起到关键的作用。例如，近年来机器人技术中的自主移动机器人（automatic mobile robot, AMR）概念比 AGV 概念更为活跃，就体现出了运作柔性化的趋势：机器人不一定按照预定轨道行进，而是能根据当时情况，灵活决定自身前进的轨迹。又比如，一些科学家正研究将分子生物技术迁移到制造业中。生物细胞内部的 DNA/RNA 有存储，有运行，有化学反应和各种分工，可以认为是一个超级工厂。从某种程度上说，其柔性和协作复杂程度远远大于目前制造业的工业 4.0 生产线。

（5）"闭环反馈"：要用运行过程中的数据来持续指导供应链改进。长链条的系统改进，必然是一个循序渐进的过程。在数字化转型的过程中，各种流程/模式都不可能一步到位，而是需要精益求精，坚持长期改善。在这个过程中，必然需要大量数据的支持，这也是数字化的最大意义之一。正所谓"无法测量的东西就无法改进"。

基于数据的持续改进，还有几点启示：第一，在设计供应链系统的时候，要有一定的前瞻性，为未来留有一定的空间。一些硬件设施如果一次性投入过大，或是过于固化，将来会很难升级。第二，系统上的改变如果是很容易可逆的（例如一些小规模试点,或是纯虚拟的仿真),则应该尽快推进、尽快试错;反之,如果完全不可逆,则应该在推进时采取审慎的态度。第三,数据颗粒度对于数字化水平具有决定性作用。如果拜新技术所赐能采集到较为微观层面的数据,或是较为高频的数据,则有可能指导我们做出更有效的决策。

4.1.3 案例分析

【案例 4-1】亚马逊无人超市:全链协同,效率至上

亚马逊旗下的无人超市 Amazon Go,结合了 RFID、计算机视觉、感测融合、深度机器学习等技术,实现了店内商品、消费者、计算机三者的实时互联。这不仅使自助购物得以实现,体现了多种多样的购物形式,还极大地提升了顾客购物的多样性,同时通过大数据分析为顾客推荐商品,增加销量。而在供应链端,Amazon Go 的系统和技术几乎可以实现完美的库存记录,所有的商品可以被追踪和测量,运输途中的任何延迟均可以被识别。

数字化环境下,企业运用企业对消费者(Business to Consumer,B2C)电商模式的概念打造 B2B 协同平台,通过电商式平台与移动端数字技术,简化客户与企业的交易模式,确保更具弹性的端到端用户体验,提高客户的满意度和企业内部运营效率。

【案例 4-2】ZARA 的需求预测:大数据感知,敏捷调控

ZARA 建立了大数据分析团队,将零售店和网店的反馈转化为对未来产品设计的指导性建议;同时,通过收集和过滤各门店实时的销售信息,对客户的消费趋势进行感知,从而对短期的生产、库存和配送计划进行即时调整。

大数据与认知运算等数字技术能帮助企业对产品和服务的未来需求提供精准、深入的理解和感知,实现从"描述需求"到"预测需求"的转型,确保所有的合作伙伴都在一个共同的计划体系下运营。

【案例 4-3】通用汽车的供应管理:主动规避供应风险

通用汽车与专业的供应风险软件包进行合作,建立多级供应网络,并识别出关键供应路径,曝光潜在的弱点和单点故障,建立起供应链端到端的风险管理机制,主动采取规避措施,取得竞争优势。

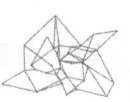

大数据与云储存技术可以帮助企业清晰、透明地勾勒出供应体系全景图，展现出与各个关键部件供应商的层级关系，从而识别出关键的供应路径。在企业与多级供应商信息交互的过程中，对供应商的库存、产能、质量等信息进行监控，实现主动风险管理，保证供应的连续性。

【案例 4-4】TSMC 的智能优化：智能优化全链，精益生产

台湾积体电路制造股份有限公司（Taiwan Semiconductor Manufacturing Company Limited，TSMC）采用了工程大数据挖掘和分析、智能工具调整、设备内部匹配等系统，将工程分析平台与实现自我诊断和自我反应的智能运营系统集成起来，在提高产量、优化流程、故障检测、降低成本和缩短研发周期等方面取得了很好的成果，将运营从"自动"转向"智能"。

运用云储存与物联网等技术，结合精益生产的理念，不断优化产品质量和运营效率，实现制造和物流体系从自动化到智能化的转型，将成本效能和产品创新速度最大化，打造可靠、高效、低成本、高满意度的生产运营体系。

【案例 4-5】施耐德的弹性供应链：打破固化模型，建立弹性供应链

施耐德电气提出了"供应链定制化"的概念，将订单、运费、客户、仓储、时效等数据进行建模，并模拟各种仿真场景，对整个物流运输网络进行优化，找到最佳的重心点位，最大限度地减少配送时间，提升客户满意度。

完成整个供应链从固定到弹性的转型，有助于应对全球化背景下日益复杂的环境并支持多市场分类，促使企业对其端到端运营建立起准确的模型，对成本、服务、风险和持续性等多方面进行优化，在成本和客户满意度之间找到最优的平衡点，打造敏捷、快速响应、持续改进的供应链。

【案例 4-6】巴斯夫的可视化全链风险管理：全链可视，敏捷管理

巴斯夫公司在每一辆载有危险品、化学品的运输车上都装有传感器，一旦危险发生，传感器会迅速向公司的指挥中心、警察和社区，以及相关的工厂、承运商发送报警，同时分析影响的范围和程度，使危机管理团队能够迅速做出反应。

构建具有实时可视、智能分析、决策执行三层架构能力的新时代智能塔台，从共享服务中心的视角协调整个供应链，促进供应链完成从分散到集中的转型，实现整个供应链协同、敏捷、一致的智能运营。

数字化供应链可以为企业提供随时在线（Always-On）的服务，企业通过对供应链上各个环节的数据进行实时获取与分析，更好地支撑企业进行前瞻性的决策，从而更精准、更敏捷地把握市场先机，及时调整业务，保障企业获得最大收益。与传统供应链相比，数字化供应链能够将供应商交货周期缩短50%，将库存准确率提升99%，将运输时效提升50%，将客户满意度提升95%，以最低成本实现最佳效益，大幅提升企业的竞争力。

4.2 信息技术手段

4.2.1 基于个性化需求的联合库存管理

供应链涵盖了从生产商到消费者的产品生产、流通、交易、配送等流程，原材料及零部件的采购、设计生产、仓储配送、订单管理、售后服务等细节都是供应链管理的内容。供应链管理是以用户需求为导向的，它对产品生产到客户交付整个过程中的物流、商流、资金流、信息流进行管理。供应商、渠道商、零售企业、物流服务商之间建立的长期稳定的战略合作关系，可以提高商品流通效率，降低成本，使各方能够源源不断地获取较高的利润回报。

强大的供应链管理能力是现代企业构建核心竞争力的重要组成部分。和大型商超在中国市场普遍采用广泛开店、分店采购模式所不同的是，沃尔玛通过其完善的供应链管理体系，在中国市场中能够高效、低成本地采购商品，它对供应商及商品有极强的控制能力。

在经济全球化背景下，市场竞争已经不再是单纯的产品与产品之间、企业与企业之间的竞争，而是供应商上下游企业共同打造的生态系统之间的竞争。企业通过各方的协同配合，在正确的时间、地点，以正确的方式实时高效地满足消费者的个性化需求，并尽可能地将成本降至最低。

供应商库存管理模式是一种由供应商管理库存数量和库存种类的模式。在这种模式中，供应商在下游客户同意的情况下管理库存商品，对商品质量负责直至商品全部销售完，并根据其发展需求调整库存商品的种类和库存量。在此期间，供应

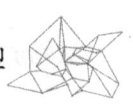

商只负责下游客户的产品库存管理，但除此之外的决策权仍掌握在零售商的手中。

调查发现，供应商库存管理模式的实施，要求供应商和零售商之间达成高效的合作关系。这种管理方式能够合理调节供应链中的库存量，加速库存周转，大幅降低库存成本。与此同时，该管理方式还能提高物流配送速度，增加资金的流动性，有效提高零售商的服务质量，促进上游供应商和下游零售商实现双赢。供应链库存管理模式的优点是供应商要管理库存商品，对商品质量负责直至商品全部销售完，且供应商能够获得零售商的销售信息，合理调整计划。

联合库存管理模式是指供应商和零售商共同制订库存计划，双方共同承担库存风险，解决运营过程中出现的问题。在这种模式下，库存管理能够促进上游供应商和下游零售商之间的交流互动。

通过联合库存管理模式打造物流输送的一体化建设，一方面能够减少销售和配送等环节中的商品存量，进一步降低零售商的库存投入。另一方面，能够及时根据客户的需求安排商品配送，有效提高物流运营的整体效率。下游零售商与客户的接触更多，更了解客户需求及其变动，能够及时、有效地提供售后服务。如此一来，商品制造商就能将更多的精力投入商品生产和研发上，制造出更加优质的产品。

在传统模式下，企业本身的竞争在物流行业占据主导地位，随着供应链管理模式的普遍应用，这种竞争逐渐聚焦到了企业的供应链层面。成本因素在很大程度上决定着供应链管理的利润空间，所以企业在实施供应链管理的过程中，不仅要提供高质量的产品和物流服务，还要对产品的成本进行有效控制。供应链管理模式的实质就是，物流企业为提高自身服务水平而进行的有效变革。通过供应链管理，企业能够提高资源利用效率，进一步降低成本消耗，并且提高物流企业应对市场变化的能力。

物流企业强化对供应链成本的管理，能够更好地发挥成员间的协同作用，以便它们相互配合，并通过打造统一的数据库系统促进成员之间的信息交流与沟通。如此一来，企业就能实现整体成本的节约，并集中发挥不同企业的优势力量，加速物流运转。与此同时，企业能够实现物流运作过程的精简，降低在这方面的成本消耗，在进行成本控制的基础上提高整体运营效率。

4.2.2 ERP 在供应链管理中的应用现状及遇到的问题

企业资源计划的概念是 20 世纪 90 年代初由美国著名 IT 分析公司 Garter

Group Inc. 根据计算机信息处理技术、IT 发展和企业对 SCM 的需要，对未来制造业管理信息系统的发展趋势和即将发生的变革做出预测提出来的。它以制造资源计划（Manufacturing Resource Planning，MRP）为基础，以企业的供应链管理为主线，以信息技术为依托，融合了及时生产、全面质量管理、EDI、同步工程等先进的管理思想和方法，对企业的整体资源进行计划、组织、指挥、协调、控制，使企业的信息流、物流、资金流构成畅通、及时、透明的动态反馈系统；达到将企业经营中的供、产、销、人、物、财、信息等企业要素管理的一体化和跨区域同步化；大大提高了企业生产制造的柔性、反应的敏捷性、业务流程的集成性和组织结构的扁平化程度，从而明显地提高生产效率、降低成本、提高生产质量和服务质量，增强企业的竞争力。ERP 能够对企业资源进行高效的管理及控制，促使企业资源配置的优化，实现物流、商流、信息流及资金流的网络集成化管理。随着 ERP 相关理论逐步完善，其优势越发凸显，受到了海内外企业的高度认可。目前较为主流的研究方向包括：ERP 软件开发、ERP 管理思想及 ERP 管理系统。

企业组织管理涉及生产管理、物流管理、营销管理、财务管理、风险管理及人力资源管理等内容，而 ERP 对其涉及的物流、商流、信息流及资金流进行一体化管理，其中对以下三大管理模块尤为重视：①控制管理模块，包括生产计划、物料需求计划、能力需求计划、制造标准、车间控制等内容。②财务管理模块，包括会计核算、财务管理等内容。③物流管理模块，包括分销管理、采购管理及库存管理等内容。

有效提升企业运营水平的是 ERP 的核心主体。与此同时，ERP 还融合了第四代编程语言（Fourth Generation Language，4GL）、网络通信、关系数据库结构、图形用户界面等技术，在现代企业的供应链管理中具有极为重要的价值。

4.2.2.1 ERP 在供应链管理中的应用现状

管理学大师彼得·德鲁克（Peter F. Drucker）最早提出了"经济链"的概念，之后"竞争战略之父"迈克尔·波特（Michael E. Porter）又提出了"价值链"的概念，最终逐渐发展至如今的"供应链"。

随着市场竞争的日渐加剧，竞争已经不再是企业与企业之间的事情，而成为供应链之争。很多国内企业认识到了供应链管理的重要价值，不断扩大在这方面的投资力度，但整体来看，国内企业的供应链管理水平仍有较大的提升空间。

供应链管理是 ERP 的核心所在，用友公司、香港金蝶公司、德国 SAP 公司

及甲骨文公司等顶级 ERP 软件服务商在世界范围内拥有着强大的竞争力，它们能够针对客户的个性化需求定制开发供应链管理系统。以苏宁、海尔为代表的国内企业通过定制开发供应链管理系统而在提高运营水平、降低成本方面取得了领先优势。

早在 20 世纪 80 年代就有国内企业引入材料需求计划（Material Requirements Planning，MRPI），但如今 ERP 在国内企业的应用水平还远未能达到预期目标。市场研究机构发布的调查数据显示，经过 20 多年的探索实践，美国企业实施 ERP 的成功率为 40%，而中国企业的这一数字仅有 10%。目前，仍有相当数量的企业对实施 ERP 供应链管理系统存在较强的抵触心理，而已经应用 ERP 的国内企业则更多地将其应用范围限制在财务管理模块中。

4.2.2.2 ERP 在供应链管理应用中存在的问题

（1）供应链管理信息化配套设施落后。企业通过互联网、计算机、信息技术等手段对物流全过程进行管理及控制，进而实现企业信息化。为此，企业必须要借助相关配套设施提供的强有力支撑，比如电脑、传感设备、扫描设备等硬件，GPS、GIS、电子订货系统（Electronic Ordering System，EOS）等软件，以及条形码、大数据、云计算等技术。而很多国内企业在这些方面存在明显短板，造成了供应链管理信息化配套设施落后的不利局面。

（2）企业对信息化管理经费投入不足。信息化管理投资相对不足的问题在国内企业中十分常见。在实施 ERP 过程中，不仅需要花费较高的成本购买 ERP 软硬件设备，还需要投入大量的人力及物力对系统进行定期维护，这对很多资金并不充裕的中小企业而言，无疑会使其承担较高的资金压力，即便实施 ERP，也会因为缺乏后续资金的支持，而无法达到预期的效果。

（3）从业人员信息管理观念淡薄。企业从业人员对 ERP 应用认识并不全面。

误区一：对 ERP 的内涵及概念缺乏足够的认识，将 ERP 系统和 ERP 软件混为一谈，认为简单地在计算机上安装相关软件就是实施 ERP。

误区二：将 ERP 和信息化建设画等号，认为这是 IT 部门的工作，没有对实施 ERP 给予积极配合。

误区三：认为 ERP 是万能的，实施 ERP 后，所有管理问题都能迎刃而解，没有认识到实施 ERP 首先应该转变思维模式，其次才能做好实际应用。

误区四：对基础数据的搜集、分析及应用缺乏足够的重视，组织成员对实施 ERP 缺乏积极性。

(4) ERP 在供应链管理中的适用性有待提高。国内企业在实施 ERP 过程中，在整合企业内外部资源、促使供应链上下游企业信息共享、进行客户关系管理等方面还存在诸多不足，未能根据自身的实际情况，制定行之有效的实施方案，带来了严重的资源浪费问题。少部分国内企业急功近利，盲目追求速度和规模，根本不能获得 ERP 的相应价值。部分软件开发商为了谋私利，仅对海外软件进行简单汉化，或者将其和自身产品进行嫁接等，严重损害了客户利益。

4.2.3　ERP 供应链管理系统的构建策略

ERP 是供应链管理中的一项重要内容，它能够借助各种信息化手段，使企业组织的运营管理获得数字化资源及服务的强力支持。业务流程再造（Business Process Reengineering，BPR）、云计算应用、建立绩效考核体系是 ERP 在供应链管理中的三大主流应用方向（如图 4-2 所示）。

```
基于业务流程再造，实施ERP供应链
协同管理应用系统
          ↓
应用云计算技术，实现数据有效存储、
共享和使用
          ↓
加强ERP供应链绩效评价体系建设，
有效满足顾客需求
```

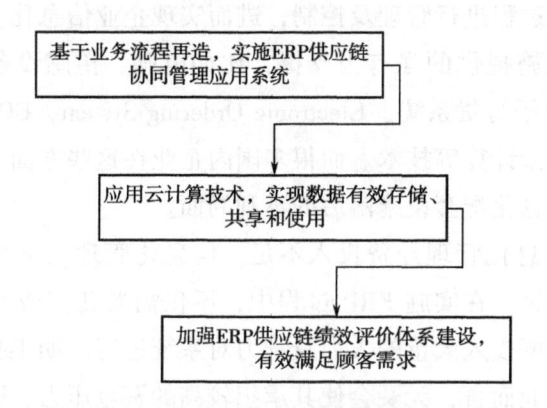

图 4-2　ERP 在供应链管理中的主流应用方向

4.2.3.1　基于业务流程再造，实施 ERP 供应链协同管理应用系统

20 世纪 90 年代，美国麻省理工学院迈克·哈默（Michael Hammer）教授向 CSC 管理顾问公司董事长詹姆斯·钱皮（James Champy）提出了业务流程再造的概念，即对企业的业务流程进行根本性的再思考和彻底性的再设计，从而使企业在成本、质量、服务和速度等方面获得进一步的改善。不久后在其与詹姆斯·钱皮共同出版的《再造企业——工商业革命宣言》一书中指出，再造企业的首要任务是 BPR，只有建设好 BPR，才能使企业彻底摆脱困境，适应日益复杂多变的竞争环境。

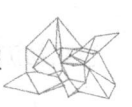

ERP 和 BPR 的目标都是适应现代企业竞争的需要，以最低的成本快速地适应市场需求的变化，实现从生产主导型到市场需求导向型生产经营观念的转变，从而增强企业的竞争力。它们都把满足用户需求作为实现这一目标的出发点。ERP 旨在设计、生产出品种、质量和价格都让用户满意的产品，并提供优良的售后支持服务；BPR 的直接驱动力是为了更快更好地满足用户不断变化的需要，从顾客的需求出发来分析流程，站在用户的立场上来分析用户需要什么样的产品和服务，用户的需求和态度是 BPR 的出发点。

从根本上来讲，企业应用 ERP 的目的在于改善企业的经营管理状况，提升企业经济效益。这样的一个最终目的就必定要求企业能够借助于 ERP 在企业中的实施应用，不断地优化自身业务流程，使整个经营活动更加符合科学管理的要求。因为对任何企业来说，在它现有的业务流程中都会存在着一些不合理的地方，假如不首先对这些不合理的流程进行彻底改造，而仅仅是盲目地将原有的业务流程通过 ERP 软件的实施进行自动化转变，这种"穿新鞋走老路"的做法，只能导致企业对信息技术的高投入、低回报。信息技术的真正作用不仅仅是使以往的活动做得更好，更重要的是突破一些默认和规定，创造出一种全新的工作方法，使企业的管理模式与国际惯例接轨。由此可见，BPR 是促进企业成功应用 ERP 的一个重要因素，要想 ERP 系统能够提高企业经营业绩，必须实施 BPR。而企业从观念重建、组织重建及流程重建三个维度上成功开展 BPR 后，将有力促进 ERP 应用实现预期目标。具体来看，面向 ERP 供应链的企业业务流程再造（BPR）的实施步骤包括以下几点。

（1）对企业现有业务流程进行分析。

（2）明确企业业务流程再造目标。

（3）结合 ERP 确定新的企业业务流程。

（4）制定相关规章制度，为业务流程再造提供制度保障。

（5）实施 BPR 并进行持续优化。

BPR 和 ERP 的深入融合，使企业能够对运营管理进行不断优化完善，对组织成员绩效进行动态管理，为企业带来超乎预期的价值回报。

4.2.3.2 应用云计算技术，实现数据有效存储、共享和使用

云计算中的"云"是指能够提供资源的网络。对接入互联网的海量计算资源进行统一管理，打造一个庞大的计算资源池，从而满足用户的个性化需求，是云计算应用的核心所在。美国 Gartner 咨询公司发布的数据显示，2016 年全球公

有云服务营收为 2 196 亿美元，2022 年增长至 4 947 亿美元。应用云计算技术后，企业可以对内部及外部的优质资源进行高度整合。

在现代企业实施 ERP 过程中，云计算将作为一项重要的基础性技术，在 ERP 供应链管理的数据存储管理中扮演着重要角色。

（1）云企业能够实时获取并根据个性化需求使用部分资源，只需要向云服务商支付少量的租金即可，对资金相对匮乏的中小企业十分友好。

（2）云计算能够降低运营成本，提高供应链运行效率，为客户的战略决策提供实时数据支持。比如，云服务商可以为客户提供供应商数据信息，帮助企业在合适的时间段以较低的成本发布新品。

（3）基于云计算技术的供应链管理，使企业能够对上下游企业进行高效灵活的管理，提高供应链的价值创造能力。

（4）云计算技术支撑下的供应链服务能够为企业提供更为精准、真实的信息服务。比如，对物流数据、库存数据、订单数据等进行快速验证，并提供分析报告。

4.2.3.3 加强 ERP 供应链绩效评价体系建设，有效满足顾客需求

ERP 供应链绩效评价体系的目标是更好地对供应链运行效果、组织成员绩效进行精准考核，并提高员工工作积极性，确保顾客需求能够得到充分满足。毋庸置疑的是，顾客满意度是考核供应链运行水平最为基本也是最为重要的指标。

在传统供应链管理模式中，由于生产商和分销商与消费者存在沟通壁垒，因此生产商和分销商无法及时了解顾客需求并予以满足，对顾客体验的认识与零售商存在明显差距，而通过打造 ERP 供应链绩效评价体系，将有效解决这一问题。考核指标的选择会对最终的考核效果产生直接影响，在确定考核指标时，应该强调以下几个要点。

（1）有所侧重，对影响顾客体验最为关键的环节予以高度重视。

（2）确保考核指标能够覆盖整个供应链业务流程。

（3）从供应链整体运行角度进行考核，而不是专注于某个话语权较高的企业。

（4）为了应对动态变化的市场环境与消费需求，必须实现实时考核。

（5）在发展战略维度，可以考虑关键绩效指标；而在执行与实施维度，更为可行的方案是使用便于量化的具体绩效指标。

4.3 供应链协同

4.3.1 基础知识

协同的思想最早起源于赫尔曼·哈肯（Hermann Haken）创立的"协同学"（Synergetics）。伊戈尔·安索夫（Igor Ansoff）首先研究并提出了企业管理领域中的协同和协同效应。其后，以计算机通信技术为基础的协同管理软件蓬勃发展，协同的理念深入人心。本节首先梳理了协同理念的起源、发展和应用，在此基础上提出了供应链协同的概念和内涵，介绍了供应链协同度的评价方法和指标体系。

4.3.1.1 协同学

协同学英文为 synergetics，该词源于希腊文，意为"协调合作之学"。协同学是系统科学的一个分支，它由德国理论物理学家赫尔曼·哈肯于20世纪70年代创立，主要研究开放的、复杂的系统内各部分（子系统）之间的协作机理。哈肯的协同学思想主要包括：①系统的各子系统能够按照统一的基本规律，自发地组织起来，在宏观尺度上形成空间、时间或功能有序结构（自组织理论）；②系统受一个或多个序参数的控制，其宏观性质（有序结构）常常通过序参数之间的协同或竞争反映出来；③序参数表征系统内部的有序程度，它由子系统之间的协作而产生，但又反过来支配各子系统的行为；④系统序参数的变化过程可以使用演化方程来研究。协同学思想的应用为物理学、化学、生物学等自然科学以及经济学、社会学等社会科学指出了新的方向。

4.3.1.2 战略协同

伊戈尔·安索夫首先在企业管理领域提出了"协同"的概念。他通过一个例子来说明什么是协同：假设有一个可生产所有产品的大公司和一个由若干独立的小企业（每个小企业只生产一种产品）组成的集合体。一般来说，大多数公司中都存在着规模效益，即对于产品系列齐全的大公司来说，当其销售收入与若干小企业的总和相同时，其运营成本可能会低于这些小企业的运营成本的总和，或者其总投资小于这些小企业的总和。因此，当销售收入相同时，大公司的整体业务利润率高于独立企业集合体的业务利润率。类似地，当投资总额一定时，大公司可以比这些独立小企业集合体实现更高的销售收入和/或较低的运营成本。这种使公司的整体效益大于各独立组成部分总和的效应，经常被表述为"1+1>2"，即"协同"的概念。协同的概念自提出以来，一直是企业实施多元化经营战略和资产重组的理论基础。

安索夫认为，协同效应的产生主要来自企业内部的规模效益、固定成本分摊、资源的共享以及产品知识、技能和管理经验的传播。而日本战略专家伊丹广之（Hiroyuki Itami）则指出，企业对厂房、设备、人员、生产技术或技能等资源（企业有形资产）的共享，更多的是产生互补效应（即规模效益），而非协同效应。因为它只是实现了对现有资源的充分利用，并不能创造出新资源，其效果是非常有限的。伊丹广之认为协同效应来自销售渠道、技术优势、企业形象、商品品牌等企业无形资产的共享。例如，卡西欧（Casio）公司通过生产电子计算器等产品培育了自己在集成电路技术方面的优势。利用这一技术，它们成功地开发出了电子表和电子乐器。企业无形资产具有同时性（可被同时使用）、无磨损性（可以多次重复使用）和合成性（可能会产生新的资源，例如信息、知识的合成）等特性，因而为协同效应的产生提供了可能。此外，相比于互补效应，协同效应产生的企业竞争优势既具有实质性，也具有持续性。这主要是因为企业的无形资产是通过长期的努力创造出来的，竞争对手在短期内难以获得。

同样，罗伯特·巴泽尔（Robert Buzzell）和布拉德利·盖尔（Bradley T. Gale）也认为协同指的是企业整体的业务表现，而不是企业各独立组成部分（下属企业）简单汇总而形成的业务表现。协同效应是指作为组合中的一个下属企业比作为一个单独运作的企业能够获得更高的盈利能力。协同创造的价值主要来自对资源或业务行为的共享（产生规模效益）、市场营销和研究开发的扩散效益、知识和技能的共享、企业形象的共享。需要指出的是，巴泽尔和盖尔的研究表明，企业运营中存在负向的协同效应。例如，一个企业集群（集团公司）中信誉极差的极少数企业可能会从其他主流企业良好的质量信誉中受益，从而取得比其单独运作时更好的业务表现。但其他主流企业却深受其害，只能取得比单独运作时更低的业务表现。最终的结果是，企业集群的整体业务表现不断下降。

4.3.1.3 协同管理系统

计算机支持的协同工作（computer supported cooperative work，CSCW）由艾琳·格雷夫（Irene Greif）和保罗·卡什曼（Paul M. Cashman）于1984年提出。

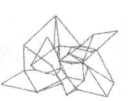

它是指能够支持分散在不同地点的人们协同工作的计算机软件和技术。例如，以 Novell Netware 为代表的工作组类软件、微软的 Exchange、IBM 的 Lotus Notes，到后来的电子邮件办公自动化（office automation，OA）、客户关系管理（Customer Relationship Management，CRM）、ERP 等，都包含协同的概念。

一些协同软件的开发者和研究者认为，协同是指组织中多人共同完成同一事务或多个事务的行为方式和过程；所谓"协同管理软件"，是指能帮助企业各个职能部门、各个员工围绕统一的目标，步调一致地执行各项管理活动，完成各项管理任务，最终实现企业目标的管理软件系统。从技术角度看，协同体现在三个层面：①基于通信技术的人与人之间的协同；②基于工作流技术的组织与组织之间的协同；③基于企业信息集成技术的系统与系统之间的协同。相应地，市场上的协同管理软件也主要分为三类：①传统的协同管理软件。这类产品主要是在传统 OA 软件的基础上发展起来的，主要关注人员的协同，如视频会议、在线聊天等即时通信软件。②应用协同管理软件。这类产品融入了流程的概念，同时包含了企业的人力资源、客户管理、财务管理等各个方面。③平台化协同管理软件。这类产品主要集中在工作流和应用集成中，利用平台本身的优势，充分发挥企业现有专业软件的力量，同时充分利用现代化的移动办公设备扩展企业协同的空间。

国内有学者认为，协同管理软件对于企业来说不仅仅是一个管理软件，其核心是协同理念的应用。他们定义了协同管理系统（collaborative management system，CMS）的概念：企业协同管理系统是一套基于协同思想，由文档、资产、人力资源、客户、财务、工作流等模块组成，具有强大门户功能的管理软件。该软件以人力资源为核心，通过工作流驱动，达到各个模块之间的紧密联系、协同运作。协同管理软件通过整合企业内部和上下游资源，实现除生产制造环节以外对企业内外各项资源的全面协同管理。

在企业运作中，协同理念主要体现在对信息的高度共享、对业务的整合以及对资源的调配和优化上。但随着企业信息化建设的不断深入发展，协同已不仅仅局限于企业内部各部门之间信息、资源、业务的协同（例如采购、生产、库存、销售、财务间的协同），而是要将客户、供应商、分销商和其他合作伙伴纳入进来，实现更大范围的信息、资源、业务的协同。具体而言，就是以部门之间、跨部门以及企业内部与外部的工作流程，来带动知识信息流、物流、资金流等在企业内外的流动，使传统的资金流、物流、信息流三流合一，转向增加了工作流的四流合一。

4.3.1.4 供应链协同的概念

从字面意思来看，供应链协同（supply chain synchronization）的产生显然受到了协同学（synergetics）的影响。供应链是一个复杂系统，供应链上各节点企业是系统内各组成交汇部分（子系统）。按照协同学的思想，供应链协同就是将供应链上各节点企业连接起来，按照统一的供应链战略目标，实现从原材料供应到产成品销售等各环节在信息、资源、业务上的协调一致、无缝衔接（系统有序状态），从而最大限度地实现供应链增值（协同效应）。

企业的横向一体化战略形成了一条从供应商到制造商再到分销商的贯穿所有企业的供应链。有学者认为供应链的这种从供应商到最终用户的网链状结构本身就包含了协同的理念。本书则认为，供应链是将供应商、制造商、分销商、零售商以及最终用户组织起来，形成一个能够满足最终用户需求的复杂系统。而供应链协同研究的则是这个复杂系统内各组成部分（供应链节点企业）之间如何互相协作，从而获得市场竞争优势的问题。

供应链上的协同效应不会随着供应链的形成而自然产生，这是因为供应链各成员之间存在着利益冲突，供应链绩效指标之间存在着"效益背反"现象。供应链与供应链之间的竞争，更像是组织一批人（一个供应链上的成员）与另外一批人（另外一个供应链上的成员）进行拔河，在自然状态下，大家发力的方向和节奏各有偏差，无法形成最大合力，有时甚至还会相互干扰；而在有效的组织下，大家发力的方向和节奏趋于一致，才能够发挥出最大力量，从而有机会赢得比赛。供应链与供应链之间的竞争也一样，只有通过协同使供应链上的节点企业达到同步、协调运行，供应链上的节点企业才有可能达到既定目标。

4.3.2 供应链协同的内涵

4.3.2.1 供应链战略协同

（1）供应链战略。供应链战略是企业的一项职能战略，它确定了原材料的采购和运输流程，产品的制造或服务的提供，以及产品配送和售后服务等业务的方式和特点。供应链战略不仅关注企业自身的业务，而且还关注供应链上其他成员的角色定位，它要求供应链各成员按照统一战略目标相互配合、无缝连接地工作。因此可以说，供应链战略是一种互补性企业联盟战略。此外，供应链战略也

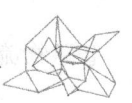

是一种企业核心竞争力强化战略，通过寻找优秀的供应链合作伙伴，改善价值链上的薄弱环节，强化其核心竞争优势。

企业的竞争战略规定了企业所提供的产品和服务能够满足的、区别于其竞争对手的客户需求集合。例如，大超市的竞争战略是满足客户对商品质优价廉的需求，而便利店的竞争战略则是满足客户对商品的即时购买需求。企业成功的前提条件是必须实现供应链战略与企业竞争战略的匹配，即供应链战略所构建的供应链能力与企业竞争战略中所要优先满足的客户需求相适应，这就要求供应链合作伙伴的选择、供应链业务流程的设计和供应链资源的配置都必须围绕统一的企业竞争战略目标来进行，以消除不同的供应链成员之间可能存在的功能性目标冲突。例如，如果在销售环节要求快捷地向客户提供多样化的产品，而在配送环节要求尽可能地降低运输成本，则两者必然会出现运作冲突，负责配送环节的供应链成员一定会选择成本低、速度慢的运输方式，并会延迟部分订单的交付而进行集货，以便通过规模效益进一步降低成本。然而其结果是，整个供应链无法满足既定的客户需求——快速提供多样化的产品，从而导致战略匹配的失败。

（2）供应链能力。供应链能力一般被分为两类：供应链响应能力和供应链效率。供应链响应能力是指供应链在应对不可预测的市场需求和不可靠的产品供给等市场不确定因素时的能力。供应链响应能力的提高需要进行大量的投资。而供应链效率刻画了供应链满足客户需求的成本，成本越高，供应链经济效益越低。因此，供应链响应能力和供应链效率存在着效益背反，在供应链成本和响应能力组成的有效曲线上，供应链响应能力的提高一定程度上是以降低供应链经济效益为代价的；企业需要在供应链经济效益和响应能力之间进行权衡，选择它们最恰当的组合。需要指出的是，仅在下列两种情况下存在同时改进供应链效益和响应能力的可能：①企业的管理运行并未达到有效前沿曲线所代表的最佳状态；②企业通过技术革新、流程再造等措施促使有效前沿曲线右移。

由此可见，供应链战略所要确定的供应链能力，实际上就是确定供应链应该具备何种程度的响应能力/效率。而实现这种既定的供应链整体能力则可以通过供应链各环节不同的能力组合来完成。例如，在由一个零售商和一个制造商组成的供应链中，供应链响应客户多品种、小批量需求的能力既可以通过提高零售商的响应能力（设置大量库存）来实现，也可以通过提高制造商的响应能力（投资柔性生产线）来实现。对于前者来说，零售商可以提高其库存控制的效率；而对于后者，制造商则可以提高其生产的效率。这就意味着，供应链的设计可能是多样化的，但各个环节的功能必须相互配合形成既定的供应链整体能力，使之与企业竞争战略中所确定的满足客户需求的能力相匹配。

（3）供应链战略协同的实现。当这种战略匹配在整个供应链的范围内实现时，这就意味着供应链战略实现了协同。苏尼尔·乔普拉和彼得·迈因德尔（Sunil Chopra and Peter Meindl, 2012）提出，供应链战略与企业竞争战略匹配的一种极端状态是供应链上所有环节的所有职能部门相互配合形成统一的供应链整体战略能力，实现供应链增值的最大化。而另一种极端状态则是供应链上各环节、各职能部门仅考虑自身效益最大化，各自提出自己的职能战略。在这种情况下，供应链上各方由于彼此之间的利益冲突而导致战略冲突，并引起随之而来的运作冲突。例如，在供应链上下游企业之间，双方都希望对方持有更多的库存，以便降低本方的库存持有成本，从而提高自己的收益。其结果往往是双方互不相让或者弱势的一方屈服，然而最终都会影响供应链的整体绩效。而在供应链战略协同下，双方的目标从最小化自身的库存水平变为最小化供应链的整体库存水平，根据供应链整体最优的目标来决定该由哪方持有库存，从而消除了不必要的供应链冲突。更重要的是，由于供应链的整体绩效得到了改善和提高，供应链各成员也因此而获益。

此外，需要注意的是，供应链战略协同也是动态的。随着市场需求的变化和企业竞争战略的调整，供应链上节点企业需要动态地更新。这要求供应链上的核心企业具备足够的敏捷性，能够在一个动态变化的环境中与其他企业组成供应链并实现战略协同。

综上所述，供应链战略协同就是使供应链上所有节点企业的所有职能部门相互配合形成统一的供应链整体能力。供应链战略协同可以通过以下三个步骤来实现：①确定供应链战略协同的目标，即供应链需要拥有的整体能力。供应链整体能力的确定既要考虑供应链资源的限制，又要考虑供应链战略的要求。②战略匹配与协调。分析供应链上各个节点企业的各个职能部门所具备的战略能力，按照职能部门、节点企业、供应链三个层次进行战略匹配与协调，消除战略差异和运作冲突，使其形成既定的供应链整体能力。③协同效果评价和改进。对战略协同所形成的供应链整体能力进行评价和改进。

4.3.2.2 供应链信息协同

供应链信息协同的核心是信息共享。信息共享被认为是减轻供应链"牛鞭效应"的有效手段之一。牛鞭效应是指市场需求的波动沿供应链向上游逐级放大的

现象，它的实质是供应链上需求信息传递的扭曲和时滞。供应链上的信息共享最初侧重于从下游向上游传递的信息，如销售终端（point of sale，POS）数据、需求信息、订单信息和销售预测等，随后逐渐扩大并转移到上游向下游传递的信息，如交付时间安排及产品计划、生产进度安排、预先到货信息等。

企业信息共享包括内部信息共享与外部信息共享。前者是指在企业内部生产、经营、管理活动中的信息交流与传递，包括不同职能部门之间的横向信息共享以及不同管理层次上的纵向信息共享。后者是指企业与外界环境间的信息交流与传递，包括企业之间为了更好地实现供应链协同而进行的数据交换与传递。下面使用李宏宽和李忱（2017）提出的一个由供应商、制造商（核心企业）、经销商组成的三级汽车供应链的例子来说明供应链的信息协同。

（1）企业内部信息协同。制造商企业内部信息协同是指在销售、生产以及物料之间的信息共享（如图4-3所示）。销售部门接收来自经销商的订单信息、来自物料部门的库存信息和生产部门的生产计划和能力信息，确定订单交付日期并按时向外部交付产品。生产部门根据销售部门提供的订单信息和相应的预测信息及物料部门提供的提前期信息下达生产计划，同时将生产计划和能力信息传递给物料部门，以方便其制订采购计划和调整库存水平。

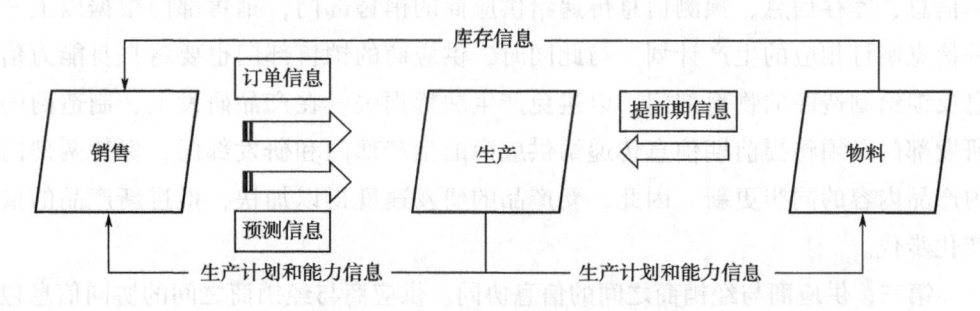

图4-3 制造商企业内部信息协同

（2）企业外部信息协同。供应链系统内企业外部信息协同主要包括制造商与经销商之间的信息协同、制造商与供应商之间的信息协同、供应商与经销商之间的信息协同（如图4-4所示）。

第一，制造商与经销商之间的信息协同。制造商与经销商之间的协同信息包含订单信息、客户需求信息、库存信息及经销商对于市场的预测信息等。经销商根据以往的经验对市场进行预测，并将预测信息与库存信息及未完成的订单信息一起传递给制造商，以便其能适时调整生产计划，减少因需求波动而产生的库存。同时，在与客户达成购车协议之前，经销商首先根据自己的成品车库存水平及制造商的库存水平，对客户做出相应的承诺，并告知其成品车供应可能存在的问题，以提高客户满意度。除此之外，对于客户的需求还应进行相应的调查和分析，并将此类信息传递给制造商的研发部门，这样有利于新产品的开发。

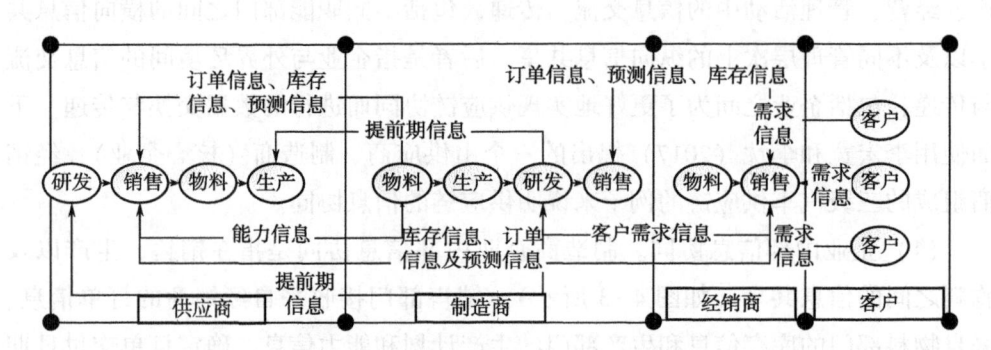

图 4-4 供应链系统内企业外部信息协同

第二，制造商与供应商之间的信息协同。制造商与供应商之间的协同信息包括订单信息、库存信息、预测信息和能力信息等。制造商的物料部门会将订单信息、库存信息、预测信息传递给供应商的销售部门，销售部门根据以上三种信息制订相应的生产计划。与此同时，供应商的销售部门也要将自身能力信息反馈给制造商的物料部门，以避免产生缺货损失。在产品研发上，制造商的研发部门必须将提前期信息传递给供应商的生产部门和研发部门，保持两部门内产品内容的同步更新。因此，新产品的研发速度得以加快，推进新产品的量产化步伐。

第三，供应商与经销商之间的信息协同。供应商与经销商之间的协同信息包括库存信息、订单信息、预测信息等。这个协同过程主要涉及的是备件流。经销商根据客户的需求，查询库存信息，如果库存满足需求，则立刻为客户提供产品；如果客户需求超出库存水平，则选择具有优先级的客户提供服务。同时，将未满足的订单信息和库存信息传递给供应商的销售部门，以方便其及时配货。对于备件的市场需求量，经销商需要做出准确的预测，并将此预测信息传递给相应的供应商，以减少缺货损失。

由此可见，供应链上共享的信息既有来自企业内部的信息（如生产进度安排），也有来自企业外部的信息（如订单数据）；既有现实数据（销售数据），也

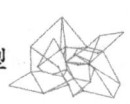

有非现实数据（如预测需求）；既有静态数据（如生产能力、产品信息），也有动态数据（如库存信息、运输信息）。除了上述业务信息之外，伊丹广之认为，企业内部的知识、技能、管理经验等无形资产本质上也是一种信息，这些以信息为基础的无形资产可以被同时用于多种用途（使协同成为可能），并能够在传播和共享的过程中创造出新的价值（协同效应）。例如，企业的一个技术人员对某种特殊工艺有比较深入的研究，如果他把自己的知识传授给其他同事，那么其他同事就可以借助这些知识提升工作效率。此外，其他同事在学会了这项技术之后，也有可能把它与其他信息结合起来，进而创造出新的生产技术。因此，供应链信息协同是指信息资源在供应链成员之间的有序传播、共享，并合成产生新的、有价值的信息资源。

从技术角度看，供应链信息协同体现在三个层面：一是基于通信技术的供应链各职能部门内部以及跨职能部门的员工之间的信息协同；二是基于工作流技术的供应链各职能部门之间的信息协同；三是基于企业信息集成技术的供应链各节点企业之间的信息协同。支持供应链信息协同的技术和相关系统主要有电子订货系统（electronic ordering system，EOS）、自动识别和数据捕获（automatic identification and data capture，AIDC）、电子商务系统（electronic commerce system，ECS）、多智能体技术（multi-agent technology，MAT）、工作流管理技术（workflow management technology，WMT）、虚拟供应链技术（virtual supply chain technology，VSCT）、企业门户技术、Petri网技术和CSCW等技术以及ERP、SRM、CRM、VMI等供应链管理应用软件。

4.3.2.3 供应链运作协同

供应链运作协同主要是指供应链运作层面的业务协同，包括具有直接供需关系的上下游企业之间的生产协同、采购协同、运输协同、库存协同、销售协同和产品设计协同。

（1）生产协同。生产协同是指生产企业依据采购计划、销售计划以及当前库存情况等联合制订生产决策，实现协同效应。生产协同包括生产计划协同、生产过程协同和质量控制协同三部分。联合生产企业的采购人员、销售人员和生产人员共同制订生产计划，提高计划精度和计划稳定度，实现生产计划协同；推行精益生产，让上游供应商和下游客户参与到生产计划当中，实现生产过程协同；生产质量需要层层检验、段段控制，生产企业必须实施全面质量管理，及时阻断问题流向下一生产环节，进行生产质量控制协同。

（2）采购协同。采购协同是指生产企业根据原材料供应情况、需求计划以及当前库存情况等条件联合制定采购决策，它多发生在供应商和生产商之间，包括采购计划协同和采购订单执行协同。实现采购协同要求生产企业把对最终产品的中长期预测、期望客户服务水平、部分库存情况以及近期采购计划传达给上游供应商，供应商根据自身生产能力实时调整生产计划；同时，供应商将采购订单的执行情况实时反馈给生产企业，使企业能够根据需求变动及时调整订单，最终更高效地将质量合格、数量准确的产品在正确的时间以合适的价格交付到正确的地点。

（3）运输协同。运输协同是指原材料、半成品和产成品等从供应链上游供应商配送至下游零售商直至消费者的过程中，实现准时化、高效化协作，实现产品和信息的有效对接，即消除运输过程中的多余环节、重复环节，减少装卸货等待时间和账单错误情况，降低运输空载率，优化运输并保证运输物资的安全准确。运输情况在供应链上的可视化使各企业掌握产品的实时情况，及时制订和修改企业计划，加强供应链风险应对的及时性，推进节点企业间物流整合和重组步伐，实现供应链上的协同效应。

（4）库存协同。库存协同是指供应链上各节点企业库存管理的共同化。建立企业供应链统一的物资物料/备品配件目录，通过"线上订单+自动分仓储备+配送协同"，实现物资物料/备品配件的全生命周期管理。实现库存协同的方法是推行联合库存管理，它要求供应链节点企业共同参与制订库存计划，供应链上中下游环节间责权相互分担和共享，保证稳定供应并降低库存成本。

（5）销售协同。销售协同是指在了解实时库存情况、生产情况及配送情况的前提下，基于供应链的信息共享和同步传递，实现供应链供应、生产和销售等环节协作化的管理过程，最终实现供应链上销售过程的协调化和柔性化。销售协同的实现主要借助于供应链协同计划预测和补货，在低库存、低成本条件下提高整个供应链效益及客户满意度。

（6）产品设计协同。产品设计协同是指根据节点企业的内外部条件，将所能调配的资源进行有效合理的整合与配置，在设计出满足客户某种需求的过程中，实施并行工程（平行作业）和同步工程（行业作业和标准化设计），以更快的速度、更好的质量和更低的成本来完成产品设计任务。产品设计协同的更深层次是产品创新协同，它覆盖了产品从原材料到产成品的每个阶段，其实质是知识投入、知识共享和知识转化，最终提高供应链的整体竞争力。

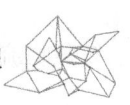

由此可以看出，供应链运作协同就是供应链上各节点企业在供应链协同理念的指导下相互配合，使任务和活动在节点企业间统一协调和优化分配，一定程度上调节客户服务最优、总成本最低、物流质量最优、库存最小和库存周转时间最短多个目标之间的矛盾，实现供应链整体收益的最大化。

4.3.2.4 供应链决策协同

供应链决策协同是指供应链各环节的联合决策，上下游企业通过谈判促使节点企业个体与供应链整体同时优化，最终达成一致，其谈判结果以供应链契约形式呈现，其目的是通过供应链企业合理利益分配产生协同效应。供应链契约主要包括批发价格契约、回购契约、收益共享契约、数量柔性契约、返利契约、数量折扣契约等。

（1）批发价格契约。批发价格契约是指供应商仅向零售商收取所订购货物的批发费用，执行时较简单。此时，供应商倾向于以高批发价获得最大利润，因此该契约无法产生协同效应，但它仍是实际中较常见的契约。当未达到契约协同而导致供应商成本增加远超潜在利润的增加时，供应商更倾向于使用该契约。

批发价格契约存在以下两种模式：①推动模式，即零售商只在销售季到来之前订货并支付费用，此时零售商承担剩余库存的处理成本（假设存在剩余库存）；②拉动模式，即零售商在销售季开始之前订购部分产品并支付费用，在销售过程中可以随时补货，但补货时批发价格明显要高于之前，此时供应商承担剩余库存的处理成本（假设存在剩余库存）。若能够给予零售商一定的批发折扣，同时考虑推动和拉动两种模式，则供应链效益会明显上升。

（2）回购契约。回购契约又叫退货契约，即供应商在产品销售季结束后以回购价格（低于零售商订购时的批发价）从下游企业将未售完产品收回。其目的是供应商与零售商共担需求不确定带来的风险，刺激零售商增加订购量，平衡双方的边际收益和边际成本。不过这种说法并不准确，事实上只有供应商的净残值优于零售商的净残值时才会出现回购，并且要同时调整价格折扣率和回购率，以此来阻止零售商对剩余商品打折促销削弱品牌形象，但回购契约会在一定程度上降低零售商努力提高市场需求的动力，因此，需要常和其他契约结合使用，例如回购与惩罚策略结合、回购与返利契约结合以及回购与数量柔性契约结合等。

回购契约同时也是解决因信息结构的非对称和决策激励的不一致所导致的供

应链低效的一种协调机制，它大量地应用于对时间性要求较严的产品，如杂志、报纸、音像制品、计算机软件和硬件、贺卡以及医药产品等。

（3）收益共享契约。收益共享契约是指零售商除支付产品批发费用之外，还从自身收入中支付一定比例给供应商，双方共享供应链整体收益。也可以说，当零售商从自身收入中提取给供应商的金额与回购契约中零售商因回购而产生的利润损失相同时，收益共享契约与回购契约的结果是等价的，但执行过程是不同的。收益共享契约的重点在于调整零售商的收入和分配给供应商的比例，实现供应链节点企业之间的协调和整体效率的提高。收益共享契约实质是上下游企业风险共担，从而刺激零售商增加订购量，但执行的管理成本过高以及可能的零售商营销积极性降低是其不可避的缺陷。收益共享契约的典型应用是在音像租赁行业以及国内常见的特许经营模式上。

（4）数量柔性契约。数量柔性契约是指供应商对零售商未售出的部分产品（选取契约规定的补偿数与零售商剩余库存数两者之中较小的）给予补偿。数量柔性契约为零售商的部分订单提供了充分保护（剩余库存仍保留在零售商手中），而回购契约是为零售商的整个订单提供了部分保护。与回购契约相比，数量柔性契约重点关注订购量的调整，其回收价格还是批发价，而回购契约是对回购价格的调整。数量柔性契约在电子和计算机产业中应用广泛，如IBM、HP以及Solectron等大公司。

（5）返利契约。返利契约是指供应商根据最终销量给予经销商一定的转移支付。返利契约有两种形式：一种是线性返利契约，即供应商依据最终销量给予零售商一定比例的返利；另一种为增量返利契约，即当零售商最终销量超过一定数量时，供应商针对增量部分综合零售商定的比例返利。这两种形式的目的都是协助零售商增加产品销售量，实现供应链上的利益共赢。

返利契约主要取决于批发价格、返利金额以及返利数量临界值三个参数，任一参数的改变都会重新分配供应链收益，并且总有一个参数组合是能够产生协同效应的。返利契约在易耗品行业应用较多，如计算机硬件、软件和轿车行业。

（6）数量折扣契约。数量折扣契约是指供应商依据零售商在期初的订购量大小给予不同的价格折扣，其原则是订购量越大，价格越低，以零售商的订购量为基准。数量折扣契约也可以刺激零售商增加订购量，减少供应商库存。它有多种形式，如多组数量折扣、全部数量折扣、二部定价等。数量折扣契约应用于所

有商业范围，尤其是零售业。

除了以上几种供应链契约外，还有许多由以上六种契约变形或组合形成的供应链契约，如期权契约、回馈与惩罚契约、预购契约、延迟补偿契约、数量承诺契约等，这些契约在供应链节点企业面临的实际问题中能够得到更好的应用。在签订供应链契约时，假定所有相关企业都是风险中性的，供应链节点企业通过博弈确定契约条款，而且这些契约也只有在特定条件下才能产生供应链协同效应。

4.3.3 供应链协同度评价

4.3.3.1 供应链协同度的内涵

协同度，即协同程度。张令荣（2018）认为，协同度的高低取决于各个子系统自身有序程度的高低及子系统之间匹配程度的高低，其中有序程度是指供应链各子系统内部协调的程度，而子系统之间协调与合作程度需用有序的匹配度来评价。

供应链是一个复杂系统，各子系统的有序程度反映了供应链协同可能性的大小，是供应链协同度的核心，但各子系统有序程度的差异对其协同匹配度的影响，也会在一定程度上制约供应链的协同度。所以，在构建评价指标体系及评价方法时应综合考虑以上两种因素。

4.3.3.2 供应链协同度评价指标体系构建

为了全面综合地评价供应链的协同程度，避免出现主观臆断，在设计评价指标体系的时候，应遵循以下原则：①科学性原则，即保证指标的准确性、代表性和操作性及指标间的相关性；②系统性原则，即需要从供应链整体来分析问题，能从不同角度反映出供应链的协同程度；③客观性原则，即要反映评价客体及供应链协同度的真实情况；④定性与定量指标相结合原则，即对于无法量化的指标使用定性指标分析；⑤通用性与重点性相结合的原则，即选取可以反映不同行业不同种类供应链协同度的通用指标，但在具体设计时，应着重分析那些反映供应链协同度的关键指标。

（1）评价指标来源分析。包括以下几个方面：

第一，信息流方面。供应链要实现协同效应，要综合考虑供应链上各节点企业的特点和相关内外联系，同时要充分共享企业信息，成为动态合作的联盟关系。供应链中的信息共享包括战略和战术两个层级，战术层级信息受战略层级信息影响，信息共享层级越高，节点企业间信息协作和利用的水平就会越高，信息共享产生的价值（即信息协同效应）就越大。与此同时，如果供应链中存在大量虚假或无用信息，就会导致节点企业利用信息的成本增加，信息准确性无法保证，真正有用信息的时效性也无法保证，整个供应链对市场变化的反应速度则会受到明显影响。

第二，商流和物流方面。供应链上各节点企业都会根据市场情况预测未来市场变化需求，不可避免地会产生"牛鞭效应"，此时就需要企业通过和其他节点企业沟通进行预测来加强各企业的备货计划，增强抵抗风险的能力，根据预测信息及库存情况制订采购计划并上传给供应链上下游企业，上游供应商安排生产并将生产情况及时共享，需求方随时了解产品准备情况，调整产品销售策略，提高客户满意度。同时，供应链上的节点企业要实时掌握原材料、半成品及产成品的流动情况，有效控制各企业的作业进度，增强供应链运作稳定性。

第三，资金流方面。供应链上的财务状况也是各企业需要关心的问题，不仅需要考虑企业本身的财务状况，还需要考虑其上下游合作伙伴的财务状况。充分调动企业各项资产以获取更大的营业利润，充分协调节点企业间的决策和资金配置，加强企业之间的资金管理合作。

第四，知识流方面。供应链上蕴含着丰富的异质知识资源，知识流动是长期潜移默化的过程，包括传播和交换显性知识与隐性知识、个体知识及集体知识，并将知识相互转化和反复提炼，提升供应链上知识的相容性和整体知识容量，在知识交流和运用中产生价值并实现知识创新。最后，将供应链知识应用到产品设计、技术研发等其他业务流程，形成新的竞争优势。

（2）评价指标体系确定。根据以上分析，需要对提取指标的可信性和有效性进行进一步确认。可信性是指指标具有权威性，指标的内容清晰明确，具有较高信服度；有效性是指指标能够全面、完整、真实地反映实际情况。

通过运用专家打分法对指标体系中的指标进行筛选，剔除专家认为不可信的指标，同时增加大部分专家一致公认的可行指标，以确保指标体系的覆盖范围。在确定指标体系可信的基础上，运用大样本问卷调查法来考察指标对实际问题的反映和解析情况，进一步对指标进行筛选和修正，以确保指标体系的有效性。

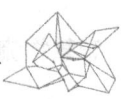

张令荣在可信性指标体系确定的基础上,运用问卷调查方法,面向各企业的中高层管理者,对指标有效性进行分析,确定最终有效的指标体系(如表4-1所示)。

表4-1 供应链协同度评价指标体系

目标层	一级指标	二级指标
供应链协同程度	商流有序程度	信息全面性
		需求预测一致性
		平均采购提前期
		成本(价格)期望率
		交货准确率
		退货处理速度
	信息流有序程度	信息广度
		信息强度
		信息敏捷度
		信息准确度
		信息共享价值
	物流有序程度	平均库存周转率
		物资平均供应时间柔性
		物资平均准时交货率
		物资平均破损率
		物资平均货差率
	资金流有序程度	货款及时结算率
		流动资金周转率
		回款周期差值
		应收账款坏账率
		现金周转周期
	知识流有序程度	知识存量水平
		知识共享广度
		共享知识丰富度
		知识创新水平
		创新收益率

思考题

1. 什么是数字化供应链？
2. 供应链数字化转型的方法包括哪些？
3. 如何理解"智慧物流"中的"智慧"一词？
4. 概述 ERP 三大管理模块。
5. 概述供应链协同的内涵。

5　区块链技术赋能智慧供应链

【学习目标】

知识目标：

1. 了解区块链技术的特点和发展前景，理解其在供应链创新中的作用；
2. 掌握区块链技术在供应链中的应用优势；
3. 了解区块链技术在物流航运、食品生产和奢侈品制造业等领域的实际应用案例；
4. 掌握跟踪和研究区块链技术的最新进展和动态。

能力目标：

1. 能够分析和评估企业供应链现状，识别存在的问题和改进空间；
2. 能够设计和实施基于区块链技术的供应链创新方案；
3. 能够运用区块链技术解决供应链中的实际问题；
4. 能够分析和研究区块链技术在不同行业的应用案例。

5.1 基于区块链技术的供应链创新

5.1.1 区块链技术的特点与发展前景

区块链是一种去中介化的数据库,也是一种不可篡改、不可伪造的分布式账本,它实现了参与各方的信息共享。在区块链系统中,所有交易都被贴上了时间标签,并通过共识机制对交易进行验证。一个完整的区块链是由多个信息存储区块构成的,各区块记录了交易时间、交易金额、参与方身份等信息。

用户可以访问信息存储区块中所有此前和现有的关联区块,所以,区块链数据库可以实现对所有执行的资产和指令的完整记录,这能帮助用户将其副本和区块链数据进行对比,从而保障所有区块信息的真实性、有效性。用户网络也被称为"矿工",需要在区块链增加新块前进行大量的计算,这就使业务造假的难度与成本提升到了绝大部分个体与组织无法承受的高度。

分布式验证确保了区块链数据的透明性和完整性,显著降低了交易各方对信任关系的依赖,交易双方甚至根本不必知道各方的信息,也不必找第三方中介机构进行担保,就可放心地进行交易。区块链所有用户都保留了分类账户的副本,所以不会存在失效的区块链中心点,这比传统线上交易的中央系统要安全可靠得多。

比特币是区块链最早的应用,区块链技术被大众所知,也正是因为比特币的发展。2015年5月,纳斯达克OMX集团宣布和区块链创业公司Chain进行合作,双方将开展一系列将区块链技术应用到纳斯达克私人股票市场交易活动中的研究探索。目前,世界范围内已经有多家银行将区块链应用至概念证明(proof of concept,POC)验证领域,比如苏格兰皇家银行、澳大利亚联邦银行等。

随着区块链在金融、交通等领域的价值得到体现,越来越多的创业者和企业进军区块链领域,尝试开发区块链解决方案来更好地服务客户与用户。

5.1.2 基于区块链技术的供应链创新

区块链技术摆脱了供应链参与者对可信中央组织的依赖性,各方可以直接开展认证的数据通信。得益于能够进行实时验证,供应链的透明性将得到显著提升。供应链运行中涉及的数量、批次、位置、日期、价格、质量等关键数据都能被各方实时获取,从而实现物料的全程可追溯,假冒伪劣、灰色交易等问题将得到有效解决,实现外包合同制造可视化,更加符合规范,降低流通成本,提高整个供应链的价值创造能力。

此外,消费者需求越发个性化、多元化,对供应链管理水平提出了更高的要求,而应用区块链技术后,供应链各方可以通过用户数据分析的结果,更精准、低成本地组织生产经营活动,避免供需错位。同时,较高的交易安全性也能增强消费者购买意愿,提高客户满意度。

5.2 区块链在供应链中的应用优势

区块链被应用到供应链领域后,能够显著提高供应链透明度,有助于成本与风险控制。企业可以实现端对端服务,从而提高供应链的效率与质量。以食品为例,食品安全性无疑是影响消费者决策的重要因素,而安全性有赖于信息的全面公开,这就给区块链技术提供了广阔的应用空间。

区块链技术可以实现物理资产的虚拟化、数字化,并且通过生成一个不可更改、不可伪造的交易记录,来实现对此前可能需要几个月时间才能获取的信息的实时获取。

在企业供应链管理过程中,商品制造出现劳工纠纷、外包不合规等问题后,经过自媒体的传播,很容易给企业带来公关危机,一旦处理不当将会给企业造成不可挽回的重大财产损失。之所以会造成这种局面,原因有两方面:一方面是因为企业社会责任心不足,为了谋取私利而越过道德甚至法律底线;另一方面是因为供应链不透明,消费者极有可能认为企业存在隐藏问题的迹象,出现负面报道后很自然地认为问题在于企业方。

而将区块链技术应用到供应链管理中后,供应链将实现全程可追溯,公众可以方便快捷地获取信息,避免了信息不对称或不良媒体的歪曲报道而造成的误解。同时,可以督促供应链各环节企业承担社会责任,以便树立良好的公众形象。

更为关键的是,在区块链系统的帮助下,供应链上下游企业之间将会更为积极地进行协同合作,充分保障产品与服务质量,提高流通效率,建立公开透明、和谐的生态系统,珠宝、钻石等高价值商品欺诈事件将会明显减少。

市场研究公司 Research and Markets 发布的《2018 年全球品牌假货报告》指

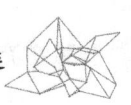

出,2018年全球假货造成的总损失达1.2万亿美元。经济合作与发展组织（Organization for Economic Co-operation and Development，OECD）发布的数据显示,发展中国家销售的药品中假药占比为0%~30%,数十万人因此而失去生命。应用区块链技术的最大好处是可以对产品本身做到全生命周期的可追溯处理,实现了产品供应链透明化,让消费者得到保障。区块链技术可以对这些供应链数据进行实时审计,这对管理流程的优化及成本的控制将产生十分积极的影响。

综上所述,可以将区块链在供应链应用中的优势概括为以下八点。

(1) 实现供应链物料可溯源,保障产品质量。

(2) 减少假冒伪劣商品及灰色交易。

(3) 实现外包合同制造可视化,提高其规范性。

(4) 降低验证、审计等环节的人工成本。

(5) 提高供应链透明度,助力企业品牌建设。

(6) 降低供应链管理风险,规避大量公关危机事件。

(7) 加强供应链上下游企业之间的合作关系,构建良性生态。

(8) 增强消费者购买信心,提高企业盈利能力。

5.3 区块链在供应链中的案例实践

5.3.1 物流航运中的区块链

航运公司可以将区块链应用到货物追踪之中,让交易双方、监管部门更方便快捷地获取货物位置、数量、批次等信息。跨国运输的产品可能要经过多个国家和地区的审查,这会带来较高的人力与时间成本,而且环节过多也为不法分子造假提供了可乘之机,每年因此而造成的损失高达几十亿美元。

而利用区块链技术,可以将海关部门、航运公司、发货方、收货方等参与者联系起来,海关部门可以直接审核货物流通记录,而且不用担心记录造假,从而大幅度降低人力成本,提高运输效率。

区块链技术基于它自身去中心化、分布式、不可篡改等特点,能够实现物流信息的实时更新,使供应链更具有透明可视性。在物流航运中运用区块链技术,能够让交易各方实时、安全、无缝地交换信息,并且通过信息和资源共享,使航空物流订单清晰、时间匹配、配送到位,实现物流的便利化以及跨地域、跨系统、跨部门的协同管理,有效减少无效库存,进而实现海、陆、空交通网络的互联互通。区块链技术能够助力航空物流业的长远发展。

【案例 5-1】马士基和 IBM 推出首个基于区块链的行业级跨境供应链解决方案

IBM 与丹麦运输物流巨头马士基于 2018 年 1 月 16 日宣布,双方将合作创建基于区块链的航运与供应链公司,将使全球供应链从航运到港口、从银行到海关的所有方面实现区块链的商业化。自 2018 年启动以来,已有 300 多个组织机构加入,包括十余家航运公司,涵盖 600 多个港口和码头的数据。全球贸易数字化解决方案使用区块链,针对货运公司、货运代理商、海运承运商、港口和海关所构成的网络中进行的交易实行管理,使相关行业从中受益。该区块链解决方案基于超级账本结构(Hyperledger Fabric)构建,可供海运和物流行业使用。该解决方案将端到端的供应链流程数字化,可帮助企业管理和跟踪全球数千万个船运集装箱的书面记录,提高贸易伙伴之间的信息透明度并实现高度安全的信息共享,其被大规模应用后有望为该行业节省数十亿美元。

每年,全球贸易中有 90% 的商品是通过海运行业运输的。IBM 和马士基计划与由货运公司、货运代理商、海运承运商、港口和海关当局构成的物流网络合作,构建全新的全球贸易数字化解决方案,并计划在 2017 年下半年投入使用。该解决方案利用区块链技术,在各方之间实现信息透明性,可以大大降低贸易成本和复杂性,旨在帮助企业减少欺诈和错误,缩短产品在运输和海运过程中所花的时间,改善库存管理,最终降低物流成本。马士基在 2014 年发现,仅仅是将冷冻货物从东非运到欧洲,就需要经由近 30 个人员和组织进行 200 次的沟通和交流。

为了证明商业贸易数字化解决方案的潜在价值,IBM 和马士基已经与许多贸易伙伴、政府当局和物流公司达成合作。例如,在欧盟研究项目与荷兰海关的一次试验中,来自施耐德电子(Schneider Electric)的货物通过马士基 Line 集装箱船从鹿特丹港运到纽瓦克港。美国国土安全部科技事会和美国海关与边境保护局也参与了这次试验。马士基的供应链解决方案公司(Damco)在利用该解决方案的同时,为货运过程的原产地管理活动提供了支持。Damco 还通过从肯尼亚向荷兰鲜花拍卖市场(Royal FloraHolland)运送鲜花,以及从加利福尼亚向这里运

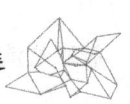

送蜜橘和从哥伦比亚向这里运送菠萝的国际运输，验证了这个向鹿特丹港运送货物的解决方案。

"作为一家立志实现全球贸易数字化的全球集装箱物流整合商，我们为这次合作，以及由此带来的全球供应链效率和生产力提升、减少欺诈和加强安全方面的巨大潜力感到兴奋。"马士基首席数字官伊布拉欣·戈克钦（Ibrahim Gokcen）说，"我们与IBM的合作项目旨在通过探索一项颠覆性技术（比如区块链）来解决真实的客户问题，为整个行业打造创新的业务模式。我们使用的解决方案不仅会降低使用者的货物成本，还可以使新兴国家和发达国家的更多企业更轻松地参与到全球贸易中。"

【案例 5-2】 GSBN——首个国际航运业区块链联盟

2018年11月，在首届中国国际进口博览会上，迪拜环球港务集团、和记港口集团、PSA国际港务集团、上港集团、法国达飞集团、中远海运集运、长荣海运、东方海外、阳明海运等航运、港口企业共同签署意向书，就打造首个国际航运业区块链联盟——全球航运商业网络（Global Shipping Business Network, GSBN）达成合作意向。这标志着行业内领先的港口集团和班轮公司，将以开放和协作的方式联手打造行业内第一个区块链联盟，共同推动行业数字化标准的制定，提升行业协作水平，推动行业内传统流程的变革和创新。客户通过GSBN递交的文件将由区块链同步发布给相关承运人、船舶运营方、港口码头运营商，多方可以安全可靠地实现数据共享，从而大幅提高运输效率。

全球航运商业网络旨在携手包括海运承运人、码头运营商、海关机构及其代理、发货人及物流服务供应商在内的所有利益相关方建立行业数字化基准，驱动供应链行业内的协同创新和数字化转型。2021年，GSBN推出的区块链国际贸易平台采用了四家全球科技公司的技术，分别为蚂蚁链、阿里云、甲骨文和微软，其中，该贸易运营平台在中国的技术支持方是蚂蚁链和阿里云。据了解，GSBN是全球首个独立、非盈利的航运区块链联盟，由八家全球知名航运与港口公司联合创建，创始人的总业务量占全球集装箱处理量的1/3。新推出的平台基于区块链技术构建，旨在变革传统的国际航运流程，提升供应链协作水平，并驱动航运业的数字化转型。

【案例 5-3】 区块链技术正推动粤港澳大湾区融合步入 2.0 时代

粤港澳大湾区（或简称"大湾区"）作为我国开放程度最高和经济活力最强的区域之一，肩负着建成国际一流湾区和世界级城市群、践行"一国两制"战略方针的重要使命与任务。今后很长一段时间，粤港澳大湾区的一体化发展具有构建制度型开放"先行示范"、国内外双循环"重大枢纽"、统一大市场"标杆典范"的重要价值。

2020年3月，招商局港口集团与金融壹账通在深圳举行"粤港澳大湾区港口物流及贸易便利化区块链平台项目"签约仪式。双方将以区块链为底层技术，共同推动智慧港口建设，助力港口及上下游企业降本增效、转型升级，提升大湾区贸易通关整体效率与营商环境。2021年我国区块链发明专利区域分布统计报告显示：粤港澳大湾区对区块链政策支持力度大，2021年区块链相关政策达106部；全年有3 282件与区块链相关的发明专利申请，占全国总数的31%；大湾区区块链创新创业活跃、应用场景丰富，"人才磁石"效应显现。

针对粤港澳大湾区"一国两制三法域"重要特征，即在非统一制度和规则下如何实现区域融合和协调发展的现实问题，大湾区各地利用前沿科技手段高效对接差异性制度、有效降低制度性成本的各种创新探索持续涌现。

粤港澳大湾区"湾区金融科技人才链"、微众银行金融机构间对账平台、粤澳跨境数据验证平台、港口物流及贸易便利化区块链平台等一批具有开创性、引领性的项目实施，利用区块链作为可信基础设施作用，支持大湾区人才、资本、数据、商品等要素资源高效流转或应用，降低了数据重复收集、信息反复核验等传统规则框架下的制度性成本。例如，粤澳跨境数据验证平台在不突破数据跨境传输规则前提下，基于个人信息的可携权，使粤澳两地相关机构既不直接传输数据，也不参与交换用户数据，利用区块链技术对个人信息加以校验，促进了大湾区重要数据要素的高效利用，降低经济、时间与机会等方面的制度性成本。

"区块链，尤其是联盟链，是技术领域公认的传递信任的机器。"微众银行副行长兼首席信息官马智涛指出，粤港澳大湾区融合发展面临着制度性差异、缺乏数字基础设施等核心挑战。而基于区块链技术以及以个人为主导的分布式数据传输协议，可以有效促进数据要素的流动，助力大湾区一体化融合发展。目前，微众区块链与多方共建的开源联盟链生态圈已汇聚超过3 000家机构与企业、7万多名个人成员，成功支持了金融、医疗、司法、农业、制造业等多个行业的数百个区块链应用落地，支撑产业数字化的标杆应用超过200个。

粤港澳大湾区信息与通信产业发达，积累了数字经济发展的独特优势。区块链作为数字经济发展的重要基础，已引起粤港澳大湾区众多龙头企业高度重视，华为、腾讯、平安、微众银行等科技企业和金融机构担当了全国乃至全球区块链等前沿科技发展的引领者角色。当前，微众银行牵头研发的 FISCO BCOS 区块链开源底层平台、腾讯区块链 Trust SQL 平台、平安壹账链平台、华为云区块链平台等一批项目正在重构价值传递的底层系统和参与竞争的商业模式，提高供应链效率，降低产业链成本，赋能传统经济、增效新兴经济的巨大潜能正在大湾区释放。

5.3.2 食品生产产业中的区块链

随着互联网进入 5G 时代，物联网的构建正在加速，人们的生活即将全面进入数字化时代。食品从农产品生产、加工、供应到消费是一整套完整的产业链，区块链技术对于保障食品供应、质量安全具有广阔的应用前景，对于促进食品产业链数据共享、优化业务流程、降低运营成本、提升协同效率具有深远意义。

区块链对于食品安全的溯源有两大优势：一是信息的全流程共享；二是能够实现食品的溯源。当原产地农户、认证机构、食品加工企业、销售企业、物流仓储等企业都加入区块链，利用区块链不可篡改、数据一致性、可追溯等特点，就可以有效地构建政府监管机构、企业主体、第三方监管机构等的联盟链，从而实现食品相关各类产品信息的全流程共享，解决食品追溯体系中涉及多参与方的信任问题。由于区块链系统能够对数据的产生、交易、流转、计算、分析、应用等全过程都留有不可篡改的记录，数据的真实性也将得到保障。此外，运用物联网记录、区块链加密技术，把食物从生产到售卖的"绿色履历"都呈现在消费者面前，消费者可追溯手中食品的信息，解决了消费者的食品安全信任问题。

将区块链技术应用至食品供应链管理领域，通过分布式协议实现随时随地的移动交易，相关数据将会被存储在区块链数据中心，并允许所有关联交易方实时获取。同时，供应链将更为透明化，对保证农户收益、平衡利益分配有重要价值。区块链在食品产业链中的应用场景和作用有如下几个方面。

第一，区块链技术的去中心化有利于食品产业数字化建设。区块链的去中心化表现在两个方面：其一是数据库采取分布式架构，没有单一方控制数据或信息；其二是通信方式无须通过中心节点，区块链上的每一方都可以，每个节点都是平等的，任何有权访问系统的用户都可以访问整个数据库及其完整的历史记录。

区块链技术天然匹配食品产业链的庞大与分散特点，通过对原产地、生产、加工、物流、销售和消费全流程的数据链化，所有信息都被存储到分布式数据库里，而数据库建设的颗粒度可以精细到从种子、肥料到消费者餐桌。由于食品产业链条涉及每个老百姓，建立中心化的全产业链数据系统既投资巨大，也难以实现。采用区块链数据库架构，食品产业信息化建设无须推倒重来、重复投资，而只需在现有成果上进行迭代升级、链化，先是各个用户主体自行建设私有链，然后是上下游或者关联企业建立联盟链，形成公链，通过区块链本身就可以将全产业的数据打通，消灭信息孤岛，实现全产业链的互联互通，降低交易成本，提升生产与经营效率。

第二，区块链数据不可篡改的属性有利于食品产业链溯源，建立诚信体系。区块链是一种由多方共同维护，使用密码学保证传输和访问安全，实现数据一致存储、防篡改、防抵赖的技术体系。当数据链化后，可以利用区块链来验证与存储数据，通过哈希值（把消息或数据压缩成摘要，使得数据量变小，将数据的格式固定下来）校验确认信息的真实性，每个区块都有可信的时间戳，由此形成可追溯的存证信息，保证上链数据不可篡改，从而便于对食品产业进行有效的追溯，有利于厘清责任、控制风险、打造产业信任机制和信用体系，并可对食品安全实现有效监管。

第三，区块链技术可重塑食品产业交易体系。区块链技术的天然核心价值必然是平等、诚信与普惠。在区块链系统中，任意节点之间的权利和义务都是均等的，在平等的基础上利用其不可篡改的特性建立诚信体系，运用其点对点传输体系实现去中心化的交易结构，没有中间环节，带来更大的透明度，让消费者和生产者拥有更多的控制权，有助于扭转不平等加剧的趋势，降低交易成本，提高交易效率。食品产业是人类生存的基本保障，利用区块链技术对现有食品产业交易体系不断进行运用场景创新，逐步建立起一整套科学合理的食品安全保障体系，将更好地造福百姓。

沃尔玛食品安全副总裁弗兰克·伊安娜斯（Frank Yiannas）曾说，区块链可能成为"相当于联邦快递对食品的跟踪"。每当食物的旅程中有一笔交易时，有关它的信息就会作为"块"添加到在线网络分类账中。从收货人员、日期和时间到温度、储存和消毒的信息，从农场到商店的每一步都可以轻松快捷地上传。

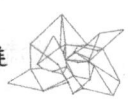

5.3.3 奢侈品制造业的区块链

近期区块链技术大举进军奢侈品供应链市场的趋势在上升。根据 Statista 的数据，在 2021 年，全球奢侈品业预计估值约为 1 079 亿美元。其强有力的市场细分使得全球奢侈品行业在疫情防控期间仍然有实现这一目标的可能。更重要的是，该市场细分的预期年增长率为 4.8%。

如今无论是对于零售商还是对于消费者来说，通过区块链确保奢侈品的可获得性变得越来越重要。更重要的是，区块链不仅可以跟踪生产采购过程，还可以跟踪时尚品牌的供应链。以钻石制造为例，通过建立云区块链的解决方案，实现对所有钻石的数字认证，有效解决假冒伪劣产品给各方造成的损失。在世界范围内，钻石认证有着严格的标准，以便保障其来源的安全性、可靠性，但在巨大利益的诱惑下。不法分子会通过欺诈性文件来销售假冒伪劣商品或向保险机构骗保。而在云区块链解决方案中，将使用颜色、硬度、清晰度等数十种甚至上百种钻石特征为每一颗钻石创建专属 ID。这就为钻石供应商、认证机构等提供了便捷化、统一化的认证工具，能够有效降低认证成本，提高交易安全。

这些案例只不过是区块链在供应链领域诸多应用场景中的冰山一角。但是，区块链作为一种新兴技术，在供应链中的应用尚存在一些痛点，下面介绍三个主流应用痛点，并提出有针对性的解决方案。

第一，整合难度较大。区块链解决方案需要对现行供应链系统进行重大革新，让各参与方都能加入区块链系统之中，这就对系统运营方的整合能力提出了较高的要求。解决方案：应该制定一个中长期的整合方案，让各方充分参与方案的制定，有序、稳定地推进供应链系统的建设。

第二，数字和物理链接难题。目前，实现数字和物理链接的主流方式是通过二维码扫描、NFC、RFID 等技术，不过为了提高供应链数据流通效率，应该实现供应链各环节的数字化，为物料贴上数字化标签。解决方案：加强数字化建设，引进传感器、物联网、自动控制等技术。

第三，网络安全和隐私问题。区块链系统运行过程中会涉及大量的交易数据及用户隐私数据，如果不能保证其安全性，很容易引发各种纠纷。解决方案：先进行小范围的试点，在保障安全和隐私的前提下再正式投入使用。

奢侈品品牌可以很好地利用区块链来发挥自己的优势，因为区块链技术特别适合那些必须证明所有权和真实性的品牌，以及难以接触到新的、数字原生和具有生态意识的受众的品牌。区块链允许这些品牌通过令人兴奋的新产品吸引新老客户。不仅如此，还可以利用该技术来应对奢侈品行业面临的一些关键挑战。

这些挑战之一是不断增长的转售市场。到2025年，全球二手市场预计将达到770亿美元，增长率超过更广泛的奢侈品市场。事实上，贝恩最近的一项研究预测，到2030年，转售可以为现代奢侈品牌提供20%的收入，同时吸引更多客户并促进新商品的销量。这种增长主要源于意识日益增强的消费者的四种主要看法，他们将转售视为三种不同事物：一是方便、可持续的快时尚替代品；二是有机会以更实惠的价格购买的奢侈品；三是满足他们对复古风格兴趣的方法；四是新的投资形式。这对奢侈品牌来说是一个挑战，因为大多数品牌并未涉足转售市场。

思考题

1. 概述区块链技术的特点。
2. 概述区块链技术的发展前景。
3. 物流航运中的区块链技术应用有哪些？
4. 食品产业链中区块链技术的应用场景和作用有哪些？
5. 奢侈品制造业中区块链技术的应用有哪些？

6　柔性供应链
——以需求为导向的管理优化策略

【学习目标】

知识目标：

1. 了解柔性供应链的概念、特点和优势；

2. 掌握供应商管理策略的要点，了解如何评估、选择和优化供应商，确保供应商能适应供应链的快速变化；

3. 掌握打造柔性供应链管理机制的关键要素；

4. 了解柔性供应链管理模式的设计路径，掌握如何从传统供应链向柔性供应链进行转变；

5. 掌握柔性供应链管理模式下的订单体系结构，理解如何通过信息化和智能化手段提高订单处理效率和准确性。

能力目标：

1. 能够分析企业的供应链现状，识别存在的问题和瓶颈，提出针对性方案；

2. 能够根据企业的实际情况，制定有效的供应商管理策略；

3. 能够设计并建立柔性供应链的管理机制；

4. 能够规划并实施从传统供应链到柔性供应链的转型策略；

5. 能够运用现代信息技术手段，构建高效、准确的订单处理体系。

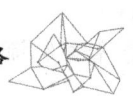

6 柔性供应链——以需求为导向的管理优化策略

6.1 柔性供应链下的供应商管理策略

1996年美国物流协会召开了一次全球性的供应链研讨大会，使供应链管理被企业普遍认同和接受，成为影响企业运营成败的核心要素。简单来看，供应链管理（supply chain management，SCM）能够协调企业内外部资源，优化供应链中各环节的运作，从而以最小的成本满足终端客户需求。

需要注意的是，供应链中的各环节并非一成不变，而是紧随市场不断变化的。特别是在当前商业环境日新月异、市场竞争越发激烈的大背景下，供应链管理面临着更大的不确定性，供应商的数量选择、消费者的需求状况、商品的规模、物流运输方式、生产环境等方面的快速变化都对企业供应链管理提出了新的要求和更大的挑战。

因此，企业必须积极探索，创新传统供应链管理模式，形成开放、灵活的供应链管理思维，努力规避供应链管理中的不确定性风险并解决各种矛盾，以获取最佳的供应链管理效果。在这方面，当前被众多企业高度重视和追捧的柔性供应链管理提供了有效的解决方案。

柔性供应链（flexibility of supply chain，FSC）是指具备对顾客需求做出反应能力的供应链。制造业的供应链通常包括组货规划、设计开发、渠道商批发、采购生产、物流零售等环节。传统的生产方式是从一个流水线到下一个流水线。而在新的零售环境下，柔性供应链变革的核心是能够更快、更灵活地适应市场需求，打破流水线，变成网络化生产方式，从流水线生产变成柔性制造。柔性供应链管理体现的是指供应链系统对于各环节需求变化的敏捷性或适应力。需求变化是供应链管理面临的不确定性或风险因素，存在于供应链系统中的每个环节，这一因素的存在将提高供应链管理的难度和成本。供应链向"柔"转变，是消费新趋势下，市场倒逼供应链改革的结果。传统模式中许多制造企业都面临产品同质化、滞销产品大量积压、畅销产品缺货断供、物流效率低等问题。新零售时代，多元化、细分化、精准化的消费需求，加上电商市场导向的订单更加趋向碎片化，引发制造企业供应链变革创新，向小批量、多品类、高效率的柔性供应链模式转变。柔性管理在应对内外部变化、满足客户多样化需求等方面发挥着至关重要的作用。下面我们首先来分析柔性供应链管理中的供应商选择策略和供应商管理策略。

6.1.1 供应商选择策略

供应商选择策略是指为满足生产需要而采取的选择供应商合作伙伴的方式，是实现柔性供应链管理的重要一步。简单来看，生产企业会根据生产需要制定一系列的合理标准，据此选择最佳的供应商伙伴，并努力构建长期合作关系，从而在技术、成本等方面获得供应商带来的更多价值。

需要注意的是，在当今瞬息万变的商业市场中，各种不确定性要求生产企业对供应商的选择标准不断进行调整优化，通过全面深入分析各方面因素选择出最合适的供应商，从而提升自身的柔性供应链管理能力，有效应对供应链管理过程中的更大挑战。

供应商的选择是整个柔性供应链管理工作至关重要的一环，主要体现在以下三点。

（1）选择合适的供应商有助于生产企业摆脱资源短缺的困境，获得更多资源支持。

（2）市场对生产时效性的更高要求需要企业选择合适的供应商。

（3）供应商参与产品的研发设计，可以帮助制造商优化产品性能、改善制造工艺、提高生产效率，从而将产品更快投入市场，提高顾客满意度。

通常来看，生产企业在选择供应商时，除了考虑供应商提供服务的质量、价格等决定性因素外，也会综合权衡供应商的财务状况、声誉、技术实力、位置信息等因素。此外，采购商品的规模、性质等对供应商的选择也有重要影响。比如，对于小批量商品，企业更看重的是供应商提供的商品质量和交货速度；而对于大批量商品，企业更多考虑的则是价格因素。

6.1.2 供应商管理策略

供应商管理策略是指提升供应商能力以保证其能够长期供货的各种举措。在最初的供应商选择过程中，生产企业通常无法保证每个供应商伙伴都能完全满足自身的生产要求，因此需要在供应商选择后通过有效管理策略来弥补供应商与自身的差距，降低供应链整体成本。

打造并不断完善供应链中各环节的共享合作机制，提高供应链效率，需要生产制造商与供应商建立亲密关系。比如：供应商参与产品的研发设计过程有利于生产企业更好地了解顾客需求，有针对性地进行产品优化改进；供应商与制造商

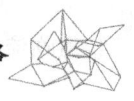

之间的积极沟通，则有助于缩短产品设计周期，提高生产效率。

此外，与供应商建立良好的合作关系还有助于生产企业在遇到问题时获得供应商的帮助与支持，对整个柔性供应链管理工作也具有很大裨益。因此，当前越来越多的企业开始投入大量人力、物力进行供应商的柔性管理，并获得了商品质量和交货速率提升等良好效益。

6.2 打造柔性供应链管理机制的要点

柔性供应链管理是一个涉及众多方面和因素的复杂工程，需要供应链中各环节、各成员的有效协调。打造柔性供应链管理机制需要把握好以下几点，如图6-1所示。

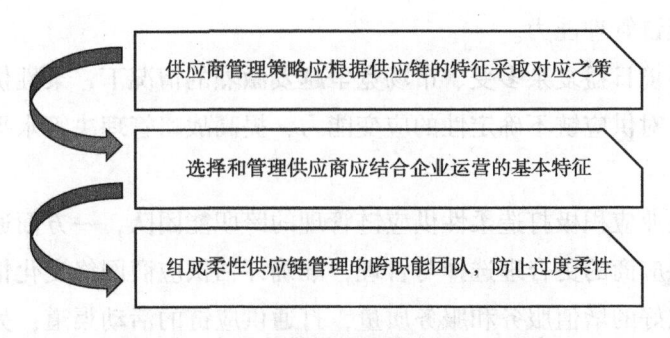

供应商管理策略应根据供应链的特征采取对应之策

选择和管理供应商应结合企业运营的基本特征

组成柔性供应链管理的跨职能团队，防止过度柔性

图6-1 打造柔性供应链管理机制的要点

6.2.1 应根据供应链的特征采取供应商管理策略

制造商与供应商建立紧密的合作关系，让供应商积极参与产品的研发设计、生产制造等价值创造过程，有助于在技术和其他方面对产品制造形成有力支持，实现双方共赢。比如，供应商参与早期的产品研发设计环节，有利于帮助生产企业选择更合适的原材料、更适宜的技术，加快产品更新迭代和市场投放速度等，从而及时应对需求变化，更好地满足市场的时效性要求。

供应商选择策略主要包括成本、速度和质量三个要素，其中质量是选择供应商的核心标准，因为柔性供应链管理的根本目标是实现成本最小化。在整个供应链管理中，企业要积极利用供应商的技术能力实现快速响应和降本提效的目标，即对市场需求和变化快速响应、降低库存、提高供应链管理效率。

6.2.2 选择和管理供应商应结合企业运营的基本特征

不同的生产企业应根据自身的运营特征采取合适的供应商选择策略和供应商管理策略。如果制造商注重的是产品和实践的柔性，在选择供应商时应首先考虑其技术能力；如果企业比较关注创新，则应更多考虑供应商的库存管理水平和技术能力；如果企业追求的是批量柔性，那么供应商提供的服务质量则应成为企业考察的核心要素。

6.2.3 组成柔性供应链管理的跨职能团队，防止过度柔性

供应链管理只有围绕市场和消费需求变化进行柔性运作才能获得预期成效。这意味着柔性供应链管理机制的打造面临着众多不确定性，需要从供应链中的每个节点出发增强企业内外部信息的流通共享，采取最合适的供应商选择策略与供应商管理策略。同时还要构建与供应链特质相匹配的柔性网络结构，不断提升自身的柔性供应链管理能力。

在商业环境日益复杂多变、市场竞争越发激烈的情况下，柔性供应链管理有利于增强企业对供应链不确定性的应变能力，提高战略管理决策水平和供应链整体竞争力。

对此，企业应积极打造柔性供应链管理的跨职能团队，一方面通过全面质量管理实现对供应商的更合理选择与管理，准确评估供应商网络变化情况，从而保障供应商提供好的增值服务和服务质量，打通供应链的活动渠道；另一方面则要培养并不断增强跨职能团队的内部响应能力，提升整个供应链系统的创新性、竞争性和柔性水平，从而更好地满足客户需求、应对市场变化。

需要注意的是，柔性供应链管理应避免过度柔性，以免弱化供应链系统控制力，最终损害供应链中各企业的利益。对此，企业在建立柔性供应链管理机制时，要保持供应链系统控制力和柔性的平衡。

6.3 柔性供应链管理模式的设计路径

6.3.1 柔性供应链管理目标设定

供应链管理目标的设定能够为供应链管理系统的良好运行指明方向，实现对

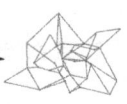

供应链管理的实时追踪，也为柔性供应链系统的运作效果提供了最终的评价标准。具体来看，柔性供应链管理目标设定应包括以下五个方面。

第一，供应链系统内各种信息的流通传递和市场信息的及时反馈。

第二，围绕市场发展方向和客户需求实现供应链系统内部各要素的协调运作，保证供应链系统的运作效率。

第三，供应链系统内部各要素需要对外部市场变化有敏锐的感知和快速的响应，并据此调整相互之间的关系，保持整个供应链系统处于松紧适度的运行状态。

第四，构建供应链系统内部的风险预警机制，以便在遇到突发情况时可以做出快速反应，采取合理有效措施解决问题。

第五，建立供应链系统内部的利益共享机制，平衡供应链系统运作过程中各环节的利益和关系，保证每个环节的价值都能实现。

6.3.2 柔性供应链管理的模式设计

柔性供应链管理的模式设计主要包括三个要求（由核心企业统一指令、确定系统整合目标、建立系统各要素关系）和两大层次结构（后者是供应链管理模型中的主体结构和辅助结构）。

在柔性供应链管理的模式设计中，首先要界定核心企业。核心企业在整个供应链管理系统中处于中心地位，负责组织协调供应链中各环节、各主体的联系协作，决定着整个供应链系统的传导运作，需要具备较强的整合能力。

实现柔性供应链管理首先要结合市场与业务情况，搭建核心企业、设定供应链管理系统目标，明确通过柔性供应链管理要达到的最终目的。核心企业可能处于整个供应链管理系统中的任何一个环节，其他各类企业则需要根据设置的标准进行选择，统一设定各环节企业的个数和评价标准。

需要注意的是，构建柔性供应链管理系统时应制定一套备用方案，确定供应链系统各环节的企业参与后，对于没有被选入供应链系统的企业建立备用性档案资料，保持与这些未入选企业的联系，以便在出现突发事件且供应链系统中的企业无法有效应对时，可以借助这些企业的资源、能力及时做出反应，获得问题的解决方案。此外，柔性供应链管理系统还要围绕市场情况和需求变化不断自我优化，并建立完善的预警机制。

结构方面，柔性供应链管理模型包括主体结构和辅助结构两大部分，前者主要指需求、库存和订单三大要素，后者则包括运输系统和信息系统。无论是主体结构还是辅助结构，一旦建立起来就具有了相对的稳定性，从而能保证供应链系统的正常运作。

不过，这种结构体系的稳定性并不意味着供应链系统一成不变，特别是在市场瞬息万变、客户需求不断变化的情况下，企业必须围绕市场和需求变化及时调整优化供应链的结构体系，实现对供应链系统的柔性、动态管理。

柔性供应链管理的模式设计，要充分发挥核心企业的组织协作能力以及对供应链系统中其他企业的带动作用，统一指令，确定系统整合目标，实现整个供应链系统的高效、柔性运作，从而获取预期的柔性供应链管理成效。

6.4 柔性供应链管理模式订单体系结构

6.4.1 立体结构

在当前以消费者为中心的商业环境下，柔性供应链管理必须从顾客角度出发，围绕顾客需求和市场变化展开。因此，企业要能敏锐感知市场竞争状况和顾客购买需求的变化，并及时做出回应，满足客户需求，这是柔性供应链管理的核心。

订单则是实现上述目标的关键因素。订单是任何企业生存发展的根基，没有订单，生产出来的产品就无法实现价值创造，企业也就难以在市场中立足。因此，供应链管理必须重视订单，只有首先确定相关订单，整个供应链系统的商业化运作才有意义和价值。从这个角度而言，供应链管理运作的本质其实就是各个订单在供应链系统向上和向下传递的过程，订单也成为核心企业进行柔性供应链管理最为关键的因素。

除了需求和订单，库存也是柔性供应链管理结构的重要部分，是建立供应链管理预警机制不可或缺的元素。库存的储备则可以采用订货数量模型，包括单级库存和多级库存两种方法。

6.4.2 辅助结构

除了主体结构，柔性供应链管理体系还包括辅助结构，由运输系统和信息系

统两部分构成。

6.4.2.1 运输系统

运输系统是物流管理的核心内容，准确、高效的货物配送是实现整个供应链管理系统良好、稳定运作的前提。

运输系统管理涉及众多因素，如物流车辆的利用效率、运输路径的选择、交通费用的取舍等。当前，供应链管理系统中运输系统管理面临的一个主要痛点是，很多企业自己承担运输工作，导致商品在运输过程中出现运送效率低下、配送延误、传递错误等问题，从而对整个柔性供应链管理带来不利影响。

对此，可以通过设置预警机制、运输标准化等手段加以解决。商品在运输过程中会面临很多不可控因素，需要企业做好应急预案，以便在遭遇突发状况时能够有效应对，保证商品准时运送到目的地。

最佳的解决方案是采用专业的第三方物流公司进行商品运送，但相应的物流成本也会较高。如果企业因资金原因而采取自己运输产品的方式，就需要通过统一标准和统一规划，增强对商品运输过程的管控力，并积极利用先进的物流运输技术和工具提升运输系统的管理效率。

6.4.2.2 信息系统

这里的信息系统可分为内部信息和外部信息两大部分。内部信息包括技术的革新、订单的状况、库存的数量等内容。在柔性供应链管理系统中，企业将获取到的用户信息反馈到供应链系统中，让信息在各环节自由高效流动，是供应链管理系统有效运作的基础。

需要注意的是，不论是内部信息还是外部信息，对信息系统的管理都必须统一标准，保证信息传递的及时性、流畅性；同时要积极利用互联网、电子商务等先进的信息技术工具实现信息处理的客观准确、信息技术的开放通用和易于操作，最终实现信息在整个供应链系统中的自由、高效、顺畅传递。

随着经济全球化的不断深入，企业与企业间的联系越发紧密。一方面，企业之间不再是"你死我活"的零和博弈关系，而出现一种可以共生共赢的新趋势；另一方面，以往"单打独斗"的竞争模式也不再适合当今的商业市场，企业间的竞争更多地表现为一种团队比拼，即企业所处不同供应链系统间的竞争。

这意味着企业必须跳出自身的组织局限，从整个供应链系统的高度对各环节企业的业务流程进行整合管理，从而建立整体竞争优势，有效应对全球化经营管理的挑战。不过，当供应链管理从单个企业扩展到产品价值链中的所有企业时，供应链系统的不确定性就会大幅提高，从而会对供应链管理提出更高要求和更大挑战。

柔性供应链管理则提供了有效的解决方案，具有灵活、高效、开放、适应力强等优势，成为应对供应链不确定性的最佳策略。柔性供应链管理能够保证供应链系统的稳定良好运作，深度发挥供应链管理效能，获得最大的管理效果，因此受到企业的高度重视并被广泛应用到供应链管理中。

思考题

1. 概述柔性供应链管理中的供应商选择策略和供应商管理策略。
2. 打造柔性供应链管理机制的要点包括哪些？
3. 详述柔性供应链管理目标设定的五个方面。
4. 智慧物流系统可以应用到哪些场景？
5. 概述柔性供应链管理模式订单体系结构。

7　敏捷供应链

【学习目标】

知识目标：

1. 理解敏捷供应链的内涵、背景和形成原因；
2. 了解敏捷供应链产生的背景和原因的基础；
3. 掌握敏捷供应链的运作模式；
4. 了解敏捷供应链的实践案例，通过案例分析掌握敏捷供应链的实际应用和效果。

能力目标：

1. 能够分析和评估企业当前供应链的敏捷性水平；
2. 能够制定并实施有效的敏捷供应链管理策略；
3. 能够运用敏捷供应链的运作模式，建立有效的信息共享和协同合作机制，提高供应链的效率；
4. 能够根据企业实际情况，设计和实施敏捷供应链的实践方案，实现供应链的持续优化和改进；
5. 能够跟踪和研究敏捷供应链领域的最新进展和动态。

7.1 敏捷供应链概述

7.1.1 敏捷供应链的背景

7.1.1.1 产生的原因

敏捷供应链是20世纪90年代末期针对制造技术领域提出的一种新型战略思想，目标是提高制造系统对外部环境变化的应变能力。随着计算机与网络技术的日渐成熟，互联网以及以互联网为平台的各种网上应用如火如荼，在给传统产业带来无限商机的同时，也带来更多的挑战。

首先，经历多年的激烈竞争历程，企业之间的竞争已达白热化状态，产品生命周期愈来愈短，产品更新换代速度愈来愈快，为企业盈利的新产品寿命比工业社会的产品明显缩短。其次，随着B2B（企业对企业）、B2C（企业对顾客）等各种模式电子商务的应用和全球物流配送系统的迅速发展，跨地区、跨国界网络交易行为的边际成本趋平，任何一家企业都将面临国际化、全球化的市场竞争。随着消费个性需求复归，许多消费者不再满足于毫无个性的流水线产品，他们更希望能够影响、最好是亲自参与到产品的设计制造过程中来，而网上开办的个性订购使这种需求成为可能。

自20世纪末以来，经济全球化的快速发展导致市场环境发生了重大的转变。生活水平的提升致使消费者对产品的需求不仅限于关注产品的质量和价格，而更加注重产品的多样化和个性化。同时，科技的进步推动生产能力的极大增强，使企业面临来自内部产能过剩和外部竞争日益激烈的双重压力。企业只有快速把握市场需求，赢得市场先机，才能够在激烈的竞争中生存下来。因此，敏捷供应链应运而生，企业通过结合网络化、信息化的技术，实现市场需求的快速响应。

7.1.1.2 理论发展的过程

敏捷供应链的理论发展过程主要是从敏捷制造的提出开始的。1991年，里海大学艾克卡（Iacocca）研究所完成的《21世纪制造企业战略：一个工业主导的意见》报告中首次提出了敏捷制造的概念，指制造企业利用现代化信息技术手段，实现制造敏捷性，提高企业对外部环境的应变能力。在此基础上，企业和学者们深刻意识到敏捷的重要性并进行了深入研究。敏捷性是敏捷供应链的显著特征和重要功能，保证敏捷供应链快速响应市场需求。2000 年，供应链管理协会提出了全球供应链敏捷性模型，并将敏捷性定义为：供应链响应全球市场竞争环境、提供良好产品或服务的能力。徐章一（2004）认为，敏捷性是一种战略竞争能力，是一种在无法预测的持续、快速变化的竞争环境中生存、发展并扩大其竞争优势的能力。敏捷性响应的是企业驾驭变化的能力，同时也是一种客户价值创造能力。

为了使供应链系统支持以动态联盟为形式的敏捷制造，快速适应内外环境的变化，在传统供应链和敏捷制造概念的基础上，产生了敏捷供应链的概念。李效良（H. L. Lee，1995）认为：从某种意义上讲，敏捷供应链就是虚拟企业。敏捷供应链强调各个节点企业通过合作形成一个直接面向市场和用户的虚拟企业，整合优化供应链各个节点企业的内外资源，使节点企业能够主动、默契地协调工作，其供应链上的各项业务活动能与客户需求无缝对接，实现低成本、优服务和快速响应的目标，进而实现供应链的柔性化运营。

7.1.2 敏捷供应链的定义

为了使供应链系统支持以动态联盟为形式的敏捷制造，快速适应内外环境的变化，在传统供应链和敏捷制造概念的基础之上，产生了敏捷供应链的概念。敏捷供应链的定义最早是斯坦福大学的李效良于 1995 年提出的，他认为敏捷供应链可以对供需链上的随机变化做出快速响应，并能应对供应链外部干扰。1997 年，马歇尔·费舍尔（Marshall L. Fisher）按产品需求模式将产品分为功能性产品和创新性产品，并以此将供应链划分为有效性供应链和反应性供应链。其中反应性供应链蕴含着"敏捷"的思想，即快速地对产品需求做出反应。因此从某种程度来说，费舍尔将敏捷供应链理解为反应性供应链。2001 年，国内学者柴跃廷等提出敏捷供需链的概念：在竞争、合作、动态的市场环境中，由若干供方、需方等实体（自主、半自主或从属）构成的快速响应环境变化的动态供需网络。此后，学术界对敏捷供应链的概念较为统一，经过进一步的研究，最终定义为：敏捷供应链（agile supply chain，ASC）是指在竞争、合作、动态的市场环境中由若干供应商（供方）、客户（需方）等（自主）实体围绕主导企业构成的快速响应市场环境变化的动态供需网络。

由敏捷供应链的定义可以看出，敏捷供应链在传统的供应链基础上融入动态联盟的思想。动态联盟（dynamic alliance）或称虚拟企业（virtual enterprise），是敏捷制造模式下的企业、公司组织形式，是企业间合作形式的虚拟化与合作过程的敏捷性结合。动态联盟的范围较为广泛，根据项目任务要求可由企业的不同部门合作构成，也可由不同企业联合而成。它不仅注重企业间的动态合作关系，更注重企业合作的整体效率及自适应能力。联盟中的每个企业都有自己的核心竞争力，需要共同承担风险和分享利益。因此，敏捷供应链可以根据动态联盟的形成和解体（企业重组）进行快速的重构和调整，能够很好地适应市场竞争的要求。

7.1.3 敏捷供应链的特点

同普通的供应链相比，敏捷供应链具有市场敏感性、组织虚拟性、过程集成性、基于网络等显著特点（见图 7-1）。

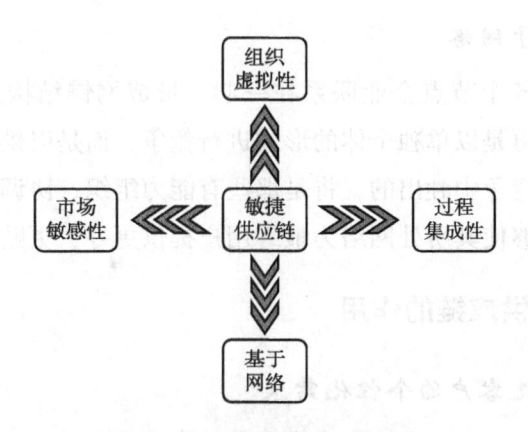

图 7-1 敏捷供应链的特点

7.1.3.1 市场敏感性

市场敏感性是敏捷供应链最本质的特征，是指企业能够及时从外部市场获取信息，察觉市场的变化，并做出快速反应的特点。随着现代信息技术的发展，企业不再只依据经验或历史数据进行预测，而是从市场上直接、快速、便捷地获取市场和消费者的相关信息，以市场需求为驱动，以最快的速度利用供应链响应个性化和差异化的客户需求，保持整个供应链的动态。

7.1.3.2 组织虚拟性

组织虚拟性是指供应链网络内部的各个环节之间可通过信息技术实现数据共

享。供应链上的企业能够根据需求变化迅速解体或重组，从而实现资源共享和双赢的目的。以前许多供应链上游的企业通常不能掌握供应链末端最终用户的实际需求，而只能根据其直接下游客户的订单安排生产计划，使得最终用户的实际需求在沿着供应链传递过程中产生扭曲，最终形成"牛鞭效应"。通过组织虚拟性，这一问题能够得以有效解决。

7.1.3.3 过程集成性

敏捷供应链不是简单的信息交换和信息共享，而是必须打破组织界限，站在供应链整体的高度来进行跨企业的业务过程集成或重组，在供应链内相关实体之间，共同进行新产品开发、系统管理及共享信息。企业必须将其注意力集中在有核心竞争力的业务过程和功能上，通过外购、协调等手段，将非核心业务交给供应链伙伴来处理。只有实现业务过程的集成，才能真正缩短供应链物流渠道，协调各实体对市场变化做出的实时性响应。

7.1.3.4 基于网络

敏捷供应链将各个节点企业联系在一起，形成网链结构并建立合作伙伴关系。各节点企业不再是以单独个体的形式进行竞争，而是以供应链网络来进行竞争。最终能够在此竞争中胜出的，将是那些有能力组织、协调其合作伙伴关系的企业，这些企业能够使其所处网络为最终用户提供更好、更贴近和更快的服务。

7.1.4 敏捷供应链的作用

7.1.4.1 满足客户的个性化需求

依靠敏捷制造技术、动态组织结构和柔性管理技术三个方面的支持，敏捷供应链解决了品种单一的问题，实现了多产品、少批量的个性化生产，从而满足客户个性化需求，尽可能地扩大市场需求。

（1）敏捷制造技术的突破。计算机辅助设计（Computer-Aided Design，CAD）、ERP等是敏捷供应链的主体核心技术。敏捷制造技术推动了敏捷供应链的发展，丰富了敏捷供应链思想的具体内容。

（2）动态变化的组织结构形成虚拟组织。敏捷供应链突破了传统组织的实体界限，在信息技术的支持下，各个企业根据业务需求以动态联盟的方式进行更加精准、默契的合作，充分利用供应链上各个企业的资源，使整条供应链保持良好的组织弹性和快速的市场需求响应。

(3) 柔性管理技术。敏捷供应链强调打破传统的严格部门分工界限，实行职能的重新组合，让个体获得独立处理问题的能力，充分发挥自身的长处，以便做出最优决策。

7.1.4.2 提高响应速度

通过实行敏捷供应链，企业能够及时地为客户提供所需要的个性化产品和服务。在传统企业运作方式中，按照工艺流程完成订单常常会产生必备作业时间外的等待时间，从接受订单到成品交付的过程变得尤为漫长。然而企业如果使用敏捷供应链独特的订单驱动生产组织方式，就可以在敏捷制造技术支持下以最快速度响应客户需求。通过合作企业间的信息共享，敏捷供应链提高了企业对市场反应的灵敏度，可以更加快速、全面地对市场情况做出响应。同时，供应链上各个企业都在发挥自己的核心优势，在一定程度上能减少产品的生产与物流时间，实现供应链的即时供应、即时生产和即时销售，准确预测消费者的订货提前期。

7.1.4.3 降低成本

成本是影响企业利润最基本、最关键的因素，而供应链管理是降低成本、增加企业利润的有效手段。成本管理涉及企业生产经营的全部过程和环节，只有对企业活动进行全过程、全方位的系统化管理和控制，才能获得良好的效果。敏捷供应链通过流程重组，在企业之间形成利益一致、信息共享的关系，通过提高敏捷性来提高效率从而降低成本。因此，企业通过对供应链整体的合作与协调，产生拉动式的需求与供应，可以在加快物流速度的同时减少各个环节的库存数量，避免不必要的浪费。同时，由于供应链上各个企业之间是一种合作关系而不是竞争关系，因此避免了不必要的恶性竞争，降低了企业之间的交易成本，进而降低整个供应链的成本。

7.2 敏捷供应链管理

敏捷供应链管理的核心是通过企业间的协同合作，实现降低成本、提高效率、快速响应市场变化的目标。企业间密切的合作伙伴关系是敏捷供应链管理的基础，也是敏捷供应链成功组建与运营的关键。合作伙伴间不仅要获得公平合理的利益分配，也要共同承担风险，以保障敏捷供应链运营过程的稳定。同时，积极对敏捷供应链的各个环节进行调度优化，有助于提高敏捷供应链的效率和效益。此外，为了保证敏捷供应链的更好运营，方便核心企业对合作伙伴进行监督以更好地实现动态重构，必然要进行敏捷供应链绩效评价，从而使敏捷供应链获得更大的竞争力。

目前，国内外学者对敏捷供应链的合作伙伴关系管理、利益分配管理、调度优化、风险管理以及绩效评价这五个方面的研究较为广泛。但由于敏捷供应链的动态特性对敏捷供应链的调度优化、风险管理和绩效评价所产生的影响变化更大，因此本节将重点介绍这三个部分。

7.2.1 敏捷供应链的调度优化

7.2.1.1 敏捷供应链调度的内涵

在敏捷供应链中，为了实现以最低的成本、最短的时间、最高的质量满足客户个性化需求的目标，要合理利用敏捷供应链中有限的资源，制订生产计划并依据条件的变化进行相应的计划调整与调度优化。因此，敏捷供应链调度（agile supply chain scheduling，ASCS）是指在新的市场需求出现后，主导企业在各供应商既定调度约束的基础上，根据新生需求时间和数量约束选择供应商并安排调度计划，完成供应链系统的重构和生产供应调度决策，以尽量低的供应链成本准时、适量地满足市场需求的过程。

根据敏捷供应链的运作特点，可以将供应链调度问题划分为静态调度和动态调度两类。在动态调度问题中，供应链在静态调度的基础上运作，同时根据环境的变化进行供应链成员的动态重组、订单重构和资源调度方案的重新生成，以达到供应链的敏捷性。敏捷供应链调度优化是体现敏捷供应链效率和效益的关键环节，它的研究方向有很多，如生产调度优化、运输调度优化、库存优化等。

7.2.1.2 敏捷供应链的调度优化方法

（1）调度优化问题分类。调度优化问题存在于敏捷供应链的各个环节之中，可以运用最优化理论即运筹学的方法解决此类问题。调度优化问题根据不同的条件产生不同的分类。

以目标函数的数量分类，可分为单目标优化问题和多目标优化问题；以决策变量的性质和取值特点分类，可分为数值优化问题和组合优化问题；以是否有约束分类，可分为有约束问题和无约束问题；以目标函数以及约束函数特性分类，可分为线性规划、非线性规划、整数规划、二次规划；以所包含变量确定性的性质分类，可分为确定性规划、非确定性规划、随机规划。

供应链调度优化要实现的目标有很多，如达到资源利用率最高、成本最低、效率最高、时间最短等，应根据具体问题设定目标函数，从而选择合适的调度优化方法解决问题。从资源配置的角度来看，敏捷供应链的调度是基于有限的资源而产生的，具体方法有排队论；从效率的角度来看，优化方法有探索性数据分析（exploratory data analysis，EDA）模型；从成本的角度来看，优化方法有作业成本法。

（2）调度优化算法。经典调度理论最初主要解决的是生产调度问题，其核心是对调度算法的研究，即按照目标函数的要求计算出最优的或近似最优的任务安排方案。经典调度算法有属于精确算法的分支动态法、精确规划法，属于近似算法的启发式算法等，有属于智能搜索算法的遗传算法、人工神经网络、模拟退火算法等。

但经典调度理论也具有不足之处。例如，经典调度理论难以适应基于动态联盟的敏捷供应链的重构与调整。同时，敏捷供应链调度优化问题本身很复杂，涉及多目标规划和多种约束。经典调度理论无法解决这种复杂的分布式调度决策问题。因此，引入智能体（agent）技术，建立具有分布、开放、智能、柔性等一系列特点的多智能体（Multi-agent）系统来模拟敏捷供应链。Multi-agent系统既能处理单一目标问题，也可以处理多目标问题，可以把一个复杂、难以把握的问题分解为一组易于处理的子问题，可更简便地解决敏捷供应链调度优化问题，并得到更准确的模拟结果。

7.2.2 敏捷供应链的风险管理

在敏捷供应链中，由于市场竞争环境和客户需求的变化导致动态联盟发生改变，敏捷供应链的不确定因素增多。同时，敏捷供应链运营过程中的动态特性增加了风险产生的概率和风险发生的可能性，因此风险管理是敏捷供应链管理研究中极其重要的内容。企业应通过准确的风险识别、分析、决策并采取合理的敏捷供应链风险防范方法，最大限度地降低风险造成的损失，以保障敏捷供应链的正常稳定运营。

7.2.2.1 敏捷供应链风险的含义

敏捷供应链风险就是在敏捷供应链稳定运作过程中,由于不确定性因素的影响,导致成员企业的实际收益与预期收益发生偏差而蒙受损失的机会或可能性。这里强调风险的主体是敏捷供应链上的所有成员企业。

敏捷供应链风险具有两个方面的含义。

(1) 风险的出现会导致整个供应链都遭受损失和威胁。

(2) 风险的出现不一定会给敏捷供应链造成损失或威胁。风险造成的后果是具有不确定性的随机现象,不能直接判断是否会出现,但可以用概率来表示其出现的可能程度。

7.2.2.2 敏捷供应链风险管理的过程

风险管理是风险主体(敏捷供应链的各个成员企业)旨在避免和减小风险的一种认识风险、分析风险、风险决策、控制风险以及处理风险等管理活动的总称。

风险管理的过程归纳起来可以形成 DADCD 风险管理过程模型:风险识别(discen)是指搜集整理风险信息,分析风险环境,判别风险类别;风险分析(analysis)是指综合评估不同情况下的损失程度,计算风险度,确定风险级别;风险决策(decision)是指决定决策主体冒风险的程度,选定收益最大、最有利的方案;风险控制(control)是风险管理中最重要的环节,主要包括建立风险控制机制、风险信息监控体系、风险历史信息获取框架,确定为避免和减小风险应采取的行为等;风险处理(dispose)是指在风险发生后采取措施阻止风险范围和损失的扩大,或者转移风险的损失,并及时总结,完善风险控制机制。

7.2.2.3 敏捷供应链风险分析的方法

风险分析一般可分为定性分析和定量分析,现阶段比较成熟的风险分析方法见图 7-2。

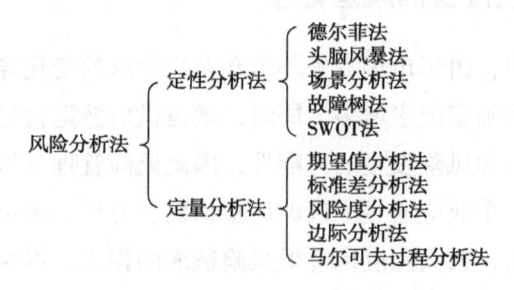

风险分析法
- 定性分析法
  - 德尔菲法
  - 头脑风暴法
  - 场景分析法
  - 故障树法
  - SWOT法
- 定量分析法
  - 期望值分析法
  - 标准差分析法
  - 风险度分析法
  - 边际分析法
  - 马尔可夫过程分析法

图 7-2 敏捷供应链中风险分析方法

7.2.2.4 敏捷供应链的风险防范方法

敏捷供应链中存在着各种风险且具有各不相同的特征,对此企业应该采取相应的防范对策来阻止风险的发生。主要有以下三种防范方法。

(1) 建立完善的激励机制。完善的激励机制可以充分调动供应链上各合作伙伴的积极性,提高各合作伙伴之间的信任度和默契度,有力地保证资源的充分提供,降低组织重构、流程再造的风险。同时,完善的激励机制在一定程度上保障了利润分配的公平公正,避免供应链节点企业之间出现的利润侵占或者腐败的道德风险。

(2) 加强信息共享。供应链节点企业之间应该建立共享的信息系统,通过互相之间的信息交流和沟通来消除信息扭曲,降低信息不对称或者信息不完全所带来的风险。

信息在敏捷供应链中快速、透明的流动能有效降低供应链中的总库存持有水平,降低库存持有成本,也降低产生"牛鞭效应"的风险,使企业对市场需求的响应速度大大提高,从而避免缺货等风险的产生。

(3) 建立风险预警系统。为了掌握供应链运行过程中的合作状况,预防合作风险的发生,必须构建风险预警系统。风险预警系统会在风险来临之前发出预警信号,有助于企业获得足够的时间,预先化解或制止风险,避免造成灾难性后果。同时也可对供应链现有状况进行监测,一旦发生风险,企业可以及时调整。

7.2.3 敏捷供应链的绩效评价

在敏捷供应链管理中需要建立一套完整的绩效评价指标体系并采用合理的绩效评价方法来对敏捷供应链进行评价。敏捷供应链绩效评价指标体系并不是单一地对某一个节点企业的运营状况进行评价,而是帮助决策者掌握敏捷供应链运作的效果,判别敏捷供应链运营过程中整个供应链及节点企业存在的问题。具体包括对整个敏捷供应链实施效果的评价、对敏捷供应链运营过程的评价、对敏捷供应链节点企业的评价以及对各节点企业激励关系的评价。

7.2.3.1 敏捷供应链绩效评价的原则

(1) 建立与敏捷供应链的战略目标一致的绩效指标体系,该体系能反映整条供应链的运营情况和业务流程,可以有效推动敏捷供应链的持续改进,同时具有良好的柔性，并适应市场和周围环境变化。

（2）实时运营信息的分析评价要比事后分析评价有价值得多，敏捷供应链中的评价应及时准确。同时，由于敏捷供应链节点企业之间合作关系紧密，因此共享信息的增多给实时的绩效评价带来可能。

（3）根据敏捷供应链节点企业之间合作关系约束机制、利益分配和激励机制的要求，在敏捷供应链绩效评价过程中，能够有选择地对合作伙伴进行绩效评价。

（4）突出重点，面向敏捷供应链运营过程的稳定与绩效的改进，能够对敏捷供应链管理中某个关键的运营过程中的绩效指标进行重点分析与评价。

（5）对敏捷供应链的评价不仅仅以经济效益和盈利能力作为评价目标，更应重视敏捷供应链绩效评价中对敏捷性、竞争力和未来发展等方面的需求。

7.2.3.2 敏捷供应链绩效评价的过程

敏捷供应链绩效评价的过程主要分为以下五个步骤。

（1）确定评价内容与评价目标。

（2）建立绩效评价指标体系。

（3）确定评价标准。

（4）对绩效评价指标进行加权计算。

（5）输出评价结果，确定改进目标。

敏捷供应链评价应考虑敏捷供应链的运营特点，根据评价内容和评价目标建立评价指标体系，建立敏捷供应链绩效评价基准，从而提供敏捷供应链绩效评价的参照系，使绩效评价结果具有可比性。采用适当的绩效评价算法，对评价内容确定的评价指标体系进行加权计算，最终得到绩效评价的结果，并通过对评价结果的分析为决策者提出改进的建议。

敏捷供应链绩效评价的各个过程都有其自身的特点，根据敏捷供应链绩效评价应遵循的原则，可以多方面、多层次、多主体地建立敏捷供应链的绩效评价指标体系。

7.2.3.3 敏捷供应链绩效评价指标体系的建立

绩效评价指标体系的建立是敏捷供应链实施绩效评价的先决条件。

供应链的绩效评价涉及供应链的方方面面，存在很多主体。可以从所有者、经营者、客户、社会四个主体出发考虑关键指标。销售收入的增加有赖于销量的增加，而销量的增加取决于客户满意度；所有者作为股东更关注供应链的当前盈利能力和持久盈利能力，即运营成本和创新能力；经营者作为管理者更关注供应链的客户满意度、运营成本、创新能力、供应链协调性、敏捷性；社会更关注供应链的绿色、可持续发展。

敏捷供应链绩效评价指标也可分为三个层次：战略层指标、过程层指标和活动层指标。根据敏捷供应链运营过程的特点，本书提出了一组用于敏捷供应链战略层决策的绩效评价指标，用以评价与监控敏捷供应链整体的绩效（见表7-1）。

表 7-1 敏捷供应链整体绩效评价指标体系

评价内容	关键绩效评价指标		说明
敏捷性 A	响应时间 T	主导企业发现机遇的时间 T_1	反映敏捷供应链把握市场机遇、对市场需求变化做出快速反应并保持竞争优势的能力
		合作关系建立的时间 T_2	
		产品上市时间 T_3	
	柔性 F	产品柔性 F_1	反映敏捷供应链调整期产出水平、计划交货期、产品类型或品种的能力
		交货柔性 F_2	
		组合柔性 F_3	
客户满意 S		订货满足的比例 S_1	反映客户对敏捷供应链提供的产品品质或服务与客户愿望的一致程度，对产品的产量、交货情况、服务等的综合认可程度
		完成准时交货订单比例 S_2	
		响应客户时间 S_3	
		交货循环时间与提前期 S_4	
		客户满意度 S_5	
合作关系 R		交货提前期 R_1	反映敏捷供应链节点企业之间的协调计划和生产能力，产品或服务的质量信息在合作伙伴间的共享程度
		制造提前期 R_2	
		按计划供货的比例 R_3	
		提供产品/服务的质量 R_4	
		企业间合作关系满意度 R_5	
		企业之间的信息沟通水平 R_6	
创新能力 I		创新研发能力 I_1	反映敏捷供应链中核心优势组合及对于市场机遇的实现能力，反映在多变的市场竞争环境中吸收新知识、新思想和新技术的素质，以及培养建立学习型组织的意识
		生产能力 I_2	
		销售能力 I_3	
		机遇实现能力 I_4	
		人力资源构成和学习能力 I_5	

续表

评价内容	关键绩效评价指标		说明
运营成本 C	管理成本	信息系统开发运作成本 C_1	反映整个敏捷供应链运营与管理水平、管理效果、资源利用率等
		计划成本 C_2	
		库存管理成本 C_3	
		物料需求成本 C_4	
		订货管理成本 C_5	
	资金管理 M	资金周转时间、周转率 M_1	反映敏捷供应链的资金利用率和资金管理能力
		库存周转时间、周转率 M_2	
		净资产收益率 M_3	
其他 E	制造过程及产品绿色度 E_1		反映敏捷供应链未来的发展等
	跨企业管理与文化兼容性 E_2		

该组指标主要从敏捷供应链的敏捷性（agility，A）、客户满意（customer satisfactien，S）、合作关系（cooperation relationship，R）、创新能力（innovation，I）、运营成本（operation cost，C）来考虑敏捷供应链整体绩效。此外，为了适应可持续发展的要求，环境因素也应考虑，因此该组指标也考虑了其他（E）的两个指标。

7.2.3.4 敏捷供应链绩效评价的方法

目前用于供应链的评价方法有很多种，如标杆法，供应链运作参考模型（supply chain operation reference-model，SCOR），资源、输出、柔性（resources，output，flexibility，ROF）模型，平衡计分卡模型（Balanced Score Card，BSC），模糊综合评价法（fuzzy comprehensive evaluation，FCE）等。敏捷供应链绩效评价方法大多引用供应链绩效评价方法，再加入"敏捷性"的衡量指标综合建立绩效评价方法体系。在选择方法时，应考虑该方法是否适合敏捷供应链的特点和绩效评价原则。

7.3 敏捷供应链运作模式

7.3.1 敏捷供应链的集成化

7.3.1.1 敏捷供应链的集成化内涵

集成（integration）就是将一些孤立的事物或元素通过某种方式集中在一起，

产生联系，从而构成一个有机整体的过程。

由此可将敏捷供应链理解为以信息技术为核心，建立一个开放式、集成化的数据环境，把全球范围内的优势企业集成起来，进行资源整合及共享，达到敏捷地提供原材料、产品及服务的目的。同时，敏捷供应链将企业内部部门、企业外部其他供应链成员集成起来形成动态联盟，克服了原有采购、生产、销售之间的障碍，力求达到整个敏捷供应链全局的动态最优。

7.3.1.2 敏捷供应链集成化的表现形式

(1) 平台。平台本质上是对各种资源的全面整合。平台可通过聚集供应链上多家合作企业整合更多的资源，让资源提供者和使用者能够更有效地结合，并且平台聚集的资源越多，供需双方越容易匹配和交易，整个生态体系就越完善，越具有吸引力。平台化结构打破了企业界限，可以将全球资源整合在一起，全面实现资源的有效整合，提高效率、促进交易。

开放性是企业平台发展的首要含义。平台发展将以客户为中心，围绕客户需求，企业边界的概念将逐步弱化。平台将会从各个方面全面开放，让资源无障碍地整合，努力打造一个灵活、动态、有创新、有活力的商业体系。这种以客户需求为中心思维的转变，使得企业能够集中一切资源为客户做好服务，增强企业抵抗市场风险的能力。

基于不同的战略目标可以发展成不同的平台。比较有代表性的平台企业包括：淘宝、京东、亚马逊等电商平台，谷歌、百度等搜索引擎平台，Facebook 和腾讯等社交平台，阿里云、百度云等云计算平台。这些平台拥有全球范围内基数庞大的消费者、供应商和服务者，它们可通过平台扩大交易范围，进行全球化、在线化的市场交易。企业可充分利用平台提供的网络基础设施、支付平台、安全平台、管理平台等共享资源，有效、低成本地为全球的消费者提供商品以及服务。

(2) 园区。园区是指政府集中统一规划的指定区域，在区域内专门设置某类特定行业、形态的企业、公司等进行统一管理。园区大致可以分为工业园区、农业园区、科技园区、物流园区以及文化创意产业园区等。

园区是产业发展的推动者，也是优势资源的整合者。园区的本质就是资源的集约化。通过园区的有效运作，可实现土地资源的高效配置、政策资源的有效落地、产业资源的有效导入、金融资源的有效利用、高校资源引入与高端人才的培养，提升单位土地产出效益，增强产业竞争能力和城市功能，解决资源低效利用、错配甚至闲置放空等瓶颈问题。将优质资源集中化有助于提升园区内企业的核心竞争力，实现园区与企业、企业与企业的资源共享和合作共赢。比较知名的科技园区有美国硅谷、日本筑波科学城、中国的中关村科技园等；知名的物流园区有德国不来梅货运村，以及日本东京和平岛、葛西、板桥、足立四大流通基地等。

（3）孵化器。孵化器在企业方面是指一个集中或虚拟的空间，能够在企业创办初期举步维艰时，提供资金、管理等多种便利，旨在对高新技术成果、科技型企业和创业企业进行孵化，以推动合作和交流，使企业"做大"。传统孵化器注重创业，但众创空间、科技园、创意园等机构，均可以根据实际情况被纳入孵化器的范畴内。

从本质上来看，孵化器是一种资源集成的平台，通过将人、财、设备、信息等资源集成到孵化器，为创业者提供更加专业化、多样化的创业服务。大多数孵化器可提供办公场地、培训、投融资、法务等方面的服务，少数孵化器提供市场营销服务、供应链服务，仅有少部分的孵化器具备科研条件。

在美国，孵化器已有相对成熟的模式。2005年创建的创业投资加速器（Y Combinator）孵化了超过4 000家创业公司，孵化成功的公司总融资额达到了30亿美元，总市值超过了300亿美元。在中国，微软创投加速器成立3年总计孵化了超过100个创新型创业团队，估值超过200亿元人民币。启迪之星依托10多年的孵化和投资经验，以一对一导师、顾问式服务的方式整合产业资源，平台内有多个入驻基金，天使投资资源丰富。随着对大学生创新创业的日益重视，很多高校为学生提供了诸如创业导师制度、资金扶持等多种帮扶，众多高校也成立了创新创业孵化器。例如，西南交通大学为学生搭建了300多个校外创新创业实践基地，还有上海交通大学的交大慧谷孵化器、清华大学的X-lab以及北京大学的创业训练营等。

7.3.2 快速响应模式

7.3.2.1 快速响应的含义及特点

（1）快速响应的含义。快速响应（quick response，QR）是指在供应链中，为了实现共同的目标，零售商和制造商建立战略伙伴关系，利用EDI等信息技术，进行销售时点的信息交换及订货补充等其他经营信息的交换，用多频度、小数量配送方式连续补充商品，以实现缩短交货周期、减少库存、提高客户服务水平和企业竞争力的供应链管理方法。

一般来说，供应链中的共同目标包括以下两点：

第一，提高客户服务水平，即在正确的时间、正确的地点用正确的商品来响应客户的需求。

第二，降低供应链的总成本，即增加零售商和厂商的销售额，从而提高零售商和厂商的获利能力。

（2）快速响应的特点。快速响应的特点表现在以下四个方面：

第一，快速响应是建立在供应链中的，由多个企业协同合作。当今面对客户的需求，单个企业是难以满足的，都必须通过供应链中的合作伙伴的协同努力来完成。

第二，响应速度快。在以速度取胜的市场中，速度是快速响应策略的重要指标，而且是供应链的核心竞争力之一。

第三，快速响应是建立在满足市场需求基础上的，企业的所有活动都要围绕需求和客户行为同步发展。客户满意度是快速响应策略的一项重要评价标准。

第四，快速响应提倡企业与外部供应商合作。这种方式打破了传统上单一企业独霸市场的局面，企业之间因市场需求的驱动而建立同盟和协作。

7.3.2.2 快速响应的优点

（1）快速响应对厂商的优点。

第一，提供更好的客户服务。由于厂商送来的货物与承诺的货物是相符的，因此厂商能够很好地协调与零售商间的关系，提供更好的客户服务。长期良好的客户服务会增加厂商的市场份额。

第二，降低流通费用。由于快速响应集成了对客户消费水平的预测和生产规划，因此可以提高库存周转速度，这样可以减少需要处理和盘点的库存量，从而降低了流通费用。

第三，降低管理费用。快速响应使得手工输入订单的情况减少，提高了采购订单的准确率与信息采集效率。额外发货的减少也降低了管理费用。货物发出之前，仓库对运输标签进行扫描并向零售商发出提前运输通知，这些措施都降低了管理费用。

第四，进行更好的生产计划。由于可以对销售进行预测并能得到准确的销售信息，厂商可以准确地安排生产计划。

（2）快速响应对零售商的优点。

第一，提高销售额。条码和 POS 扫描使零售商能够跟踪各种商品的销售和库存情况，这样零售商就能够准确地跟踪存货情况，在库存真正降低时才订货；另外，可以降低订货周期，采用自动补货系统，使用库存模型来确定什么情况下需要采购，以保证客户需要商品时可以得到现货。

第二，减少降价的损失。由于具有了更准确的客户需求信息，店铺可以更多地储存客户需要的商品，减少客户不需要商品的存货水平，这样就减少了降价的损失。

第三，降低经营费用。具体有以下几方面：

- 降低采购成本。商品采购成本是企业完成采购职能时发生的费用，这些职能包括订单准备、订单创建、订单发送及订单跟踪等。实施快速响应后，上述业务流程大大简化了，采购成本降低了。
- 降低流通成本。厂商使用物流条码标签后，零售商可以扫描该标签，减少手工检查到货所发生的成本。
- 加快库存周转。零售商能够根据客户的需要频繁小批量地订货，从而降低库存投资和相应的运输成本。
- 降低管理成本。管理成本包括接收发票、发票输入和发票例外处理时所发生的费用，电子发票及预先发货清单（Advance Shipping Notice，ASN）的使用使管理成本大幅度降低。

总之，快速响应可通过频繁小批量地采购商品来提高客户服务水平，帮助零售商适应市场的变化，同时降低其他成本，如库存成本和清仓削价成本等，最终提高利润。

7.3.2.3 快速响应的实施步骤

实施快速响应需要经过六个步骤（如图 7-3 所示），每一个步骤都需要以前一个步骤为基础，且比前一个步骤有更高的回报，但是需要更多的投资。

（1）安装条码和 EDI 等设备。零售商首先必须安装条码（UPC 码）、POS 扫描和 EDI 等技术设备，以加快 POS 机收款速度，获得更准确的销售数据并使信息沟通更加流畅。POS 扫描在收款检查时用光学式条码阅读器来阅读条码，然后将条码转换成相应的商品代码，扫描后可以快速准确地检查价格并记录交易。

EDI 是在计算机之间交换商业单证。公司可将其业务单证转换成行业标准格式，并传输到某个增值网（VAN），贸易伙伴在 VAN 上接收到这些单证，然后将其从标准格式转换为自己系统可识别的格式。EDI 可传输的单证包括订单、发票、订单确认、销售和存货数据及提前运输通知等。

7 敏捷供应链

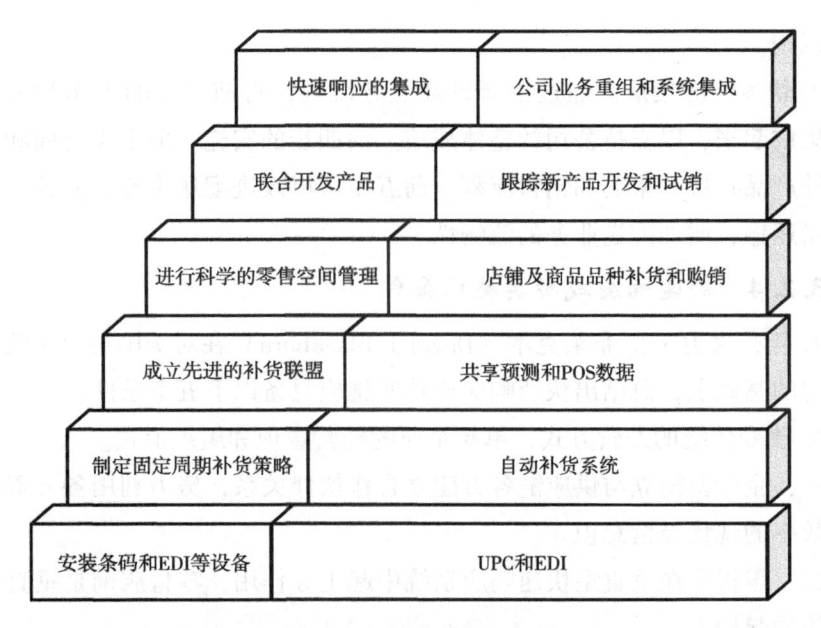

快速响应的集成	公司业务重组和系统集成
联合开发产品	跟踪新产品开发和试销
进行科学的零售空间管理	店铺及商品品种补货和购销
成立先进的补货联盟	共享预测和POS数据
制定固定周期补货策略	自动补货系统
安装条码和EDI等设备	UPC和EDI

图7-3 实施快速响应的六个步骤

（2）制定固定周期存货策略。快速响应的自动补货，要求供应商更快、更频繁地运输重新订购的商品，以保证店铺货品充足，从而提高销售额。通过对商品实施快速响应保证这些商品能足量供应，零售商的商品周转速度更快，消费者可以选择更多的花色品种。

某些基本商品每年保持固定的销售模式，一般不会受季节趋势的影响。这些商品的销售量是可以预测的，因此不需要对商品进行额外的考察来确定重新订货的数量。

（3）成立先进的补货联盟。成立先进的补货联盟是为了保证补货业务的流畅。零售商和制造商联合起来检查销售数据，制订关于未来需求的计划和进行预测，在保证有货和减少缺货的情况下降低库存水平。而且还可以进一步由消费品制造商管理零售商的存货和补货，以加快库存周转速度，提高投资毛利率。

（4）进行科学的零售空间管理。可以根据每个店铺的需求模式来规定其经营商品的品类和补货业务。一般来说，制造商可以参与制定品类、数量、店内陈列及培训或激励售货员等决策。

（5）联合开发产品。厂商和零售商建立密切的合作关系并联合开发服装等生命周期很短的商品，可以缩短新产品从设计、生产到上市的时间，也利于新产品实行试销。

（6）快速响应集成。通过重新设计业务流程，将前五步的工作和公司的整体业务集成起来，以支持公司的整体战略。前四步的实施有助于零售商和制造商重新设计产品补货、采购和销售流程。前五步可以改进配送中心，使其适应频繁的小运量运输，增加配送业务的流畅性。

7.3.2.4 快速响应成功实施的条件

1991年，大卫·J. 布莱克本（David J. Blackburn）在对美国纺织服装业快速响应研究的基础上，总结出快速响应成功实施应具备以下五个条件。

（1）改变传统的经营方式，革新企业的经营意识和组织形式。

第一，企业要树立与供应链各方建立合作伙伴关系，努力利用各方资源来增强经营效率的现代经营意识。

第二，零售商在垂直型快速响应系统中起主导作用，零售店铺是垂直型快速响应系统的起始点。

第三，在垂直型快速响应系统内部，通过POS数据等销售信息和成本信息的相互公开和交换，来提高各个企业的经营效率。

第四，探讨垂直型快速响应系统内各个企业之间的分工和协作范围及形式，消除重复业务和作业，建立有效的分工协作框架。

第五，必须改变传统的事务作业方式，通过利用信息技术实现事务作业无纸化和自动化。

（2）开发和应用现代信息处理技术。开发和应用现代信息处理技术是成功进行快速响应活动的前提条件。现代信息技术有电子订货系统（EOS）、销售终端（POS）、电子数据交换（EDI）、预先发货清单（ASN）、供应商管理库（VMI）等。

（3）与供应链各方建立战略伙伴关系。应积极寻找和发现战略合作伙伴，在合作伙伴之间建立分工和协作关系，以便削减库存；避免缺货现象的发生，降低商品风险；避免大幅度降价现象的发生，减少作业人员和简化事务作业。

（4）必须实现信息的充分共享。必须改变传统的对企业商业信息保密的做法，实现信息的充分共享。在销售信息、库存信息、生产信息、成本信息等方面与合作伙伴交流分享，并在此基础上，要求各方在一起共同发现问题、分析问题和解决问题。

（5）供应商必须缩短生产周期，降低商品的库存。具体来说，供应商应努力做到：缩短商品的生产周期；进行多品种、少批量生产和多频次、小数量配送，降低零售商的库存水平，提高客户服务水平；在商品实际需要将要发生时采用JIT生产方式组织生产，减少供应商自身的库存水平。

7.3.3 协同式供应链库存管理模式

7.3.3.1 协同式供应链库存管理的定义及特点

（1）协同式供应链库存管理的定义。协同式供应链库存管理（collaborative planning forecasting and replenishrnent，CPFR）是在共同预测和补货（collaborative forecasting and replenishment，CFAR）的基础上，进一步推动共同计划的制订，即不仅合作企业实行共同预测和补货，同时原来属于各企业内部事务的计划工作（如生产计划、库存计划、配送计划、销售规划等）也由供应链各企业共同参与。

（2）CPFR的特点。CPFR是现代企业供应链整合的发展概念，是一种协同式的供应链管理方法。CPFR的本质特点表现为以下四个方面：

第一，协同。CPFR要求双方长期承诺公开沟通、信息分享，从而确立其协同性的经营战略。这种战略的实施必须建立在信任和承诺的基础上。协同的第一步就是保密协议的签署、纠纷机制的建立、供应链计分卡的确立及共同激励目标的形成。但在确立目标时，不仅要建立起双方的效益目标，更要确立协同的盈利驱动性目标。只有这样，才能使协同性体现在流程控制和价值创造的基础上。

第二，规划。CPFR在已有的CFAR结构上增加"P"，即合作规划（品类、品牌、分类、关键品种等）及合作财务（销量、订单满足率、定价、库存、安全库存、毛利等）。此外，为了实现共同的目标，还需要双方协同制订促销计划、库存政策变化计划、产品导入和中止计划及仓储分类计划。

第三，预测。CPFR强调买卖双方必须做出最终的协同预测，尤其是对供应商和零售商而言都十分重要的信息进行共同预测能促进更好的产品销售，节约使用整个供应链的资源。CPFR推动的协同预测，不仅关注供应链双方共同做出最终预测，同时也强调双方都应参与预测反馈信息的处理和预测模型的制定和修正，特别是如何处理预测数据的波动等问题，只有把数据集成、预测和处理等各方面都考虑清楚，才有可能真正实现共同的目标，使协同预测落到实处。与此同时，最终实现协同促销计划是实现预测精度提高的关键。

第四，补货。销售预测必须利用时间序列预测和需求规划系统转化为订单预测，并且供应商约束条件，如订单处理周期、前置时间、订单最小量、商品单元及零售商长期形成的购买习惯等，都需要供应链双方加以协商解决。根据美国产业共同商务标准协会（VICS）CPFR指导原则，协同运输计划也被认为是补货的主要因素。此外，需要将例外状况出现的比率转化为存货的百分比、预测精度、安全库存水准、订单实现的比例、前置时间及订单批准的比例，这些都需要在双方公认的计分卡基础上定期协同审核。对于潜在的分歧，双方应事先及时加以解决。

7.3.3.2 CPFR的实施

从CPFR全球实施和进展的情况可以看出，CPFR不同于以往的管理实践，它关注的是企业间业务合作关系的建立，而不是单一企业内管理框架的建立。不仅如此，它不是简单地挖掘单一的相关数据，而是从多个组织中发现可比较的数据，进而对这些数据进行整合、组织，并以此确立组织间的商业规则，这正是CPFR取得绩效的关键，也是CPFR实施推广的难点。

从CPFR实施的基本框架看，其实施过程基本包括以下四个步骤。

（1）识别可比较的机遇。CPFR有赖于数据间的比较，这既包括企业间计划的比较，又包括一个组织内部新计划与旧计划和计划与实际绩效之间的比较。这种比较越详细，CPFR的潜在收益就越大。因此，CPFR实施框架的第一步就是识别比较性机遇。在识别可比较的机遇方面，应当注意以下两个方面：

第一，订单预测的整合。CPFR为补货订单预测和促销订单提供了整合、比较的平台。CPFR参与者应该搜集所有的数据资源和拥有者，寻求一对一的比较。一对一的比较虽然对于高促销产品，其绩效要大打折扣，但是它比起根本不做比较产生的效果要好得多。

第二，销售预测的协同。CPFR要求企业在周计划促销的基础上再做出客户销售预测，将这种预测与零售商的销售预测相对照，就可能有效地避免销售预测中没有考虑促销、季节因素等产生的差错。

基于上述两个方面的考虑，CPFR的实施要求CPFR与其他供应和需求系统相整合，这样通过综合运作，就可以识别可比较的机遇。对于零售商，CPFR整合商品销售规划、分销系统、店铺运作系统；对于供应商，CPFR需比较的资源有CRM、APS及ERP。应当看到，CPFR的这种资源整合和比较，不一定都是CPFR系统与其他应用系统的直接相连，但是这种比较的基础至少是形成共同的企业数据库,即这种数据库的形成是来源于不同企业计划系统在时间整合和共同数据处理的基础上的。在识别比较机遇阶段,定期数据的输入和协同数据处理与比较是CPFR运作的关键。在实施过程中,需要注意例外情况的识别。任何在数据输入、计划对比过程中发生的例外都需要事先考虑,并且一旦发生就需要调整,所有这些弥补手段也需要供应链参与方进行细致的规划。

(2)数据资源整合。在发现和整合了各方的数据资源后,CPFR实施的第一个阶段就是数据资源的整合运用。这种整合运用不仅是集合、调整数据,而且也需要供应链参与方调整相应的业务政策,以使CPFR可以实施。

数据资源的整合运用主要反映在如下三方面:

第一,不同层面的预测比较。不同类型的企业由于自身利益的驱使,计划的关注点往往各不相同,造成信息来源不同,从而导致信息不一致。CPFR要求协同团队寻求到不同层面的信息,并确定可比较的层次。例如,一个供应商提供四种不同水果香味的香水,但是零售商不可能对每一种香味的香水都进行预测,这时供应商就可以在系统中输入每种香水的预测数据,运用CPFR解决方案将这些数据搜集起来,并与零售商的品类预测相比较。

第二,商品展示与促销包装的计划。CPFR系统在数据整合运用方面一个最大的突破就是它能对每一个产品进行追踪,并且销售报告可以用包含展示信息的形式反映出来。预测和订单就不再只是需要多少产品,而是包含了不同品类、颜色及形状等特定的展示信息。这样数据之间的比较不再是预测与实际绩效的比较,而是建立在单品基础上、包含商品展示信息的比较。CPFR实施过程中还有一个很重要的因素是建立在预测、追踪及协同计划上的促销商品的管理。CPFR交易双方在事前就对促销计划进行协同,因此对促销商品的预测、追踪和管理相对来说比较容易。

第三,时间段的规定。CPFR在整合利用数据资源时,非常强调时间段的统一。由于预测、计划等行为都是建立在一定时间段基础上的,因此如果交易双方对时间段的规定不统一,就必然造成交易双方的计划和预测很难协调。正是因为如此,供应链参与方需要就管理时间段的规定进行协商统一,如预测周期、计划起始时间、补货周期等。

(3)组织评判。一旦供应链参与方有了可比较的数据资源,就必须建立一个企业特定的组织框架体系以反映产品层次、地点层次、分销地区及其他品类计划的特征。一般而言,一个企业有多种组织框架,例如企业可以按照配送中心确立分销体系，也可以按照销售区域确立分销体系。通常企业采用多种组织管理方法，CPFR 能在企业界定组织管理框架后，支持多体系的并存，体现不同框架的映射关系。

（4）商业规则界定。在所有的业务规范和局部资源整合以及组织框架确立后，在实施 CPFR 的过程中需要决定的是供应链参与方的商业行为规则，这种规则主要表现在例外情况的界定和判断上。

7.3.3.3 CPFR 实施过程中应当关注的因素

（1）看待合作伙伴和供应链相互作用。企业必须了解整个供应链过程，以便从中发现自己的能力在何处有助于供应链，进而有益于最终消费者和供应链合作伙伴，完成从"赢/损"的传统企业关系到"赢/赢"合作关系的转变。

（2）为供应链成功运作提供持续保证，并共同承担责任。这是基于 CPFR 成功运作所必需的企业价值观。每个合作伙伴对供应链的保证、权限和能力不同，合作伙伴应能够调整其业务活动以适应这些不同。无论在哪个职责层，合作伙伴坚持其保证和责任将是供应链成功运作的关键。

（3）抵御转向机会。由于产品转向会较大地抑制合作伙伴协调需求和供应计划的能力，因此它不能与 CPFR 共存。抵御转向机会的关键是了解其短期效益和建立有良好计划、低库存的供应链的长期效益的差别。这也是对 CPFR 必要的信心和承诺的检验。

（4）实现跨企业、面向团队的供应链。建立跨企业的团队会造成一个新问题，即团队成员可能参与其他团队，并与他们合作伙伴的竞争对手合作。这些竞争对手互相有"赢/损"关系，团队联合的深度和交换信息的类型可能造成多个 CPFR 团队中人员的冲突。在这种情况下必须有效地构建、支持完整团队和个体关系的公司价值系统。

（5）制定和维护行业标准。公司价值系统的一个重要组成部分是对行业标准的支持。每个公司都有一个单独开发的过程，这会影响公司与合作伙伴的联合。制定行业标准必须保持便于实行的一致性，又允许公司间存在执行细则上的不同，这样行业标准才能被有效应用。开发和评价这些标准，有利于合作伙伴的信息共享和合作。

CPFR 是供应链管理的一个新模式，该模式中会产生许多新的企业价值观。从其实施条件也可看出，供应链中的管理模式不是一个部门、一个企业自己就能执行的，供应链管理需要一种整体协调。

7.4 敏捷供应链的实践案例

7.4.1 ZARA 的快速响应

ZARA 是西班牙 Inditex 集团最出名的服装品牌。截至 2023 年 10 月，ZARA 在全球共有 5 722 家的门店，中国的门店数量已达 242 家，其业务流程如图 7-4 所示。ZARA 的供应链可划分为四大阶段，即产品组织与设计、采购与生产、产品配送、销售与反馈。

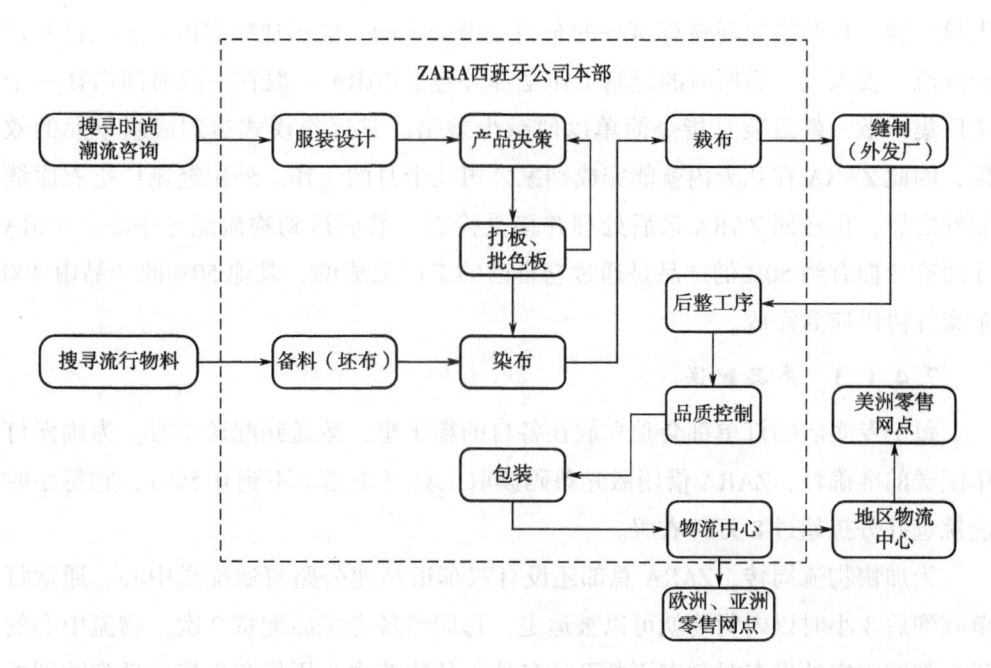

图 7-4 ZARA 的业务流程

7.4.1.1 产品组织与设计

ZARA 从客户需求最近的地方出发并迅速对客户需求做出反应，始终迅速与时尚保持同步，不需要提前较长周期预测。这是因为 ZARA 的产品开发主要是依靠模仿高端品牌的设计，通过设计师参加时装周和大牌的新品发布会、时尚买手捕捉流行趋势、专人收集流行元素和服装细节、供应商的设计师提供部分设计、

· 185 ·

终端门店的消费趋势反馈来获得设计素材，重新组合现成的产品。最后由总部设计师快速绘出服装样式并给出详细尺寸和相应的技术要求。设计专家、市场分析专家和买手组成的专业团队共同探讨设计思路、成本、零售价格、是否投产等问题。

7.4.1.2 采购与生产

在原材料采购计划和生产计划的制订方面，先通过评价指标确定产品是自产还是外包。决定自产则可直接领用现成布料开始生产，这样可以缩短制作样衣的时间；如果没有现成的面料，可以选择采购已染色的面料生产，或采购/领用原纱然后进行染色后整理再生产。

一般内部工厂只安排生产下季预期销量的15%，为当期畅销产品补货预留了大量产能。自产的面辅料有50%的布料是未染色的，能迅速应对市场上花色变换的潮流。投入生产后所有的缝制工作全部外包。ZARA一般在一段时间内让一个工厂集中做一款服装且指令简单以便减少差错。其运作模式达到成组单元的效果，因此ZARA在几天内就能完成别家公司几个月的工作。外协缝制厂把衣服缝制好之后，再送回ZARA最后处理并接受检查，然后送到物流配送中心。ZARA在西班牙拥有约50%的产品是通过它自己的工厂完成的，其他50%的产品由400余家外协供应商完成。

7.4.1.3 产品配送

每个专卖店的订单都会独立放在各自的箱子里，运送到配送中心。为确保订单配送的准确性，ZARA借用激光条码读取工具（出错率不到0.5%），它每小时能挑选并分拣超过8万件衣服。

为加快物流周转，ZARA总部还设有双车道高速公路直通配送中心。通常订单收到后8小时以内货物就可以被运走，每周给各专卖店配货2次。物流中心的货车都按固定的发车时刻表不断开往各地。从物流中心用货车直接运送到欧洲的各个专卖店，利用附近的两个空运基地运送到美国和亚洲，再利用第三方物流的货车送往各专卖店；可实现欧洲的专卖店在24小时内收到货物，美国的专卖店可在48小时内收到货物，日本的专卖店可在48~72小时之内收到货物。

7.4.1.4 销售与反馈

通过上述环节的快速、有效运转，ZARA以最快的速度把潜能变成现实。大多数服装零售商的周期是6~9个月甚至更长，而ZARA的快速模仿和物流配送无疑会使产品提前进入市场，使其他设计师的创造性大大贬值，保持了自身产品的先进性和创新性。

ZARA 的各专卖店每天把销售信息发给总部，并且根据当前库存和近两周内销售预期严格按照规定时间每周向总部发两次补货订单。此举保证了订单的集中批量生产，从而减少了生产转换时间，降低了成本。总部会根据销售信息取消滞销产品原定的生产计划，把预测风险控制在最低水平，产品超过 2~3 周的时间还没销售出去就会被送到专卖店去处理。一个销售季节结束后，ZARA 最多有不超过 18% 的服装不太符合消费者口味，而行业平均水平约为 35%。如果产品畅销，则用现有面料迅速通过高效的供应链体系追加生产、快速补货。没有面料则会停产。一般畅销品最多补货两次，主要是为了减少同质化产品的产生，满足市场时尚化、个性化的需求，制造人为的"断货"。此外，一年中，ZARA 只在两个明确的时间段内进行有限的降价销售，一般是八五折以上，而不是业内普遍采用的连续降价方法。

可以发现，所有这些供应链上的环节协同起来，都在围绕着品牌的目标客户运作，整个物流体系在全程敏捷供应链计划体系下运作。ZARA 也对其供应链进行了非常有效的"剪裁"，把与时尚关联度不高的简单工作外包。同时，ZARA 有 35% 的产品设计和原材料采购、40%~50% 的外包生产、85% 的内部生产都是在销售季节开始之后进行的。这是由于 ZARA 实行的敏捷供应链能达到对市场需求的快速响应。它做到了以消费者为中心，通过供应链各环节的紧密结合缩短前置时间并规避潜在风险，减少或取消不能带来增值的环节，以小批量多品种营造"稀缺"，最终实现快速响应满足市场需求的目标。

7.4.2 腾讯众创空间，搭建"互联网+"创业创新生态圈

腾讯众创空间通过线下实体空间、线上创业服务平台、腾讯"双百计划"、青腾大学、腾讯全球合作伙伴大会五大引擎的服务能力，全方位扶持创业者。截至 2017 年，腾讯开放平台合作伙伴总数已超 1 300 万个，创造就业岗位 2 500 万个。孵化项目已经达到 10 个，估值超 600 亿元。2018 年线下空间已布局 34 个、落地 32 家，遍布全国 28 个城市，总面积超过 100 万平方米。腾讯众创空间为当地区域发展注入了新的活力，同时也助力于区域经济发展、人才吸引、投资拉动。

7.4.2.1 运作模式

腾讯公司搭建的"互联网+"创业创新平台，汇聚内部的优质产品与能力，

连接外部的合作伙伴资源，共同构成独具特色的线上线下一体化、全要素创业孵化生态系统，为创业者提供全要素立体化的服务（如图 7-5 所示）。

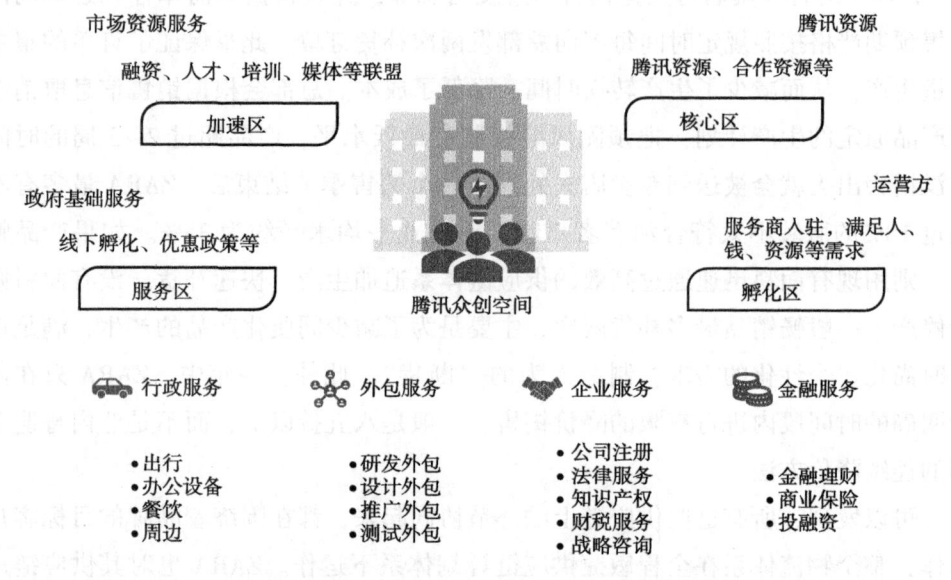

图 7-5　腾讯公司联合政府、运营方共同为创业者提供全要素立体化服务

腾讯公司的优质资源包括海量用户平台、移动分发平台（腾讯应用宝）、效果营销平台（腾讯广告）、云端计算平台（腾讯云）、创新技术平台（VRAI 无人驾驶、智能硬件）等。腾讯公司合作伙伴资源包括全国 34 个线下众创空间基地、全国知名创投机构、长江商学院等培训机构，以及人力资源、财务、法律咨询、税务服务创业服务公司等。

腾讯众创空间构建了体现互联网思维的五大标准化、开放性"互联网+"创业创新服务体系，具体包括以下几方面。

（1）创业服务体系。腾讯众创空间充分利用腾讯开放平台的优势资源，已接入数百家创业服务商，创业服务包括标准化需求和非标准化需求。众创空间采用了新的运作模式，即腾讯扶持、政府政策保障和当地资深运营方运营的三合一模式，多维度扶持创业者。其中，腾讯给予资源和平台支持，地方政府给予政策与场地等支持，运营方除了负责日常众创空间的维护外，同时也参投创业公司。

（2）建设生态型的创业孵化体系。腾讯众创空间借助腾讯及合作伙伴的互联网资源优势，营造了良好的创新创业氛围，搭建融合了线上服务资源的线下优质孵化平台。线下创业园区内部整体设计和办公氛围都是轻松、自由的格调，通过自由讨论和高校研讨会，让互联网创业团队尽情发挥创新思路，产生思想的交流与碰撞。此外，集创业办公服务、产业科技园区、居住生活于一体的腾讯"双创"基地将成为更有效的创业形态。

（3）构建全方位的创业投资体系。腾讯众创空间提供了风险投资的资金支持以及早期的资源扶持。具体为资源投资的"双百计划"与资本投资的"创投联盟"组成的全方位式的投资体系。截至 2017 年，成功扶持包括拼多多细分领域在内的 100 家创业企业，成功孵化社交电商、直播、众筹等超 20 个移动互联网赛道领先者。2018 年，腾讯公布了腾讯兴趣内容基金（TOPIC 基金），该基金将继续推动腾讯对内容创业项目的投资孵化。

（4）建立多元化的创业教育体系。腾讯众创空间开设多维度的培训课程，依据创业阶段与诉求匹配的课程和资源，帮助创业者快速成长。其中首期精英学员项目总估值半年间就从 280 亿元飞跃到近 1 000 亿元。此外，腾讯众创空间还与当地高校和教育机构联合组织创业团队与大学生团队进行交流与沟通，充分激发了大学生的创业热情。

（5）培育创新型的创业文化体系。腾讯众创空间借助网络与传统媒体的力量，帮助众多创业者和创业项目进行宣传报道和信息曝光，树立创业者和创业项目的优秀品牌，加大"双创"的文化价值输出与经济价值输出，弘扬勇往直前的创业精神，让创业创新成为全社会共同的价值追求和行为习惯。

7.4.2.2 运营效果

（1）平台聚集资源以提升创业效率。腾讯众创空间面向各环节，打造了线上线下结合、全要素、一体化的创业创新服务体系，充分实现了创业创新资源和服务的开放共享、高效利用。通过共享创业创新数字资源，共享创业创新服务体系，帮助创业者解除了后顾之忧，使其专注于创新研发。

（2）降低创新门槛。腾讯众创空间有利于降低创业门槛和成本，拓展创业者的创新空间。首先，通过与政府合作提供各种补贴、税收优惠等政策降低创新成本，同时联合第三方金融服务机构，为创业者解决融资问题；其次，联合长江商学院推出青腾创业营，为创业者提供创业培训与指导，帮助创业者提升创业技能。

（3）创业服务要兼顾标准化与个性化。创业团队不仅需要投资及场地的支持，更需要一体化的、全流程的、伴随创业团队成长的资源支持。创业基地建设需要个性化与标准化相结合。地方政府及产业需要的是真正给地方带来发展和影响力的众创空间,能拉动地方经济、吸引人才以及助力产业转型升级。因此,腾讯众创空间将结合各地方的产业特色落地,联合各方优势资源,持续为创业者服务。

7.4.3 京东和美的 CPFR 项目

7.4.3.1 业务流程

2015 年,京东和美的 CPFR 项目上线,重在打造京东和美的供应链的深度协同,实现京东和美的在销售计划、订单预测、订单补货等方面数据的充分共享,建立协同型供应链。该项目基于 EDI 电子数据交换技术实现数据有效及时的共享,构建了从计划到预测及补货流程的全面协同。其业务流程如图 7-6 所示。

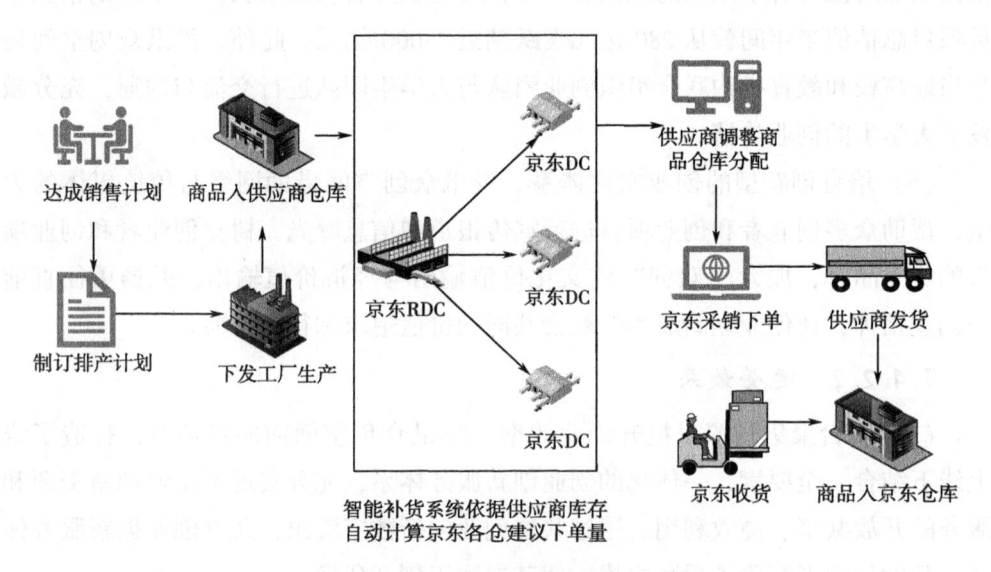

图 7-6 京东和美的 CPFR 项目业务流程

京东和美的 CPFR 项目的协同体现在以下内容。

(1) 协同销售计划。京东提前一个月向美的提交备货计划,美的接收并反馈供货计划,双方即以供货计划作为下个月采购及供货依据。然后美的根据供货计划制订每周排产计划,并共享给京东。

(2) 协同订单预测。美的排产完成商品入库后,同步库存数据给京东。京东应用自动补货系统,以仓到仓支援关系及供应商库存等行为为限制因素,计算出各仓补货建议,并将补货建议共享给美的,美的根据补货要求进行调整并反馈给京东。

（3）协同订单补货。美的评审后的补货建议自动形成京东采购单，美的接收系统自动发起仓库入库预约，收到预约号后进行发货并反馈给京东发货单，京东仓库收到货物后回传给美的收货确认。

7.4.3.2 项目的效果

数据显示，自双方 EDI 打通以来，京东与美的实现了将近 50 个品类的对接，共享销量库存数据补货建议均达到数千万条，商品评价数据数万条。同时，随着双方合作的日趋深入，EDI 对美的的业务均产生了显著的推动作用。

（1）对京东的效果。具体表现在以下几点：

第一，降低缺货风险。通过销售计划的协同，京东可介入美的的商品生产环节，通有效的数据共享，将商品的销售数据、销量预测等数据实时共享给美的，使供应商提前进行排产，降低缺货的风险。

第二，降低库存周转。供货计划和库存数据共享后，美的等供应商可单独分开给京东的库存，由此可将过去大批量、低频率的补货方式优化为小批量、多频次的补货方式，实现库存周转的有效降低。

第三，提高数据共享效率。京东和美的的沟通方式由过去的邮件、电话等，变革为通过系统自动实现数据共享，这一模式可减少手工操作，显著提高数据传输和共享效率。

（2）对美的的效果。该项目推动了生产计划预测性的加强和智能补货的优化。

第一，在生产预测协同中，美的分享了京东的大数据分析能力。京东基于对历史销量数据的模拟，应用相应的数据模型，并参考促销、天气等复杂因素做出对未来销量的预测，为美的的生产计划和备货计划提供有力参考。

第二，在订单预测协同中，美的分享了京东智慧采购能力，实现了智能补货。京东参考销量预测、备货周期、送货时长、安全库存，以及京东和美的仓库的支援关系，自动计算出京东每个仓库的建议补货量。建议补货量可以实现一键下单，也可以共享给美的，由美的自动下单并管理在京东的库存。

总体来说，双方基于 EDI 从销售计划单预测以及订单补货深度对接，使得双方运营效率得到大幅提升，库存率和缺货风险得到有效降低。更值得一提的是，该合作案例具备巨大的推广价值。这一模式未来将会给行业和用户带来巨大变革。

思考题

1. 敏捷供应链的核心是什么?
2. 概述敏捷供应链的风险及防范方法。
3. 快速响应成功实施的条件是什么?
4. 概述 CPFR 的实施过程。
5. 概述京东和美的 CPFR 项目业务流程。

8 大数据供应链
——重新定义供应链管理体系

【学习目标】

知识目标：
1. 了解大数据驱动下的智能化供应链管理变革的过程与应用价值；
2. 理解大数据时代的供应链的协同创新与重构；
3. 了解大数据在采购管理中的应用；
4. 掌握大数据在采购管理中的重构法则。

能力目标：
1. 能够分析大数据在具体供应链中的应用与价值；
2. 能够构建大数据与供应链协同创新的评价体系；
3. 能够建立大数据重构企业供应链的库存优化模型；
4. 能够根据采购管理的特点分析大数据在采购管理中的应用。

8.1 大数据驱动下的智能化供应链管理变革

8.1.1 互联网时代的电子化供应链管理

供应链包括许多环节，如采购、生产、分销等过程，所谓"供应链管理"，就是着眼于供应链的整个运行过程，对其各个组成部分实施科学有效的管理。通过进行成本控制让利于客户，加速整个供应链的运营，体现其整体竞争实力。

在互联网时代下，越来越多的企业在业务管理方面趋向于构建完善的供应链。面对激烈的市场竞争，企业要想维持自身的生存与发展地位，就要处理好与合作伙伴、供应商及客户的关系，保持自身的正常运营，并在此基础上获得持续性的发展。如今，信息收集与获取、技术引进与应用、配合协作、资源整合利用等都被包含在供应链管理中，说明互联网的应用已经渗透到了供应链管理的各个环节。

在移动互联网时代，物联网、云计算逐步应用到商业领域，企业的发展伴随着海量数据的产生与应用，大数据时代的帷幕已经拉开。越来越多的企业开始从事大数据的开发与应用，在这种情况下，如果供应链上各个环节的企业之间能够进行有效的信息沟通与互动，则能够提高整个供应链的运营效率。围绕大数据应用建设的智慧供应链呈现迅速发展趋势，并得到众多企业及行业的青睐。

实施供应链管理模式的企业，将供应链视为一个有机整体，从而促成供应链上各个环节的企业之间相互协作，对现有资源进行充分利用与优化配置，体现整体的竞争优势。在管理过程中，企业能够根据市场需求对自身的运营模式进行调整，灵活应对外部环境的变化，更好地满足客户的个性化需求，不断提升客户的体验，并在此基础上加速供应链的整体运转。

不同的企业在供应链中所处的位置不同，企业之间的物流、信息流、资金流的共享是整个供应链正常运营不可缺少的一环。在互联网时代下，随着信息技术的高速发展与普遍应用，市场上涌现出数量庞大、类型多样的数据信息。而在供应链管理过程中，必须借助先进的技术手段与管理工具对这些信息进行及时、有效的处理，才能有效促进不同企业之间的配合。所以，越来越多的企业开始选择电子化供应链，这也成为供应链未来发展的主流趋势。

现如今，互联网已经渗透到了企业商务活动的所有环节，颠覆了企业之前的运营与发展模式，企业借助互联网平台的优势，能够将原本分散在各处的资源集中起来，降低商务交易的复杂性，加速运转，实现成本控制并完善其服务体系。

供应链管理与网络化应用都已成为企业不可忽视的因素，企业将两者结合应用，能够发挥其协同效应。电子化供应链能够促进不同企业之间的信息交流与合作，帮助企业集中优势资源开展自身的商业活动，并在这个过程中发挥先进技术、专业人才、供应链管理的带动作用，从整体上推动企业的发展。

8.1.2 大数据环境下的供应链管理升级

大数据，或称为海量数据，是企业发展过程中的重要信息资产。企业在经营及管理过程中运用大数据技术，能够及时了解市场变化，提高自身的决策能力，对业务运营流程进行调整，加速自身的发展。为了保证数据信息的全面性，企业要通过多种渠道进行信息获取，从而提高数据分析结果的准确性。

有些企业直接面向消费者个体，有些企业则为其他企业提供服务。但无论是哪种类型的企业，都可以从电商平台或者消费者反馈信息中搜集数据信息。此外，企业还能通过多元化渠道进行信息获取。虽然这部分数据与企业的顾客关系管理数据没有直接联系，但其应用能够对企业的产品运营产生重大影响。

20世纪末，美国最早提出了供应链的概念。在对这个新兴概念进行研究的初期阶段，大多数人都将供应链视为企业进行自身管理的一种方式，由于受到传统思想的限制和对供应链的局部性认识，这个时期的供应链管理仅限于在企业内部进行实践，没有带动企业的资源配置与整合利用，也没有在企业的采购环节与其他环节发挥明显的作用，对企业发展的推动作用并不明显。

进入21世纪后，美国研究者对供应链进行了更加深入的分析与探讨，并开始聚焦于供应链各个环节上企业之间的合作。尽管如此，人们还是将供应链管理局限于企业的制造与生产过程，部分企业在与供应商进行货品交易时也开始采用这种管理模式。与前一个阶段相比，供应链管理在这个时期有了一定的发展，但企业并未将其纳入自身的发展战略中。

随着研究的不断深入，人们对供应链有了更多、更深层次的了解。处于持续发展过程中的企业对供应链管理提出了更高的要求，为了维持自身的正常运营，企业开始注重物流资源的整合，并加大对物流资源整合方面的投资力度。在实施供应链管理的过程中，企业除了要进行物流管理之外，还会有意识地增进供应链上各个环节之间的联系，促进多方企业的共同发展。如今，面对激烈的市场竞争，

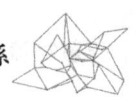

企业开始积极改革传统的制造模式，通过实施供应链管理来提升其核心竞争力。

8.1.2.1 供应链管理引入大数据

在互联网时代下，云计算得到普遍应用，企业逐渐认识到了大数据资源的价值，并在数据开发与应用领域展开布局。在此期间，企业不仅注重对海量数据的获取，还会对数据进行深度处理与分析，从中提取有价值的信息，通过数据应用来完善自身的内部结构，改革传统经营与管理方式，实现创新式发展，有效提高自身的决策能力。由此可见，在企业管理经营与发展的过程中，大数据能够发挥重要的参考作用。

电子化供应链能够进一步强化供应链与网络之间的关系，在企业的发展过程中，其所属供应链结构会日渐完善，业务难度会逐渐提高，为了获得持续性的发展，企业必须提高自身的信息分析能力，谨慎选择合作伙伴，并对传统运作模式进行调整。为此，企业有必要在实施供应链管理过程中发挥大数据的作用，通过云计算技术完成对海量数据资源的快速处理，在实现成本控制的同时进行信息提取，助推自身的业务运营与发展。

8.1.2.2 大数据升级供应链管理

企业对大数据的应用情况能够在很大程度上影响其发展。在供应链管理过程中发挥大数据的作用，能够使企业对其原料采购、产品生产、营销、客户关系管理等各个环节的信息进行有效掌握，与供应商、分销商、消费者进行良好的信息互动。企业从整体上了解供应链的运营情况，可以对其中不必要的环节进行删减，从而降低企业的成本消耗，提高供应链的运营效率，同时，通过分析当前的市场发展趋势，提高企业决策的科学性与准确性。

企业在供应链管理过程中运用大数据，不仅能够全面掌握企业的资源利用、发展需求、交易进度等，还能对海量的数据资源进行及时、有效的处理，为企业的决策制定与战略选择提供精准的参考，帮助企业优化供应链各个环节的运营，提高供应链应对市场变化的能力，使企业通过实施高效的供应链管理展现其整体竞争优势，并提高供应链的智能化、现代化水平。

8.1.3 大数据在供应链中的应用与价值

大数据的应用与价值体现在很多领域，其在供应链中的应用与价值如图8-1所示。

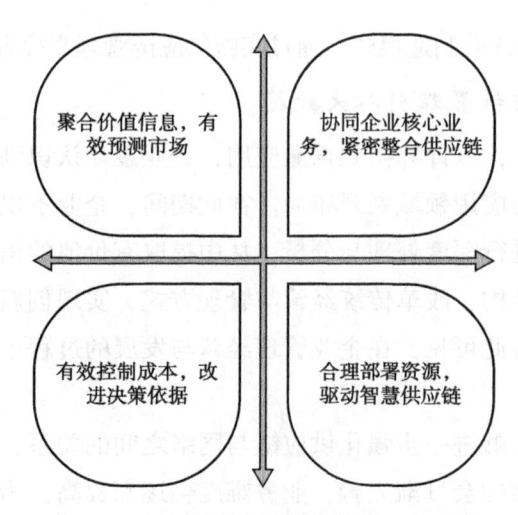

图8-1 大数据在供应链中的应用与价值

(四象限图内容：聚合价值信息，有效预测市场；协同企业核心业务，紧密整合供应链；有效控制成本，改进决策依据；合理部署资源，驱动智慧供应链)

8.1.3.1 聚合价值信息，有效预测市场

面临激烈的市场竞争，企业需要不断提升自身的经营管理能力，才有可能从众多竞争者中脱颖而出。在进行市场开拓的过程中，企业要明确自身定位，并对市场需求及其发展趋势进行有效把握。通过应用大数据，企业能够对海量的数据资源进行筛选、提取与整合利用，从而精准预测市场需求，并根据市场变化及时调整自身的战略决策，及时抓住发展机遇。依据数据分析结果，企业能做好供应链上各个环节之间的配合与衔接，对现有流程进行调整，实现内部资源的充分利用，进而扩大自身的利润空间，并加速整个供应链的运转。

8.1.3.2 协同企业核心业务，紧密整合供应链

通过提高供应链管理能力，企业能够有效实现自身的成本控制。在具体实施过程中，要先对供应链上各个环节的核心业务进行准确定位。比如，产品研发与设计是研发环节的核心业务，与供应商进行合作、引进原材料是供应环节的核心业务，产品制造与相关流程的控制是生产环节的核心业务，把握市场需求是销售环节的核心业务，库存管理及配送任务是物流环节的核心业务，维护客户关系是客户管理环节的主导业务，等等。在运营过程中，企业要利用大数据来加速各个环节的运转，通过数据获取、制订生产计划、调控物流运转、加强客户沟通等方式，灵活应对外部市场环境的变化，加强供应链各个环节之间的联系，发挥整体的协同效应。

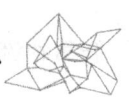

8.1.3.3 有效控制成本，改进决策依据

在实施供应链管理的过程中，企业能够充分利用先进技术、优势资源、工具设备等，集中优势力量进行业务发展。利用大数据分析的结果，企业能够全方位地了解当前的市场发展情况，减少不必要的资源浪费，节约总体成本。

在这个过程中，企业能够实现内、外部资源的整合应用，通过深度的数据处理，为自身的市场开拓战略提供精准的参考信息。在传统模式下，企业只能根据历史数据或主观经验进行判断；如今，经营者可在大数据分析的基础上做出更加科学的评估。另外，大数据应用能够提高企业信息资源的开放程度，使企业根据市场需求提供相应的产品，降低企业承担的风险。

8.1.3.4 合理部署资源，驱动智慧供应链

随着行业的发展，供应链包含的内容越来越丰富，供应链管理的难度逐渐提高，管理过程中产生的数据也不断增多。为了在激烈的市场竞争中占据优势地位，企业应该对各个环节的信息进行整合利用，加强供应链上游与下游之间的沟通与协作。

为此，企业要将大数据技术与互联网技术结合起来，从海量信息资源中提取出核心数据，体现自身供应链管理的独特优势。企业还要建立智慧数据库，数据库涵盖数据统计、市场分析、产品研发、库存管理、渠道选择、客户信息追踪、风险管控等，从而实现资源的优化配置，提高供应链的智能化水平。

企业要认识到大数据的价值所在，在实施供应链管理的过程中，通过对数据资源进行获取、分析、存储、应用，更好地对接客户的多元化需求，进行产品创新，调整业务流程，发挥供应链的整体优势，了解同类企业的发展进度，不断赶超竞争对手。

8.1.4 借助大数据提升供应链物流能力

总体而言，供应链物流能力包括两个方面：供应链物流要素能力和供应链物流运作能力。为了提升供应链物流要素能力，要对企业的物流设施、物流设备及物流要素进行改革与升级。物流要素能力体现在企业实施供应链管理的各个环节。随着电商行业的迅猛发展，物流供应链将趋向于智能化发展，信息技术将贯穿于整个物流体系的运作过程。

这一小节将对智能化物流体系的运作过程进行简要分析。当消费者登录商家的网页之后，运营方就会在大数据分析的基础上，为其呈现丰富的商品信息，帮助消费者节约搜索商品的时间与精力成本。在消费者下单之后，商家会接收订单信息，此时，商家的供应链就进入运行状态。商家首先确认订单信息，接下来对商品的存储位置进行搜索，然后用智能化设备取件。包装人员会对产品进行包装，注明收货人的地址、联系方式等。最后由专业设备将产品运送到发货地点，用信息设备识别收货地址，并根据运送地点对货品进行分类处理。

企业通过完善供应链的物流体系，能够节省人力资源，降低成本消耗，提高货物发送的准确性，加速电商行业的整体运转，使供应链的物流能力有突破式的发展。由此可见，未来，传统的物流运作模式都会趋向于智能化发展，实现自身的转型升级。

供应链物流的运营效率主要受两个因素的影响：一是供应链流通环节的物流要素能力，以及不同要素之间的衔接性；二是物流网络体系的组成方式。当供应链物流的效率较高时，企业在产生物流需求后就能迅速采取措施。

企业的物流需求分为两种：动态需求与静态需求。在不同的需求下，企业要采取不同的方式来提升其物流要素能力。

对于动态需求，企业的研究者要对供应链的特征及相关信息进行把握，在此基础上找出不同物流环节的物流要素的需求。在这种情况下，如果企业无法给出确切的供应数量，为了满足其发展需求，要将供应链划分成不同等级，通过运用动态规划模型为企业提供最佳的物流解决方案。另外，企业要对物流需求与自身的运输能力匹配情况进行评估，发挥自身物流能力在供应链运行当中的支撑作用。在进行物流投资时，企业要准确预估投资回报率，运用数学模型，对自身的物流能力进行科学判断，提高自身的物流需求响应速度。

针对静态需求，企业要对供应链的流量状态及其变化情况进行分析，运用矢量分析模式，并参照自身的供应链物流模型，根据供应链的物流反应能力、总体流通情况等因素对其运营状况进行判断。为了提升供应链的物流能力，企业要实现各个节点之间的有效连接，并将供应链上各个环节之间的物流运转串联起来，从整体上推动供应链物流的发展。

对于供应链物流的管理，大多数企业通常都聚焦于物流能力，但对于供应链的组织模式、供应链各个环节的整合关注度较低。事实上，企业应该在供应

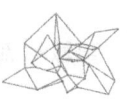

链集成、各个环节间的合作、整体决策等方面投入更多的资金与精力,加强不同企业之间的合作,依托合理的机制与先进的技术手段对供应链的组成结构进行优化。

在后续发展过程中,越来越多的企业将采用整合化方式实施供应链管理,促进不同节点、不同企业之间的信息沟通与共享。与此同时,企业要根据互联网时代的发展需求,采取有效措施促进供应链的完善与优化,通过加速整个供应链的运转,拓宽自身的利润空间。

如今,信息科技呈现出迅猛发展的姿态,身处这种大环境下的企业要对客户的需求进行准确定位,并通过与其他企业的合作提高自身的反应能力及市场适应能力。企业通过整合优势资源为客户提供多样化的服务,进而提高经营利润。

8.2 数据协同:大数据时代的供应链协同创新

8.2.1 大数据驱动下的企业供应链变革

由于供应链日渐复杂,企业若想将数据的价值充分发挥出来,必须采用更好的工具。作为企业的核心网链,供应链将彻底改变企业市场边界、商业模式、运作模式、业务组合,具体方法如图8-2所示。

图8-2 大数据驱动下的企业供应链变革

需求预测:制订精确的需求预测计划
资源获取:灵活、透明地寻源、采购
协同效率:与供应商建立良好的关系,实现信息交互
供应链计划:生产计划与物料、订单同步

8.2.1.1 需求预测:制订精确的需求预测计划

对于整个供应链来说,需求预测是源头,能够反映整个市场需求的波动情

况。销售预测的灵敏度与库存策略、生产安排、订单交付率密切相关。一旦出现缺货或脱销等情况，企业将蒙受巨大损失。企业要想制订精确的需求预测计划，就必须借助定性、定量的预测分析手段与模型，并将其与历史需求数据、安全库存水平结合在一起。

以汽车行业为例，在借助 SAS 分析平台开展精准预测之后，可对商品出售、保修等信息进行收集，从设计研发、需求预测、生产制造、售后市场、物流管理等环节进行优化，提升效率，带给客户优质的体验。

8.2.1.2 资源获取：灵活、透明地寻源、采购

为满足开发新产品、降低产品生产成本等方面的需求，企业要寻找新的合格供应商。同时，要对供应商绩效进行评估，对合同进行管理，让采购过程变得更加标准、规范、可视，使其成本结构得以优化。

8.2.1.3 协同效率：与供应商建立良好的关系，实现信息交互

供应商与制造商之间存在着不信任成本，要想消除这项成本，就必须构建良好的供应商关系。随着 VMI 运作机制的构建，以及供应商与制造商之间需求信息与库存信息的互通，缺货情况的发生概率、由此造成的生产损失和缺货成本都将不断降低。

在当前集团化、全球化、多组织运作的环境下，订单采购与生产能否通过各种渠道对市场需求做出快速、准确的反应十分关键。在某种程度上，订单处理速度能够切实反映供应链运作效率。

8.2.1.4 供应链计划：生产计划与物料、订单同步

一个有效的供应链计划系统是企业所有计划与决策集成的结果，包括库存计划、设备管理、需求预测、资源作业计划、采购计划、物流需求等，企业以各个工厂的产能情况为依据制订生产计划与排程，保证生产过程（包括物料供应的分解与生产订单的拆分）有序进行。在这个环节，企业要对订单、库存、产能、调度、成本之间的关系进行有效平衡，借助数学模型、优化和模拟技术解决商品生产及供应方面的问题。

（1）库存优化。在成熟完善的补货及库存协调机制的作用下，过剩库存能得以消除，库存持有成本能显著下降。在这种情况下，企业要从需求变动、最大库存设置、安全库存水平、采购提前期、采购订购批量、采购变动等方面进行综合考虑，对库存结构进行优化，科学设置库存水平。

(2) 物流效率。企业可以建立高效的物流运输及配送中心，利用大数据对运输管理、道路运力资源管理进行科学分析。企业还可以建立自有车队对货物进行调拨，正确选择、管理外包承运商，提升自身应对物流运输风险的能力，改善运作方式，提升服务质量。

(3) 情景分析和动态成本优化。企业从供应链角度对投资扩建成本、产能化做出分析更加直观、丰富、合理。企业要借助情景分析及动态的成本优化模型对配送进行整合，对生产线进行决策。

(4) 差异化的供应链管理。不同制造业的管理各有特点，供应链管理更是如此。比如，汽车行业供应链管理的重点在准时上线与分销环节；饮料行业供应链管理的重点在冷链及配送环节；服装行业供应链管理的重点在减少积压库存；等等。

(5) 风险预警。在大数据与预测性分析中潜藏着大量的供应链机会。比如，通过问题预测，企业可在问题出现之前就制定好解决方案，以免诱发经营风险。除此之外，企业还可应用质量风险控制。比如，上海宝钢的生产线实现了流水化作业，生产线上安装的传感器可获得海量数据，通过对这些数据进行科学分析可对产品质量进行有效控制。通过对生产线上的数据进行采集，可对设备运营状况进行有效判断，对故障发生时间与概率进行预测。根据预测结果，企业可提前做好设备维护工作以达到预防风险、保证生产安全的目的。

未来，需求产生、产品设计、原材料采购、产品制造、订单管理、物流及协同等供应链环节都将应用大数据。通过大数据的应用，企业可全面掌控供应链，对库存量、订单完成率、物料及产品配送情况进行明确把握。通过事先进行数据分析来调节供求，借新的策划对供应链战略及网络进行优化，让供应链成为企业的核心竞争力。

8.2.2 利用大数据重构企业供应链

8.2.2.1 库存优化模型

借助 SAS 功能强大的库存优化模型，可以在维持客户服务水平的基础上降低供应成本，提升供应链反应速度。第一年库存成本就可下降 5%~30%，准确性提升 20%，整体营收能增加 7%~10%。除此之外，还能帮助企业提升市场份额，降低次品率（次品率可降低 10%~20%）等。

8.2.2.2 创造经营效益

通过供应链渠道，生产现场的仪器或传感器网络可收集海量数据，借大数据对数据库进行整合、分析，可有效改善库存管理，提升销售与分销效率，实现对设备的连续监控。制造业企业要想实现更好的发展，就必须对大数据可产生的成本效益进行充分了解，对设备故障进行提前预测以做好维护工作。现如今，大数据采集的技术条件完备，制造业将成为大数据营收的主要来源。

8.2.2.3 B2B电商供应链整合

在电商的作用下，上游的生产计划可与下游销售实现对接，届时，上游制造业就可将供应链业务外包，专注于生产业务。从物流外包到供应链外包是一次巨大的飞跃，是电商竞争力与整合能力的体现，它让海量数据支持跨平台、跨公司对接有了实现的可能。B2B市场空间大，能对产业布局、产业链及产能分配进行优化，能使库存水平、供应链成本大幅下降，使供应链效率得以有效提升。

8.2.2.4 物流平台规模发展

现如今，B2C商业模式整合势在必行，在这个过程中，物流执行平台建设是一大障碍。包含了多种产品的销售供应链整合存在诸多技术难题，如供货周期、配送时效、库存周期、物流操作等。其中物流中心建设非常困难，但在大数据平台的推动下，整个销售供应链将实现有效整合。另外，跨区域物流配送、城乡差异等也是难题，但在大数据平台的作用下，相关职能可以得到有效调整。

8.2.2.5 产品协同设计

过去，人们的注意力都放在了产品设计上面。现如今，在产品设计及开发过程中，相关工作人员可相互协作，也可实现同步设计与开发。当前摆在产品协同设计面前的最大难题就是如何向市场交付竞争力更强、配置更高、性价比更高的产品。对于制造企业与工程企业来说，同时满足这些要求是其最大的价值所在，也是大数据的价值所在。

8.2.3 企业如何有效部署大数据供应链

要想将大数据的价值充分发挥出来，首先要对大数据进行处理，对各种来源的数据进行共享、集成、存储、搜索等操作。在供应链方面，指的就是企业要接

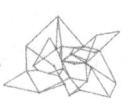

收来自第三方系统的数据，提升数据反馈速度。这些操作所产生的最大影响就是能增强协同性，加快决策制定速度，提升决策的透明度，为相关工作人员带来诸多益处。

结构化数据已在传统供应链中得到了广泛应用，企业对先进的供应链管理系统进行了部署，将资源数据、供应商数据、交易数据、质量数据存储起来，对供应链执行情况进行跟踪，使成本及产品质量得到有效控制。

当前的大数据概念与传统的数据产生、数据获取、数据存储等概念有显著区别。在结构化数据之外，也出现了非结构化数据，数据内容越来越多，大数据部署迎来了全新的挑战。现如今，数据量呈现出了爆炸的增长之势，未来，随着（machine to machine，M2M）的应用，这种趋势将延续下去。

但是，如果企业能从以下两个方面着手应对上述挑战，就可进入一个全新的阶段。

8.2.3.1 解决数据生成问题

数据生成问题也就是如何借助物联网技术获取实时数据，对供应链进行虚拟处理的问题。通过充分挖掘这些新数据集的潜力，再与各渠道信息结合，企业就能获得全新的理解与认知。这样一来，企业就能对新流程进行有序开发，将其与产品全生命周期的各个阶段联系在一起。与之集成的还有报告分析功能，能对流程进行有效反馈，构建一个良性循环。

以西门子产品生命周期管理软件（Siemens PLM Software）为主体，以Teamcenter等技术平台为核心，企业可构建一个整体集成实施情景。在这种情景下，客户、用户、设计、测试提出的所有需求都能被反馈到开发环节，所以大数据就为企业竞争优势的构建提供了有效的支持与助力。设计部门向仿真部门提出要求，仿真部门向设计部门提交结果，然后再将结果传输到供应链、包装、制造、物流部门，这个过程就催生了一个在大数据基础上建立起来的良性循环。

8.2.3.2 解决数据应用问题

对于数据部署来说，让供应链各价值转换过程产生的数据产生商业价值是保障生产力的根本。交易状态可视化远远不足以概括大数据在供应链中的应用，仅凭传统的企业资源计划结构无法为解决库存水平提供有效支撑。所以，企业必须做好顶层设计，构建功能强大的数据应用分析模型，以将海量数据的价值充分发挥出来。

8.3 重构法则：大数据在采购管理中的应用

8.3.1 重构法则一：优化采购业务流程

迫于经营成本压力，采购业务流程优化成为零售企业近年来重点努力的方向。而大数据技术的应用为采购业务流程优化提供了有效途径，通过大数据技术与方法改造后得到的新采购业务流程，将去除大量中间环节，有效提高采购效率，降低采购成本。同时，通过对市场及用户数据进行分析，还可以帮助企业制定科学合理的采购方案，确保采购的规范性、透明性。

以都市型百货折扣连锁店品牌商品折扣为例，商品折扣抓住新零售的发展机遇，拓展线上线下相结合的全渠道运营模式，并统计目标用户的购买、评论、社交、出行、搜索、浏览等数据，帮助自身对客户需求进行精准预测，从而优化选品及库存，改善采购业务流程，有效降低经营风险。

随着企业面临的市场竞争越发激烈而残酷，传统采购业务流程的短板越发显现：其一，缺乏有效的监督机制，容易带来采购人员拿回扣等问题；其二，各采购环节存在沟通壁垒，出现问题难以问责，而且人员变动会对采购业务造成较大影响；其三，更为重视事后控制，企业将承担较高的库存风险。

而在采购业务流程中引入大数据技术后，将对传统采购模式进行转型升级：其一，获得更为全面、客观、实时的数据信息，为零售企业的采购决策提供有力支持；其二，能够对采购过程进行实时监测与控制，提高采购规范性、透明性；其三，精简采购业务流程，有效降低采购成本。

8.3.2 重构法则二：提高采购决策效率

作为一项具有强大颠覆性的新技术，大数据将会给零售企业的组织结构、管理模式、营销推广等带来重大变革，减少对决策人员、经验与直觉的依赖性。利用直观量化的数据分析结果，企业可以提高采购管理决策的效率与质量，具体方式如图 8-3 所示。

- 决策主体由"精英式"过渡到"大众化"
- 决策方式由"业务驱动"转向"数据驱动"
- 决策过程由"被动式"演变成"预判式"

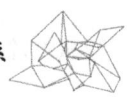

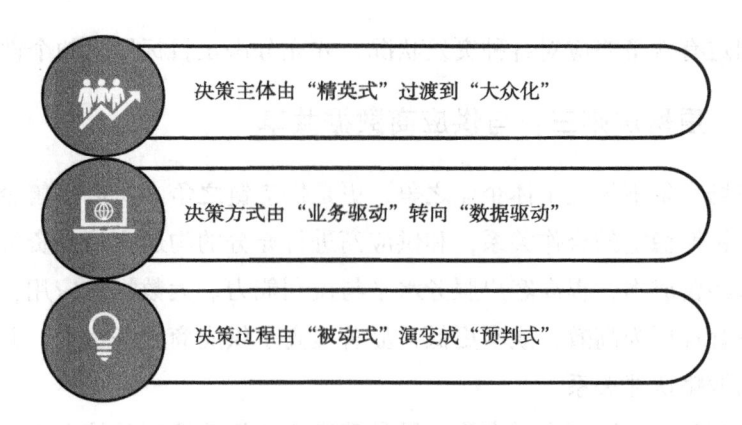

图8-3 提高采购决策效率

8.3.2.1 决策主体由"精英式"过渡到"大众化"

传统采购决策是由企业管理层制定的，对相关管理人员的从业经验、专业知识等有较高要求，是一种典型的精英式决策，存在明显短板。一方面，引进或培养优秀的采购管理人才需要企业承担较高的人力成本；另一方面，动态变化的市场环境与客户需求，使采购管理人员的主观决策有较高的风险。

而应用大数据技术与方法后，普通员工也可以根据数据分析结果制定采购决策。尤其是在前线奋斗，和用户直接接触的一线员工，他们可以在与用户的交流沟通中，快速把握动态变化的用户需求，实现精准高效的采购。

8.3.2.2 决策方式由"业务驱动"转向"数据驱动"

传感器、物联网、人工智能等新一代信息技术在各行业的发展及应用，使企业能够获取的数据规模实现了质的提升，数据来源也越发丰富。在创业者及企业的积极努力下，数据的商业价值得到深度发掘，为企业的创新及转型升级提供了强大推力。在大数据的支撑下，零售企业的采购管理决策从传统的业务驱动转变为数据驱动。企业通过搜集海量内部及外部数据，发掘数据背后的联系与规律，从而帮助管理人员对用户需求进行精准预测，并制定更为科学合理的采购决策。

8.3.2.3 决策过程由"被动式"演变成"预判式"

在变革成为常态的移动互联网时代，各行业之间的边界变得越发模糊，市场竞争异常残酷而激烈，这种背景下，零售企业如何构建强大的市场竞争力成为管理人员亟须解决的一项重要课题。未来零售企业的管理者需要对市场及用户数据进行深入分析，从流程化的被动式决策转变为高效灵活的预判式决策。使得企业能够及时制定有效策略应对各种突发状况，并充分满足目标用户的个性化需求。

8.3.3 重构法则三：与供应商数据共享

现代市场竞争不仅是个体企业之争，更是供应链之争，所以零售企业应该和供应商建立长期稳定的合作关系，和供应商进行充分的沟通交流及资源共享，从而有效降低经营成本，提高客户服务水平与盈利能力。大数据的应用，使零售企业的供应商管理更为高效、成本更低，显著提高了供应商服务水平，并可以与之建立长期的战略伙伴关系。

产能过剩时代，以用户需求为主导是零售企业经营管理的核心理念。在供应商选择方面，零售企业应该对需求端的数据进行充分分析，通过建立需求预测模型来对用户需求的商品品类及数量进行预测，从而选择具备相应生产及服务能力的供应商，并指导供应商的设计、生产及库存等。

在供应商管理方面，零售企业可以借助大数据技术与方法，做好供应商质量、价格及服务的事前、事中及事后管理，引入更为全面、更具针对性的考核指标体系，针对不同供应商采取差异化的管理策略，同时利用自身的销售、库存、客户管理等数据，帮助供应商开发新品类、创新生产工艺、优化业务流程等。这不但能够提高供应商的盈利能力，还将促使其为零售企业提供更高水平的服务。

零售企业可以通过向供应商开放数据平台，使后者获得用户需求及评论数据、零售企业库存及销售数据等，而供应商可以为零售企业提供原材料采购及储备数据、订单生产及配送数据等。通过数据共享，双方建立长期稳定的战略伙伴关系，对产品及服务质量进行不断优化完善。还能根据用户需求进行定制生产，并通过满足用户在情感与精神等方面的更高层次需求，提高产品及服务的溢价能力。

以好生活零售超市为例，在发展之初，好生活零售超市的粮油品类商品主要供应商是乐万家，然而因为好生活超市采购的粮油品类商品无法满足用户需求，销售业绩下滑，在浪费好生活零售超市大量展示面积的同时，也提高了乐万家等粮油供应商的库存风险。

在好生活零售超市引入大数据技术及方法后，通过对门店顾客数据进行深入分析，为之描绘了立体化的用户画像，并将这些数据提供给乐万家等粮油供应商，帮助其改善产品质量、美化包装、采用更具针对性的营销策略等，有效地解决了门店粮油品类商品销量不佳的问题，同时，为乐万家等粮油供应商带来了相当丰厚的利润回报。

8.3.4 重构法则四：打通供应链各环节

较高的供应链管理能力是零售企业能够为用户持续、稳定提供优质商品的关键所在。具体来看，大数据技术与方法的应用将会在以下几个方面为零售企业的供应链管理创造价值（如图8-4所示）。

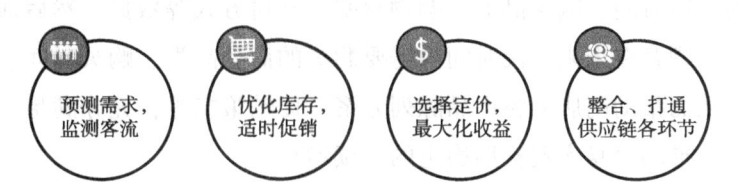

图8-4 零售企业的供应链管理价值

8.3.4.1 预测需求，监测客流

日趋白热化的产品同质竞争是零售企业面临的一项行业痛点。为了解决这一问题，有相当多的零售企业采用价格战策略，然而长期依赖价格战会导致自身盈利能力下滑，甚至破坏产业生态。更为明智的选择是，针对目标用户的个性化需求，推送定制营销内容，并提供极致服务来沉淀忠实顾客。

大数据的出现，为企业低成本、高效率地掌握用户多元化、差异化的消费需求提供了有效途径，可以让零售企业对客户需求进行精准预测。同时，对线上线下各类销售渠道中的客流进行实时监测，企业可以制定出更为科学的采购策略，降低零售企业的经营风险。

8.3.4.2 优化库存，适时促销

库存管理水平是衡量零售企业管理能力的重要指标，很多零售企业虽然销售业绩相当美好，但由于库存管理水平低下，部分品类商品出现严重的库存积压问题，而部分品类商品却出现缺货断货问题，从而极大地限制了自身的盈利能力。

通过大数据技术搜集并分析用户数据，零售企业可以对一定周期内的用户需求进行精准预测，制定更为科学合理的采购策略以及明确采购提前期，显著提高库存周转率。同时，适时推出更具针对性的营销活动也有助于企业减少库存积压，并有效提高库存周转率。

8.3.4.3 选择定价，最大化收益

通过分析目标用户需求心理及消费习惯，可以帮助零售企业掌握用户对不同

面临两个问题。

9.1.1.1 成本问题

技术成本是物联网广泛应用需要解决的首要问题，特别是作为物联网最关键也是最普遍应用的射频识别技术，相关的电子信息标签和终端射频识别器的价格仍然较高，当前只能应用于产品附加值高的产业供应链中，难以实现大规模应用。因此，物联网规模化应用的关键一步是加强相关技术创新，降低物联网的应用成本，这样才能真正发挥出物联网在促进产业供应链转型升级方面的巨大价值。

9.1.1.2 信息隐私保护问题

物联网发展还要处理好信息开放共享与隐私保护的关系，在通过射频识别器获取到电子信息标签中的相关信息后，也应做好数据信息的隐私安全保护工作。对此，我国应加快发展拥有自主知识产权的物联网核心技术，增强信息加密和安全保护能力，并建立物联网信息管理的统一标准，促进物联网产业的成熟，进而带动供应链的发展。

总体来看，应用物联网技术有助于实现产业供应链中各环节的有机整合，改变以往产业链中的各种"孤岛"现象，实现不同环节的信息互通、共享与业务协作，从而降低产业供应链的运作成本，提高效率与服务质量，最终构建出便捷高效、经济合理、用户更加满意的智慧物流服务体系。

9.1.2 物联网对智能物流供应链的影响

在"互联网+"新常态背景下，物流供应链管理面临着成本控制、供应链流程和各环节的可视化、用户需求的多元化与个性化、产业运营的全球化以及风险管理等问题。传统供应链系统不论是在与成本的同步波动方面，还是在供应链的可持续性、稳定性以及与用户的密切连接方面，都无法充分满足新常态下的更高诉求，从而导致物流企业面临着日益严峻的生存发展问题。

以物联网技术为支撑，实现物流管理的自动化、可视化、便捷化的智能物流供应链管理则提供了有效的解决方案。通过实时主动获取并分析相关的物流信息，智能化的物流供应链管理能够对产品物流状况进行实时追踪和控制，实现信息流与物流的同步，从而提高物流供应链的运作效率，并降低物流仓储成本。

物联网技术的应用为物流供应链管理提供了更多想象空间，有利于提升物流运营管理的专业化水平，实现同类资源的集约化以及各种横向整合。专业化主要

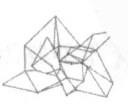

指通过对物流相关信息进行实时全面的采集与分析,实现物流流程的整合优化。

具体来看,物联网对智能物流供应链管理的价值主要包括以下几点(如图9-1所示)。

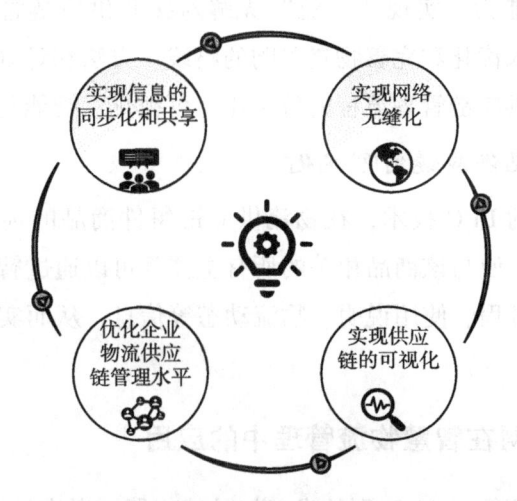

图9-1 物联网对智能物流供应链管理的价值

9.1.2.1 实现信息的同步化和共享

利用物联网技术,物流企业可以对物流供应链中的物品进行实时追踪、监控和管理,实现产品物流信息的同步化和共享,即让所有与商品有关联的主体都能共享实时信息和数据,从而不仅大大提高了信息传输的效率,也有效解决了以往信息传递过程中的内容缺失或失真问题。物联网技术的应用提高了物流供应链中信息传递的及时性和精准性,也有效降低了物流企业供应链的库存水平和成本。

9.1.2.2 优化企业物流供应链管理水平

物联网技术的应用能够增强物流供应链的自动化、信息化、可视化和智能化水平,实现人、物、信息更便捷有效的沟通交互,并通过对物流供应链各环节和全流程的实时追踪、监控与管理,大幅降低人工操作出现错误的概率,优化整个物流供应链的管理水平,提高物流企业的运营管理效率。

9.1.2.3 实现网络无缝化

随着互联网电子商务的发展与成熟,物流公司成为消费者购物的一个重要平台和渠道。而要满足多元化、个性化的客户需求,则需要物流企业能够及时对客户做出反应,实现快速、敏捷、柔性的生产加工,但这又会导致物流企业成本的大幅增加。

基于物联网技术的智能物流供应链管理为成本大幅增加的问题提供了有效的解决方案。通过智能物流供应链管理，物流企业能够大大增强对信息流、物流和资金流的跟踪掌控能力，实现"三流"无缝对接和供应链管理一体化，进而围绕客户的个性化需求优化和完善物资采购的路线、方法和计划，降低企业物流仓储成本，实现物流供应链管理流程的数字化、可视化、智能化。

9.1.2.4 实现供应链的可视化

利用物联网中的 EPC 技术，在物流供应链每件商品的标签中嵌入可进行追踪监控的动态数据，使与该商品相关的所有主体都可以通过智能化信息系统获取产品的成分、制造过程、使用说明、物流动态等信息，从而实现物流供应链的可视化。

9.1.3 物联网在智慧物流管理中的应用

物联网技术通过运用 PS 识别技术、红外感应器、激光扫描器等技术与设备，并根据已经建立的协议使各种物品接入互联网，从而实现与其他设备及系统的信息交互。基于物联网技术，搭建集定位、跟踪、调控、监控及识别等功能于一体的网络系统，是物联网技术的一大主流应用方向。

在应用物联网技术的过程中，可以在没有人的参与下，对目标对象进行精准识别，获取全方位、立体化的属性信息，从而使目标对象能够与系统中的其他设备进行互联互通。应用物联网技术时，主要包括以下三个步骤。

（1）标识。物联网系统运行时，可以利用传感设备获取编制物体对象的 ID 及属性信息，并采用标准化的格式将该信息存储在标签中，然后对其进行精准探测及识别。

（2）识别。识别设备可以快速高效地对目标对象信息进行识别，并将该信息进行处理及格式转化，以便将其实时传输到系统中的各个节点。

（3）通信。通过网络系统将信息传输到信息处理中心，然后由信息处理中心根据指令完成信息传输工作。

9.1.3.1 智慧物流的三大核心系统

智慧物流是一种将物联网、大数据、云计算、人工智能等技术融为一体的新兴物流业态，是现代物流走向成熟的具体体现。信息化、系统化、智能化是智慧

物流网络体系的三大主要特征。对物流企业而言，发展智慧物流，可以帮助其降低人力、配送及管理成本，提高配送效率及客户满意度，并和竞争对手实现差异化竞争。

从诸多物流巨头企业发布的智慧物流发展战略规划中，我们可以了解到，智慧物流具有感知、决策及反馈三大核心系统。

（1）感知系统。射频识别、红外线感知及卫星定位等技术的应用，使物流企业能够实时高效地获取入库、仓储、分拣、包装及配送等环节中的数据信息，实现对货物的实时追踪及定位。

（2）决策系统。运用大数据及云计算技术来对货物数据、物流数据、客户需求数据等进行深入分析及发掘，可以指导物流企业的物流资源调度、优化配送路线等工作，帮助其制定更为科学合理的战略决策。

（3）反馈系统。在物流配送过程中，为了更好地开展相关业务，提高运营效率，发货方及收货方都对货物的配送状态信息存在较高的需求。而智慧物流将通过信息系统、传感器及物联网等技术与设备对物流配送状态信息进行实时搜集，并及时反馈给发货方及收货方。当遇到货物丢失、损坏等突发状况时，能让企业及时制定有效的应对策略。

9.1.3.2 物联网与物流管理的关系

可以从以下三个层面理解物联网和物流管理的关系。

（1）物联网在物流管理中的应用，体现了物联网"连接一切"的本质，有助于实现人、物、信息的连接融合。物联网能够为现代物流管理提供高科技的管理技术与手段，提高物流供应链管理的信息化、自动化、智能化水平，拓展物流服务的市场空间和范围。

从物流企业角度来看，基于物联网的智能物流供应链管理，不仅大幅提高了企业的物流运营管理效率，同时在加快业务的传输运送、方便业务供应方与需求方、提升企业服务质量和整体形象、深化企业与客户的关系等方面都具有重要作用。

（2）物流企业借助物联网对物流供应链进行管理，既是对物联网及相关技术的具体应用，也是对物联网技术在具体业务应用的可行性和有效性方面的探索与检验，是评估物联网价值的重要方式。

（3）物联网与物流管理是相辅相成的合作关系。一方面，通过应用物联网物流管理可以借助高科技、智能化手段实现更为便捷高效的人、物、信息的连接交互，从而大幅提高物流运营管理的效率和质量，拓展物流服务的广度与深度；另一方面，物流管理对物联网的应用，也推动了物联网技术从理论走向实践，有利于探索、发挥出物联网的巨大应用价值，实现"三网合一"。

9.1.4 物联网在供应链各环节的应用

将物联网技术应用于产业供应链，最重要的一个作用是促进供应链中各环节的信息互通共享与合理决策。即利用物联网技术对供应链中的物品进行实时追踪，实现产业供应链的透明化、可视化、智能化管理，从而减少供应链各环节信息流通不畅、传递滞后、传播失真等造成的损失。

物联网的应用可以帮助物流企业实现从生产供应商到终端客户的所有相关供应链的动态化、可视化、智能化管理，拓展物流企业的服务广度和深度，实现产业链的延伸。具体来看，物联网在物流供应链管理各环节中的作用如下。

9.1.4.1 生产环节

生产环节的物联网应用主要表现为制造商利用EPC技术在产品中嵌入电子标签，然后利用RFID技术扫描标签，以此实现对整个生产线中的原材料、零部件、半成品和成品的准确识别与实时追踪监管，从而大大降低人工识别的成本和出错率，提高了识别效率，也使制造商提高了对客户需求的响应速度，可以制定更合理高效的生产计划，构建自动化、可视化、柔性化的产品生产线。

此外，在产品销售出去后，制造商也可以借助物联网相关技术实现对产品的追踪监管，及时召回问题产品，获得消费者反馈信息，从而更有针对性地对产品和服务进行优化改进，塑造并不断提升客户口碑，实现更有效的客户运营与拓展。

9.1.4.2 仓储环节

物联网技术在商品物流仓储环节中的应用有两个方面：一方面可以实现存货管理的信息化、自动化，从以往人工存货盘点优化升级为以物联网高新技术为支撑的自动化、智能化盘点，提高存货盘点的效率和准确性，做到存货会计记录的实时跟踪和校对；另一方面有助于及时准确地了解企业库存情况，并通过与企业内部需求状况的关联分析，帮助企业研制出更合理的补货及相关决策，减少无效库存。

物联网技术的应用为新常态下的物流供应链管理提供了新的解决方案和路

径，使得供应链管理实现可视化、无缝化、信息化、智能化，能够降低供应链中物流信息传递的失真率和错误率，提高了物流供应链管理的效率和水平，拓展了物流服务的广度和深度，从而为物流企业带来了更大的发展空间。

物联网在仓储环节中的应用主要是智能货架技术。智能货架具有高度自动化、智能化的特点。与传统货架技术相比，智能货架实现了存取货、盘点等操作的自动化、智能化，大大提高了仓储作业的效率和准确性，降低了库存成本，节约了劳动力和库存空间，甚至帮助企业实现了零库存，也更好地保证了存货、取货、补货的准确性和及时性，减少了整个仓储物流过程中商品因误置、错送、偷窃、损毁以及库存、出货等而造成的损耗，提高了仓储服务质量。

以物联网技术为支撑的智能仓储主要有以下两个优势。

（1）优化库存结构，确定库存中货物的合理比例，从而既充分保证了企业的正常生产销售，也实现了仓储空间的合理配置和高效利用。

（2）最大限度地降低人力成本。在传统仓储运作中，货物的存取、盘点等都是依靠人工操作的，不仅费时费力，还很容易出现错误，物联网技术的应用则有效地解决了这一痛点。利用 RFID 和 EPC 技术，企业可以将每件货物的信息进行扫描、传输并存储到相关智能系统中，从而方便、准确、实时地了解库存货物的数量、位置等，实现取货、发货、补货的自动化、智能化。

总体而言，物联网技术在仓储环节的应用能够降低运输成本和库存成本，提高仓储作业效率和服务质量。

9.1.4.3 配送、分销环节（分销商）

配送和分销是物流的一个缩影，基本包括了所有的物流功能要素。在配送和分销过程中应用物联网技术，能够大幅降低人力成本，提高拣选、发货等业务操作的效率和准确性以及配送服务质量。

物联网技术的应用能够帮助物流企业规划更合理的货物配送路线：利用 RFID 技术对配送货物进行扫描，准确识别出每件货物需要送达的销售点或客户所在地，然后按照配送顺序装载上车（后配送的先装载）。如此，不仅减少了人工识别的流程，提高了货物识别的效率和准确性，也大大加快了配送速度，降低了配送成本、提高了快递公司的配送服务质量。

此外，物联网技术在配送环节的另一个应用是实现对货物的实时追踪监控和信息共享。比如，多数快递公司都能通过扫描运单在网站中显示货物的实时位置，从而使客户可以随时查询了解商品的物流状态。

9.1.4.4 运输环节

运输一般是物流运作中耗时最长的环节，这一环节中的物联网应用主要是在货运车辆中贴上 EPC 电子标签，同时在运输线路中安装 RFID 装置，从而实现对物流供应链中货物运输状态的实时追踪、监控，实现物流供应链的可视化管理，让与货物相关的所有主体都可以共享货物的实时物流信息。

简单来看，物流供应链的可视化管理就是借助 EPC、RFID 等物联网技术打造智慧物流，实现货物的自动识别、自动分类处理和自动通关等，从而降低货物流通成本、提高运输效率和周转速度。此外，对运输过程中的货车进行实时追踪监控，也能实现可视化管理，提高货物运输的安全性、可靠性和效率。总之，物联网技术在运输环节中的应用，不仅有利于提高物流企业的服务质量和竞争力，为企业创造更多经济效益，也能够优化社会效益，缓解交通运输压力，实现低碳运输、绿色物流。

9.1.4.5 零售环节

货物送到零售终端后，零售商也可以利用物联网技术实现对产品运输与库存信息的有效追踪监控，保证产品质量，减少产品运输过程中的损坏、错送、丢失等情况，提高业务效率。同时，还可以实现补货自动提醒，降低零售环节的库存成本，实现更为智能化、高水平的零售库存管理。

9.1.4.6 消费者

从消费者的角度来看，物联网技术的应用可以帮助消费者实现对产品的追溯，从而全面了解产品的成分、生产过程、相关厂商等信息，更放心地购买和使用产品。总体来看，物联网在消费环节的应用主要是构建产品的智能化可追溯系统，实现信息的高度开放共享，从而减少由于信息不对称造成的消费者搜索、等待的时间，让消费者可以便捷全面地获取产品及相关厂商的各种信息，做出更合理的选择，实现消费者与商家的共赢。

9.2 物联网在智慧物流中的技术架构与应用

9.2.1 感知互动层：实现物流智能配送

信息技术的快速发展及广泛应用催生出诸多新技术、新业态。在企业界异常

火热的物联网技术可以视作信息技术发展到一定阶段后的产物。物联网技术的崛起，使企业的商品能够接入互联网，和消费者实现无缝对接，从而对产品设计、研发、定价、营销、交易、配送等环节进行优化完善，帮助企业建立强大的市场竞争力。

物联网技术应用到物流行业后，能够使物流实现自动化及智慧化管理，消除限制物流业发展的诸多阻碍，并为智慧物流的落地奠定坚实基础。

结合物联网本身的特性及其在生产生活中的应用，我们可以发现物联网并不是一种单项技术，而是一种将信息技术、通信技术等深入融合的复杂技术。物联网技术体系包括共性技术、关键性技术与支撑性技术。在智慧物流落地过程中，物联网技术发挥了不可替代的关键作用。

在智慧物流领域，物联网技术将从多个层次体现其价值，而且不同层次所需要的物联网技术也是有所不同的。下面我们首先来了解感知互动层。感知互动层所需要的物联网技术包括以下几种。

9.2.1.1 RFID技术（射频识别技术）

本质上，RFID技术属于通信技术范畴，是物联网领域的一大核心技术，它能够完成非接触式的双向通信。使用RFID技术可以为货物贴上专属的电子标签，让每件物品都有一个独特的标识，而且利用射频信号可以对物品进行自动识别，让物流企业实时获取货物及车辆的状态信息。

物流运输的复杂性，决定了RFID技术将在该领域有着十分广阔的应用前景。在大型物流企业的日常运营中，每天需要处理各种品类、形状、体积的商品运输任务，这就给仓储管理、分拣及配送带来了一系列挑战，而应用无线射频识别技术就可以很好地解决这一问题，让物流企业实现仓配智能化管理及可视化物流配送。业内人士指出，RFID技术的应用，使智慧物流的价值创造能力得到了进一步拓展，为缩短国内物流企业与国际巨头的差距，提供了有效途径。

9.2.1.2 WSN（无线传感器网络）

无线传感器对实现人与人、人与物以及物与物之间的实时互动，具有十分重要的作用。而在应用实践中，基于无线通信技术的无线传感器和多种系统及设备组成了一个网络系统。

无线传感器本身也是由多种技术组成的，它能够高效低成本地对物流配送过程中的数据信息进行搜集并自动检测其质量,分析货物在配送过程中的状态,并将信息及时反馈给工作人员,而且能够进行自动决策及智能决策,提高物流企业的运营管理能力,有效降低运营成本。此外,通过无线传感器搭建的网络系统,能够对货物配送、物流车辆运行及仓储环境进行动态监测,降低物流配送风险。

9.2.1.3 GPS（全球定位系统）

运用GPS,可以使物流配送做到实时定位及导航。在GPS的助力下,物流企业可以对配送车辆及货物位置进行动态监测,追踪货物运输状态,并为之提供配送路线优化、紧急救援、实时导航等诸多服务,有效提高配送效率及客户满意度。在跨区域甚至跨国物流运输中,天气变化、交通拥堵等因素极易导致物流配送效率处于较低的水平,在延长配送周期的同时,也给客户体验带来了较大的负面影响,而GPS的导航功能,可以帮助物流企业更好地配置运力资源,对配送路线进行动态优化。

9.2.2 网络传输层：提升服务器响应速度

网络传输层涉及的物联网技术主要包括以下几种。

9.2.2.1 云计算技术

在应用实践中,云计算技术向来和大数据技术密不可分,它通常涉及通过互联网来提供动态交易扩展,而且大部分情况下是虚拟资源。云计算能够提供每秒10万亿次的运算能力,而且随着相关技术的不断发展及硬件更新迭代,这一数字仍保持快速增长。通过综合运用互联网、移动通信、大数据、云计算及人工智能等先进技术,可以对物流配送各环节中的信息进行自动化及智能化处理、分析及应用,为推进智慧物流的落地奠定坚实基础。从实践来看,云计算在智慧物流中承担的主要任务是为决策提供数据支持,确保智慧物流系统能够安全、稳定、高效运行。

9.2.2.2 M2M技术

事实上,广义上的M2M技术不仅局限于机器对机器,它还包括人对机器、机器对人以及移动网络对机器。它通过在机器内部嵌入无线通信系统及硬件,使人、机器、系统之间建立通信连接,通过提供综合信息解决方案,充分满足各种信息服务需求。具体到智慧物流领域,M2M技术能够使参与物流配送的设备、

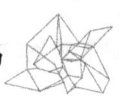

系统、人之间建立无缝对接，并对其状态进行实时监测，帮助物流企业更好地配置物流资源，减少资源浪费，提高服务响应速度、灵活性及质量。

9.2.2.3 数字集群通信技术

数字集群通信技术是一种能够对文字、图片等数据信息进行高效传输的移动通信系统。在物流业，数字集群通信技术的主要应用领域是港区堆场及物流园堆场，因为在这类场景中，物流作业集中化程度较高，且较为复杂。较高的频率利用率，是现代数字集群通信技术的一大特征，其信号有较强的抗信道衰减能力，而且保密性能尤为突出，支持同时服务多项业务，在现代通信领域有着十分广泛的应用。

9.2.3 应用服务层：信息系统互联互通

应用服务层无疑是物联网技术在智慧物流领域的一大关键应用，其发展水平决定了智慧物流的服务能力与服务质量。具体来看，应用服务层涉及的物联网技术主要包括以下两种。

9.2.3.1 嵌入式智能技术

嵌入式智能技术对计算机技术有较高的依赖性，需要后者的协调配合才能体现其价值。而且在实际应用过程中，嵌入式智能技术对其应用系统的功能、体积、功耗、成本及可靠性等有严格限制，如果不能满足这些条件，最终的应用效果也会大打折扣。嵌入式智能技术的优势在于，它可以使系统具备更强的图像及语言处理能力，充分发挥软硬件设施的价值，减少资源浪费，而且能够进行迭代升级，从而使嵌入式智能设备具有较长的生命周期。在嵌入式智能技术应用到物流领域的过程中，可以让物流企业进行跨系统、跨平台及跨应用的信息系统互联互通，使物流设备变得更加自动化、智能化和人性化。

9.2.3.2 公共物流信息平台

公共物流信息平台是智慧物流得以落地的重要环节，是构建覆盖全国甚至全球的智慧物流网络的重要基础。公共物流信息平台可以为物流企业提供数据支持、公共信息服务及物流应用服务等。而且公共物流信息平台能够整合更多的公共数据资源，利用多源数据提高物流企业的决策效率与质量。

从物流业长期发展角度来看，实现全面信息化与数据化，是物流技术与物流服务水平进一步提升的核心所在，而公共物流信息平台具有高度开放性与共享性，可以促进物流数据的自由流通，让诸多的中小物流企业也能享受到高水平的数据信息服务，对推动我国物流业走向成熟，完成从物流大国向物流强国的转变具有十分积极的影响。智慧物流是物流业发展的主流趋势，也是物流业走向成熟的重要标志。智慧物流的真正落地，将使物流效率与服务质量实现质的提升。物流业涉及的行业非常多，产业链上下游涉及众多主体和技术，而在物联网、人工智能、大数据、云计算等前沿技术的加持下，智慧物流将会为创业者及企业提供广阔的探索空间。当然，智慧物流的落地不仅需要物流企业的力量，还需要政府部门在政策、资金、基础设施建设、人才培养等方面给予扶持及引导。从当前国内及国际的智慧物流实际发展情况来看，物联网技术的应用，为智慧物流的发展扫清了诸多阻碍，使智慧物流的落地进程进一步加快，在一批时代弄潮儿的积极探索下，各种智慧物流项目大量涌现与落地，为人们的生活与工作带来了诸多便利。

对国内物流企业而言，在智慧物流风口面前，最为关键的是要积极转变思维模式，结合自身掌握的资源与发展情况选择合适的切入点。较为可行的发展路径是和其他企业进行战略合作，通过发挥合体势能，针对某一环节的痛点实施重点突破，并有效控制风险。综上，随着互联网、大数据、云计算、人工智能等技术在物流行业的应用程度日渐加深，物联网在智慧物流中的应用具有十分广阔的想象空间，未来要想推动智慧物流的进一步发展，还需要不断拓展物联网技术在该领域的应用深度及广度，这在加快智慧物流落地进程的同时，也将使我国的物流业发展水平迈向新的高度。

9.3 面向物联网的供应链协同管理优化策略

9.3.1 物联网环境下的供应链协同管理

对于供应链协同管理来说，物联网发挥着巨大的推动作用，相关技术早已在供应链领域得到了广泛应用，在这种情况下，物联网就成了推动供应链协同管理发展的最佳切入点。物联网是在互联网基础上形成的一种物物相连的网络，网络各主体借RFID、GPS、EPC、激光扫描与感应、全球统一标识系统等技术交换信息，从而形成了智能化的网络系统，以开展信息交流，促使生产制造与人类活动

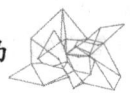

进行智能对话，让实时动态管理与自我掌控的智能技术相结合。

2009年被称为"物联网元年"，随着"智慧地球"理念的提出，一时之间物联网吸引了各国关注，欧美等发达国家和地区相继发布了物联网发展战略，国际竞争越发激烈。在这种情况下，我国适时推出了"感知中国"计划，将物联网纳入国家战略性新兴产业行列。在国家高度关注、巨额资金投入、配套优惠政策、良好市场机会等条件的支持下，近几年来我国物联网不断成为经济增长方式创新、转型的巨大推动力。

物联网是将感知技术、管理技术、信息交换技术整合在一起进行广泛应用的产物，其中各主体相互连接交织形成网络。从虚拟形态来看，供应链是物联网的脉络；从技术层面来看，物联网很多技术都在供应链领域得到了广泛应用。物联网不仅为这些新技术增添了新的发展元素，还为其朝高新方向发展提供了一个广阔的空间。

9.3.1.1 驱动供应链协同管理信息平台走向高端

供应链协同管理信息平台有三层，分别是各节点企业的内部信息平台、企业间信息交换平台、供应链一体化协同管理信息平台。在物联网高度并发性的支持下，资源、市场、信息可沿供应链实现有效整合，信息化系统可同步朝供应链上下游拓展，让核心业务应用实现优化。

（1）提高信息共享的自主协同性。在标准统一、可相互操作、可实现无缝衔接的信息共享平台基础上建立起来的物联网能在短时间内实现内部信息、外部信息的整合，并将整合后的信息传输到供应链协同管理信息平台，让各节点企业在最短时间内感知信息，对产品、企业、供应链的整体情况进行全面把握。只有对客户需求进行及时了解，与客户开展有效沟通，才能以互相开放、信息资源共享为前提实现业务协同，让内部管理与外部管理实现有序互动。

（2）"云端"凸显信息获取的实时感应。对于供应链协同管理来说，信息能否及时获取，信息的多元化、丰富性非常重要。供应链各节点上的企业不仅要时刻关注市场变化，也要关注上下游企业的情况，以便对客户随时变化的需求做出快速响应。物联网最大的优势就在于可以全面获取信息，借助大规模传感网络与终端收集海量信息，将信息上传到云端存储、处理，为供应链协同管理决策提供有效支持。

（3）海计算增强信息精确度与保真度。受需求预测修正、价格波动、应对环境变异等要素相互博弈的影响，信息在传输过程中失真，使得供应链产生了

"牛鞭效应"。在物联网海计算模式下,供应链各环节都具备了自组织、自反馈、自计算功能,通过局部交互,供应链协同管理系统实现了智能化,供应链信息传导路径大幅缩短,信息处理能力不断增强,信息准确度不断提升,失真情况有所减少。

9.3.1.2 促使供应链各节点企业纵深合作

企业要想获取供应链协同竞争优势,企业内部与企业间就必须实现业务协同、管理协同,必须对计划、信息进行共享,形成统一的管理目标。物联网提供的智慧信息与决策主要体现在三个方面:一是信息流感知、传输到为决策提供支持的全过程;二是供应链各企业关联互动的全过程;三是各企业全面感知供应链协同管理的全过程。在物联网无壁垒信息共享平台的支持下,各节点企业可实现更深入、更广泛的互联互通。

9.3.1.3 提升供应链全过程物流效率

在物联网实时追踪、远程监控的支持下,通过供应链协同管理,企业可提升物流效率,控制物流成本。比如,上海海关借远程监控系统在线对报关货物进行可视化检查,不仅降低了人力成本与管理成本,还使工作效率大幅提升。

(1) 运输效率。借助智能运输管理系统,车辆定位、车辆交互、流量管理、车辆在线调度、不停车收费、货物监控等功能都能有序实现。同时还能对运输路线进行优化,对运输动态进行追踪,对货物属性进行远程识别,实时获取货物的存储状态。此外,在该系统的支持下,货物还能自动通关,使交货时间与验货时间有效缩短,保证运输安全,提升运输效率。

(2) 配送效率。借助智能配送管理系统可实现自动化、智能化配送,对多客户配送需求进行合并规划,对配送车辆进行合理安排,降低车辆的空载率,提升车辆的使用率,将车辆运营成本降到最低,实现及时配送、精准配送,以获取规模效益。

(3) 库存效率。借助智能库存管理系统,可优化库存管理,有效提升业务操作的自动化水平。比如,可利用机器人开展码垛、装卸、搬运物料等工作,使空间利用率得以大幅提升。在信息处理方面,借助智能库存管理系统,企业可对出入库数据进行实时采集,对货物存储情况进行实时把控,以做好信息反馈、指导生产等工作,让供应商、采购商实时了解生产变化及库存状况,结合配送管理对库存水平进行有效控制,将缺货风险降到最低。

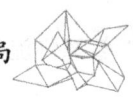

9.3.2 物联网供应链建设中的四大壁垒

9.3.2.1 壁垒一：信息平台与系统集成

首先，信息技术尚未实现高度普及、应用。导致这种现象出现的原因有三点：一是企业内部尚未完全实现信息化；二是企业间的业务往来与沟通尚未完全实现信息化；三是供应链管理全过程尚未完全实现信息化。数字化企业和制造业信息化网（E-works）的一项调查显示，在供应链信息化方面，目前，超过一半的企业都完成了内部供应链的信息化，开始朝外部供应链拓展，但从整体来看，供应链信息化应用水平普遍较低。其次，信息共享程度比较低，上下游企业协同过程中的信息交互不畅，没能实现实时共享。最后，供应链一体化协同管理信息平台尚未成熟，无法为各节点企业提供科学完善的解决方案与信息增值服务。在这种情况下，企业要想对各信息平台进行整合，构建一个统一的供应链协同管理信息平台，为物联网在行业内的应用提供有效支撑，还需付出诸多努力。

9.3.2.2 壁垒二：信息安全与隐私

物联网技术应用在供应链协同管理中既能为企业带来好处，也能带来坏处。借助开放的互联网进行人机交互，对信息进行处理，虽然提升了供应链协同管理效率，但也诱发了诸多信息安全及隐私保护方面的问题。

从安全性方面来看，物联网与互联网一样都有可能受到黑客攻击或病毒侵袭，导致信息泄露，供应链管理混乱，影响企业的正常运行；如果泄露的信息涉及国家机密，还有可能使国家安全受到威胁，造成无法估量的损失。2021年5月9日，美国宣布进入国家紧急状态，原因是当地最大燃油管道运营商遭网络攻击下线。据报道，美国最大的成品油管道运营商 Colonial Pipeline 在当地时间周五（5月7日）因受到勒索软件攻击，被迫关闭其美国东部沿海各州供油的关键燃油网络。受影响的 Colonial 管道每天运输汽油、柴油、航空燃油等约250万桶，其中美国东海岸近一半燃油供应依赖于此。该事件涉事的黑客团队 DarkSide 索要数百万美元虚拟币。该事件也是2021年造成实质影响最大的网络安全事件。

从隐私性方面来看，企业隐私、消费者隐私都变得越来越"透明"。借助无线网络传递的信息非常容易被截获，采用 RFID 技术采集的商品信息很有可能进入某信息平台，为供应链上的所有企业所用。或许消费者面对自己的消费行为信息被反馈到供应链信息平台尚能接受，但如果消费者知道自己每天的行踪都会被反馈到某信息平台，恐怕就难以接受了。

而这种情况却真实地存在于日常生活中。我们的手机存在较大个人隐私泄露的风险，如用户的年龄、性别、位置、设备 ID 等，这些信息未加密，这就代表用户的个人隐私信息可以非常容易地被他人获取、利用。

2020 年 6 月，欧洲电信标准化协会（European Telecommunications Standards Institute，ETSI）网络安全技术委员会发布了物联网产品的网络安全/隐私保护标准 ETSI EN 303 645，这是消费物联网产品网络安全领域的首个全球标准，该标准为物联网产品建立安全基准，有助于防止针对智能设备的大规模普遍攻击。同时，ETSI EN 303 645 也有望成为欧盟物联网产品认证的评估标准。

9.3.2.3 壁垒三：编码标识标准

供应链协同管理在编码标识方面面临着以下一系列问题。

（1）编码体系原则与协调、编码标识资源分配管理方面尚未形成完善的机制，评价指标体系、标准一致性测试方法缺失。

（2）通用的，可以交换、对接的技术规划尚未形成，物品编码标准过多，行业编码没有形成统一的标准，兼容性、扩展性都比较差。

（3）同时存在多种物品编码方式，编码之间相互独立或重复交叉，企业无法适应，导致自行编码情况层出不穷，系统完整的框架体系难以形成。

（4）以编码加密、传输协议、解密技术为基础的编码解析平台尚未建立起来，企业难以对编码资源进行科学管理、有效整合。

（5）在国际市场上，ISO、UID、IP-X 等多种标准体系并存的局面已经形成，但这些标准体系都是发达国家制定的，如果我国不能形成自己的编码标识标准，没有自己的编码资源，就会在核心技术层面受制于人，诱发严重的信息安全隐患。

（6）全球各大编码标识标准及其硬件设备之间无法兼容，使应用及系统的整体协同受到了极大的影响。

（7）编码标识的时效性使信息存储成本与维护成本都比较高。供应链上的所有物品都必须有一个唯一的编码，有些产品在供应链上存在的时间比较长，就表示编码信息需要长时间保存。虽然从技术层面来看这一点很容易实现，但随着这种数据越来越多，信息存储成本与维护成本会越来越高，编码资源也会被无谓地占用、消耗。

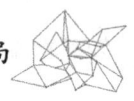

9.3.2.4 壁垒四：信息化改造成本

（1）供应链协同管理应用物联网技术的成本比较高，从而诱发了物流成本不断下降与供应链协同管理信息化技术改造成本不断增加的矛盾。通过"2021中国物流发展与形势分析会"掌握的数据来看，2021年我国社会物流总额超过了335.2万亿元，同比增长9.2%；社会物流总费用16.7万亿元，同比增长12.5%；物流总收入达11.9万亿元，同比增长15.1%。2021年，我国物流呈现坚实复苏态势，实体经济持续稳定恢复拉动物流需求快速增长，物流供给服务体系进一步完善，供应链韧性提升，有力地促进宏观经济提质增效降本，物流实现"十四五"良好开局。由此可见，对于供应链协同管理来说，降低物流成本仍是主要目标。

从长远来看，借物联网技术对物流运行进行管理、优化、监控能使物流效率得以大幅提升，能使物流成本有所下降。但目前，物联网技术及相关产品应用仍处在初级阶段，技术尚不成熟，应用成本较高，问题也比较多。比如，浦东机场建立的包含了2万多个传感器节点的物联网飞行区周界防入侵系统，一旦有入侵就能在第一时间发现并采取合理的方法予以警告，智能化程度极高，但这一技术改造所用的物联网传感器安全防护设备的费用以及后期维修费用较高。

（2）硬件设备尚未形成规模效应。物联网技术与终端设备只有实现规模化，降低使用成本，用户才有可能为其买单。沃尔玛对100多家大型供应商进行RFID供应链管理改革用了3年多的时间，就是因为没有形成规模效应，成本太高。据波士顿ARM市场研究中心测算，要想达到沃尔玛对RFID的要求，普通消费者生产商要投入130万~230万美元，而小型供应商却不愿为此投入任何资金。

市场没有形成规模，价格就比较高，应用压力就比较大；而价格一旦过低，企业就会无利可图，这是企业面临的最大难题。面对该问题，业内已达成共识：RFID受投资回报驱动，在规模效应的作用下标签成本能有所下降，只有当标签成本降到5美分以下时，RFID帮企业节省的物流成本才能与投入的费用平衡。所以，RFID规模效应与物流成本只能借供应链协同管理维持平衡。

（3）运营商技术的支持成本较高。对于这一点，有业内人士表明，要想大幅提升物流管理效率，降低企业的运营成本，企业必须构建一个在物联网技术的支持下形成的信息平台，让所有物流企业参与其中。如果仅为某一个物流企业提供物联网技术支持，成本效益会出现失衡的状况。

9.3.3 构建物联网供应链协同管理战略

供应链协同管理发展必须以物联网为突破口。在物联网时代,很多烦琐的工作都可以交由人工智能负责,以切实提升供应链管理水平。所以,在制定供应链协同管理高端发展战略的过程中,企业必须注重深度,聚焦细节,破除供应链协同管理方面的壁垒,做好集约化协同合作,让供应链协同管理可持续发展的整体效果达到最佳,让其共同利益实现最大化。

9.3.3.1 建立供应链协同管理的智慧合作模式

在供应链协同管理模式下,各节点企业必须将整体竞争力的提升作为目标,相互合作。加强供应链协同管理,对各节点企业的合作模式与路径进行持续创新,在物联网的基础上开展高层次的合作,构建能实现多方共赢的合作模式,以便物联网技术能在供应链协同管理中实现广泛应用。

供应链各节点企业可开展高层次的深度合作,比如共同研发、生产产品,获得丰富的跨界知识与信息,对各节点企业与消费者反馈的信息进行综合处理,对消费者需求进行科学预测,以降低管理风险,提升信息流、物流、资金流的使用效率,从而实现共赢。

青岛啤酒股份有限公司的供应链协同管理平台由四大基础架构和业务管理平台组成,其中四大基础架构分别是协同计划层、协同执行层、协同支持层、协同绩效管理层,推动跨企业的协同预测与计划、协同产品管理、协同订单管理、促销费用管理、渠道资源管理、供应商及客户关系管理等功能有效实现,通过智能、实时响应、全程可视等方式为企业提供各种增值服务,包括全面搜集客户信息、对客户信息进行实时处理、分析客户消费规律等。依靠供应链各参与主体的相互协同对供应链存货数量进行有效控制,让企业对客户需求做出快速响应。

9.3.3.2 加强信息安全与隐私保护

供应链协同管理只有以物联网信息技术与网络技术为依托才能实现,信息共享必然伴随着信息安全与隐私保护等问题,这是物联网在供应链管理领域面临的最大难题之一。物联网固然给供应链协同管理带来了诸多便利,那么其是否必须承受隐私被侵犯的不便利呢?物联网的广泛应用已对现有的法律法规提出了更高的要求,这是不容忽视的事实。

一方面,企业在供应链管理方面尚未形成系统完善的信息安全及隐私保护制

度；另一方面，在整个社会范围内，与供应链管理配套的法律法规、政策机制尚不健全。在这种情况下，国家必须出台与信息安全、隐私保护有关的法律法规，制定相关的标准。所以，在物联网应用之初就必须做好技术研发与制度建设工作。

（1）制度层面。在制度层面，企业要关注社会责任，制定新的政策机制，修订与隐私及安全保护有关的法律法规，明确各部门职责。比如，关注信息采集的合法化问题，构建完善的信息安全监管预防机制，让供应链各环节实现有序衔接，形成覆盖整个供应链的信息安全保障机制。

（2）管理层面。供应链协同管理对各节点企业有不同的要求，针对不同程度的信息安全及隐私保护问题，企业可采取不同的信息共享模式，对共享信息的种类、密级、时间、获取方式、处理权限、要求等事项进行协商，选择合适的信息平台，构建合理的信息共享模式，让信息共享的安全性与公平性得到有效保障。

（3）技术层面。做好与供应链协同管理有关的信息安全技术开发工作，使信息安全保障能力得以有效提升，构建包含贯穿全链条的安全策略、安全评估、安全管理策略等内容的安全防护体系，对各种技术安全要素与资源进行系统整合，以网络安全特点为依据，从供应链基础信息管理角度切入对网络管理及安全技术进行整合，为从网络基础结构到操作系统平台、应用平台到数据信息的安全提供有效保障，构建一个集信息安全管理、隐私保护、用户管理于一体的安全防护系统，打造一个开放度高、安全性好、可信度高的物联网络，以做好供应链协同管理。

9.3.3.3 加快建设统一的编码标识标准体系

将物联网与供应链协同管理有效融合，首先要对物品编码标准进行统一。如果编码不统一，不仅是物联网，连供应链协同管理也只能在很小的范围内发挥作用，无法在较大的空间内施展开来。那么物品编码标准要如何进行统一呢？

首先，要站在国家信息化发展战略层面对物品编码标准进行统一，打破行业界限，对相关信息系统和资源进行整合，构建协调推进机制，助推编码体系实现统一，并对编码标识资源分配管理机制进行优化完善，制定系统科学的评价指标体系。

其次，让技术规范做到可对接、可兼容、可拓展，做好自主知识产权的开发工作，对编码标识标准的核心技术进行研发，掌握话语权；构建统一的编码解析平台，帮客户解决编码解析难题。具体到供应链协同管理方面，就是要迎合信息化发展战略的需要，以应用促发展。比如：借编码的唯一性让信息共享与信息传递实现无缝对接，面向供应链协同管理各个环节做好信息安全验证工作；解决编码信息存储、维护方面的时效性问题，对编码资源进行充分利用，做好动态维护工作，一边满足信息交换需求，一边把控运营成本，让供应链的有效运行与协同管理有序实现。

9.3.3.4 做好核心技术创新，实现应用的规模效应

要想降低物联网在供应链协同管理中应用的成本，首先要解决技术问题，尤其要做好核心技术与设备的创新工作。受体制影响，资源无法共享，力量难以整合，使得我们在传感器、关键设备制造、智能通信、芯片等核心技术方面没有话语权。为了解决这些问题，我国必须做好物联网技术的研发工作，在创新物联网协同管理技术的同时不断地降低其成本。

现如今，很多RFID生产商都以5美分为目标不断进行技术创新，推动低成本高性能的目标得以实现。比如，韩国顺天乡大学和美国得克萨斯大学合作研发了一种RFID标签，该标签可直接印刷在商品的塑料外包装上，不再需要硅材料，使商品生产成本降到了3美分左右。对于很多商品来说，这个成本价格已经很低了。目前，该课题的相关人员仍在不断创新技术，以期用更小的标签容纳更多的数据，将商品生产成本降到1美分。在低成本的作用下，规模效应有可能得到充分发挥。正如中科院的专家所说，只有低成本的物联网才值得复制。而供应链协同管理就是要找到一条以低成本实现物联网的途径，创造规模效应，在应用的过程中解决问题，以促使物联网在供应链协同管理方面的应用进入良性循环。

9.3.4 打造智能化供应链协同管理平台

在物联网技术的推动下，数字化、网络化、智能化的新应用层出不穷，所以，要将物联网与供应链协同管理的优势相结合，形成发展合力，以应用催生需求，完成智慧型供应链协同管理信息平台的构建，以实现智能互联、资源共享。

第一，对信息共享的合作模式进行完善。全面覆盖供应链协同管理的信息共享，疏通信息沟通渠道，实时获取、分享动态信息，对信息进行实时处理，共同决策，提升供应链各环节对终端需求的反应速度，让其对终端需求做出快速反应，以满足各节点企业的个性化需求，同时提升供应链协同管理的效率，增强其

9 物联网供应链——构建未来供应链生态格局

竞争优势。

第二，提高系统集成水平，做好信息共享工作。随着框计算、云计算、海计算等信息技术的创新应用，系统集成成本不断下降，因此，要推动5G无线技术、高清数码影像传输技术、大容量快速存储技术等在物联网信息共享需求基础上形成的各种新技术与供应链协同管理信息平台实现高度集成，以提升信息交换效率与共享效率。

对于供应链协同管理的可持续发展来说，物联网发挥出来的作用巨大，但由于相关壁垒的存在，供应链协同管理的发展速度受到了一定的影响，这一问题的解决需要政府、企业、市场从制度、技术两方面不断努力。供应链随需而变，对于这样的供应链来说，在物联网的支持下对组织流程进行改革，推动供应链协同管理实现智能化，借助物联网的倍加效应使供应链的快速反应能力得以进一步提升，使供应链协同管理成本大幅下降，使供应链协同管理效率大幅提升，以推动物联网与供应链协同管理实现高端融合。

【案例9-1】科箭Power SCM供应链云平台一体化解决方案

科箭供应链管理云平台Power SCM Cloud，是一个整合订单管理系统（Obiect Management System，OMS）、运输管理系统（TMS）、仓库管理系统（WMS）等供应链流程的云解决方案（如图9-2所示）。一体化云平台打破信息孤岛，通过整合仓配流程、协同各方资源，从而构建透明的数字化供应链网络。

科箭WMS云通过对仓库库位、作业单元、作业单据和指令的无纸化管理，实现实物流、单据流、数据流同步统一，库存更准确，物品可跟踪，仓库准确率提升到99%以上。科箭WMS云为不同业务场景提供多种规则设置，用户可基于流程灵活配置。基于情景的全新设计可让用户快速跳转到常用功能，并可快速添加或查看与当前任务相关的评论与附件，所有操作可跟踪。全新H5设计的仓库App为货主仓库人员、客户提供开放互联的移动平台，信息可通过微信随时共享并摆脱对传统无线网络的依赖。WMS往往需要连接内外部众多系统与数据。科箭WMS云提供众多标准API接口，降低供应链整合成本、时间及风险，同时使物流服务商可快速满足新客户及新服务需求。

科箭WMS云自推出以来已在零售、消费品、医药、制造及物流等行业的知名企业成功运用，帮助企业打造数字化仓储管理平台，为企业带来可观的价值回报，提升客户满意度。

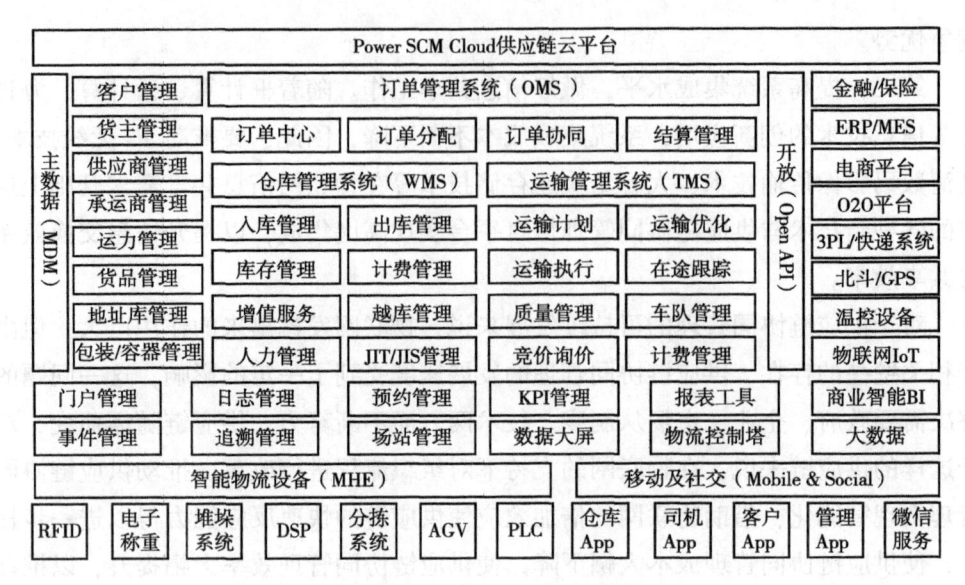

图 9-2　科箭 Power SCM Cloud 供应链云平台

思考题

1. 当前物联网技术的应用主要面临哪些问题？
2. 物联网对智能物流供应链的影响有哪些？
3. 概述物联网在智慧物流中的技术架构。
4. 面向物联网的供应链协同管理优化策略有哪些？
5. 需要从哪些方面构建物联网供应链协同管理战略？

10 信息化发展下的新型物流模式讨论

【学习目标】

知识目标：

1. 了解技术驱动下的零售变革历程；
2. 了解"新物流"的定义及其与"新零售"的关系；
3. 理解基于新零售环境下的供应链特征；
4. 了解新零售时代智能化需求链管理的必要性；
4. 理解未来五年物流业的进化方向和绿色供应链。

能力目标：

1. 能够建立冷链物流服务的评价体系；
2. 能够根据新零售供应链的特征布局物流网络化；
3. 能够构建绿色循环供应链体系；
4. 能够根据给出案例分析出其供应链的优势。

10 信息化发展下的新型物流模式讨论

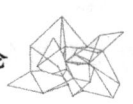

10.1 决战新物流：新零售驱动下的供应链变革

10.1.1 新零售：技术驱动下的零售变革

2017 年以来，各企业在抢占新零售风口方面投入大量资源，为新零售模式不断走向成熟提供了强大的推力。阿里巴巴和京东等电商巨头积极发力线下，补足服务体验缺失短板；传统实体零售企业积极拓展线上，满足人们全渠道的实时消费需求；创业公司则纷纷选择各种细分领域作为切入点，为小众群体提供极致购物体验，同时，也催生出了丰富多元的零售新业态，生鲜电商、品质电商、无人便利店等业态更是让人眼前一亮。

不难发现，无论是电商企业，还是传统实体零售企业，抑或是各种创业公司，都对物流环节给予高度重视，通过精准库存控制、智能分拣、众包物流等手段降低成本，提高用户体验。可以说，新零售的蓬勃发展，不但推动了零售业的转型升级，更为物流业发展注入强心剂，使传统物流迈向"新物流"。

新物流是新零售得以落地的重要一环，没有新物流，也就没有新零售。新零售概念提出时，就强调是线上线下深度融合，再加上现代物流。在消费者掌握交易主导权的时代背景下，企业转型新零售还要回归商业本质，真正为消费者创造价值，而不是舍本逐末地用各种营销噱头博人眼球。

传统零售对产品和分销渠道尤为重视，因为当时的生产力有限，产品供不应求，同时，销售渠道较为单一。而如今则不是如此，产能过剩、销售渠道越发丰富多元，零售企业想要继续通过发力产品和分销渠道来构建市场竞争力绝非明智之举。

移动互联网、物联网、大数据、云计算、人工智能等新一代信息技术的快速发展及应用，能够让零售企业为人们创造极致的购物体验，满足人们更高层次的情感与精神需求。

开放、共享是移动互联网时代的主旋律，新零售亦是如此，对于很多资金相对缺乏的创业者及中小零售企业而言，以平台思维做新零售是更为可行的方案。比如，为传统零售企业提供信息技术、管理运营等方面的支持，同时，借助传统零售企业的人才、门店、供应链等优质资源来服务广大用户。

零售企业转型新零售是消费升级背景下的必然选择，而想要做好新零售，必须充分利用各种新技术，推动供应链、业务流程、商业模式及经营管理的优化改造，优化用户购物体验，实现企业自身的提质增效。

【案例 10-1】"百果园"新零售网红快速发展

2015 年，百果园股份有限公司董事长余惠勇提出了"线上线下一体化发展、线下开店为线上服务"的发展思路。次年百果园正式进军电商行业，开启了水果新零售试水。"百果园"App 正式上线后，经过 6 年探索，百果园以广泛的线下门店以及一体化仓店（Online to Offline, O2O）链路做支柱，在业内走向了一体化新零售的征程，即实现了线上线下一体化、店仓一体化、及时达与次日达一体化、贴近社区的水果专卖连锁模式。这种模式的优势在于，一方面可最大限度满足社区居民多场景需求，另一方面也可以让高品质水果更好触达消费者，大幅提升消费者的消费体验。

百果园对新零售的探索非常有洞察力，这些年积累了丰富的经验，摸索出一套适合百果园体系的新零售路径。这对国内整个水果生鲜零售市场都具有重要的导向意义，也是百果园释放长期价值的底层逻辑。在全渠道布局和由品质产品和优质服务共同组成的生态体系中，百果园成功打通水果生鲜产销全链路，实现了高质量的发展。2021 年，公司营收突破百亿元，线下门店突破 5 000 家，成为水果零售行业转型升级的标杆企业。根据 2022 年百果园发布的新零售六周年报告显示，百果园 App 累计下载量超过 1 500 万，小程序注册用户数量突破 4 700 万，门店社群用户数超 540 万。周年庆线上商品交易总额（Gross Merchandise Volume, GMV）则突破 3 000 万元，再创历史新高。

我国水果零售市场发展极不成熟，存在诸多问题。例如：上游种植端集中度低；中游分销端分销环节烦琐，商品损耗率大，企业利润低；下游零售端高度分散，配送端高成本及高损耗、商品品质不稳定等。这些问题，亟需行业参与者逐步改善。在种植端，百果园除了自有农场，还与多个第三方农场开展深度合作，确保高品质水果的供应；在仓配端，百果园实施全产业链专业化、标准化质量管理；在零售端，依托 5 000 余家线下门店，手机 App、微信小程序、天猫等线上渠道，以及仓储物流体系，构建了线上线下一体化、店仓一体化、及时达与次日达一体化体系，实现了全渠道触达客户，为客户提供送货到家、到店自提服务，大幅提升了客户便利性和消费体验（如图 10-1 所示）。

10 信息化发展下的新型物流模式讨论

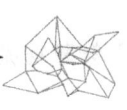

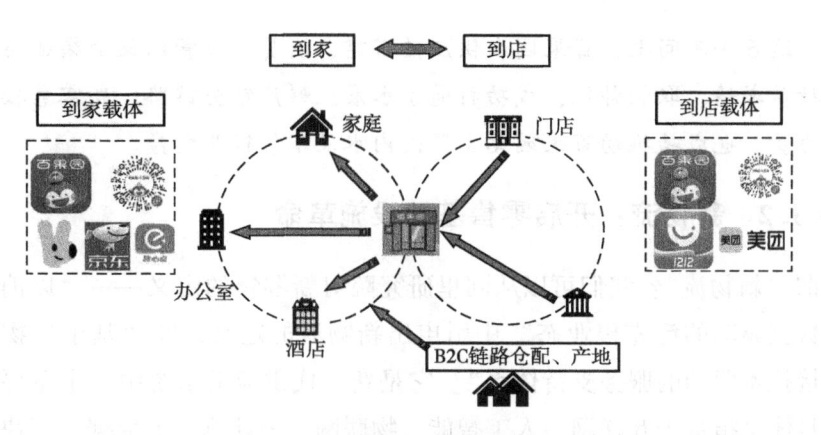

图 10-1　百果园一体化营销方式

"次日达"模式也更加提高了百果园发展的加速度。在及时达的基础上，切入生鲜次日达服务赛道，是百果园深化新零售模式的重要一步。在这方面，百果园与很多行业参与者相比具有很大的竞争优势。2019年，百果园宣布进军大生鲜领域，开拓了鸡蛋、蔬菜、奶等商品；2020年将生鲜业务升级为"熊猫大鲜"品牌，聚焦高品质食材的供给，继续扩大产品开发范围，截至2022年已经开发185款商品。百果园通过整合优质供应商，复用仓配链路，发挥门店仓店一体、线上线下一体的经营优势，以"百果园公司水果+熊猫大鲜食材"的方式，推出次日达服务。同时，利用供应链、物流优势以及紧贴社区的门店网络，百果园大大提高了次日达业务配送效率并降低履约成本。特别是对公司全渠道和供应链的复用，使次日达业务可以用更低的经营成本服务更庞大的用户群体，达到"成本最低、效率最高"的目标。此外，通过"次日达"或门店提货，百果园实现了线上预售渠道帮助线下门店降低损耗的目的，同时消费者线上购物、到店自提的行为也向线下门店引流部分客户，带来消费新增量。

2021年中国生鲜零售大会数据显示，在百果园既购买水果又购买生鲜的复合用户中，购买频次和月度每用户收入（average revenue per user，ARPU）值分别增长20%和15%，百果园会员的整体复购率达49%；公司生鲜业务带动付费会员整体转化率提升2.8倍；平均月活会员数超过700万，日均订单数超过79.5万，会员的购买额约占2021年门店及线上总营业额的73%；当年百果园的付费会员相比非付费会员在月度购买频次与消费额方面分别有约140%及160%的提升。

毫无疑问，在这6年里，百果园一直走在引领国内水果零售行业变革的进阶

· 241 ·

之路上。这6年时间里，百果园在供应链搭建、消费者经营以及全渠道运营等方面不断精益求精、取长补短，成功打通了水果生鲜产销全链路。新零售模式迸发出来的力量，也成功推动百果园站上了国内水果零售行业之巅。

10.1.2 新物流：开启零售基础设施革命

何谓"新物流"？我们可以从阿里研究院对新零售的定义——"以消费者为中心的数据驱动的泛零售业态"中引申出新物流的定义，即"基于货物流通的数据链接技术驱动的服务支持体系"。它是新时代供应链系统中一个重要的组成部分，具体是指基于互联网、人工智能、物联网、云计算、大数据、区块链等先进的信息技术，将标的物从出发地运往目的地或消费者手中并与服务相结合的一系列过程。

"新物流"不仅包括"新零售"物流，也包括其他以"互联网+"等新技术为依托的所有区别于传统物流的新物流活动及模式。"新物流"模式是在现有物流模式基础上产生的、由新技术驱动并更加注重物流服务性职能的一种创新型物流模式，其中"新零售"物流最为典型，其代表性企业有亚马逊、菜鸟网络、苏宁、顺丰、京东等。"新零售"物流发展的制约因素主要有理念误区、轻视场景化体验、管理模式陈旧、专业人才短缺、相关政策落实不到位等。发展"新零售"物流，要用创新发展理念指导实践，持续提升顾客体验，创新管理模式，加大政策层面的支持力度，加强专业人才培养，建立和完善企业识别系统，不断开拓新领域、寻找新的蓝海，强化国家物流基础设施建设。"新物流"是未来物流业的发展趋势，只有与"互联网+"等新技术、全球化、服务创新、合理的资源配置等多方面结合，才能更好地促进物流业持续向好发展。

10.1.2.1 新物流生态的前台、中台、后台

（1）新物流生态的前台包括丰富多元的购物场景，能够基于大数据描绘并分析用户画像，从而为越发个性化的广大消费者提供定制产品及服务。产品成为连接企业和消费者的重要媒介，是企业和消费者交互的有效工具。时间与空间限制被打破，消费者不会受到地理位置、经营时段、门店品类有限等因素的限制，可实现随时随地的全渠道购物消费。

（2）新物流生态的中台是新物流服务支持体系的关键所在，它通过柔性生产、智能制造及包括定制服务在内的各种服务为物流赋能。显然，这不是一家企业能够做到的，需要多家企业进行战略合作，共同打造出一个完善的生态系统，

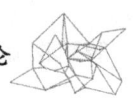

从而为企业及用户提供精准、高效、低成本的物流服务。

（3）新物流生态的后台是将线上线下实现深度融合及一体化管理的各种基础设施，包括线上的云服务、线下的配送网络及核心连接节点，扮演着控制与指挥的中枢大脑角色。不难发现，京东的"334工程"及阿里菜鸟的"ACE计划"，都将布局新物流基础设施作为切入点。前者包括无人机、无人车、无人仓及综合性指挥物流体系；后者包括菜鸟指挥大脑、新能源汽车及绿色智慧物流体系。

10.1.2.2 新零售与新物流的关系

新物流是新零售的重要组成部分，而新零售的发展又会推动新物流不断发展与完善，二者相辅相成。零售业态的转型升级离不开物流提供的强有力支持。实践也充分证明，每一次新零售业态崛起的背后，都能够通过物流改造促使用户体验得到提升，物流在其中扮演了不可取代的关键角色。

满足消费者实时购物需求的新零售，对物流环节提出了更高的要求：新物流必须结合大数据、云计算、人工智能等新一代信息技术，通过对海量多源数据进行深入分析，实现"单未下，货先行"的物流前置，有效解决零售企业饱受困扰的库存积压问题，提高库存周转率，高效低成本地将商品送到消费者手中。

围绕新物流的三重属性来看，新物流的数据属性可以走向与柔性生产相匹配的柔性物流乃至物物相连的所谓"智慧物流"；新物流的服务属性可以走向与商品增值服务相对应的专业物流，它是基于物流、信息流、资金流"三流合一"的所谓"商物流"基础上的。当然，作为"物的流通"基础的物流的物理属性始终是其根本和外在呈现。

正是这三维构建的立体系统，才能更好地由物流带来数据流并走向资金流。站在这个视角，新物流可称为"生态物流"。未来的商业世界，或许将不再是企业和企业之间的竞争，而是生态系统与生态系统之间的竞争。近年顺丰和菜鸟之争，其实就是两大"生态物流"之争。

正是由于"新物流"体系的建立，才能支持新零售的所谓"零售物种大爆发"，才有可能完成所谓的新零售远景：任何时间、任何空间、任何主体、任何内容。实际上，新零售不过只是新物流的呈现方式。"任何时间"就意味着物流在新零售中不可或缺。在所有的新零售物种出现的同时，伴随的是消费者物流体验的提升，是新零售物流本身对物流精准要求的提升；零售基础设施革命，更是一场以数据驱动的物流前置，是"单未下，货先行"。

事实证明，诸多新零售业态也在围绕"物流前置"发展。主打"丰富、精准、新鲜、便捷"等主题，在不同覆盖半径范围内布局，真正做到"单未下，货先行"。例如，盒马鲜生主张"让做饭变成一种娱乐"，覆盖 3 公里半径，5 000 平方米以上布局超过 3 000 个 SKU；社区 O2O 生鲜平台，主张"像经营化妆品一样经营生鲜"，覆盖 1 公里半径，200～300 平方米布局 1 600 个 SKU；钱大妈主张"不卖隔夜肉"，覆盖 200～500 米半径，相当于就在小区门口的第 5 个档口，70 平方米布局 600 个 SKU；"在楼下"自动售菜机，覆盖半径最后 100 米，网订柜取，是社区智慧微菜场。这些无一不印证了新物流是新零售无法剥离的存在。

10.1.2.3 "新零售"引领物流行业深度变革，多主体布局物流网络化

不论人们是否了解或认可"新零售"的概念，多渠道、融合线上线下的新模式已在零售领域不断涌现。天猫国际跨境体验店、考拉"海淘爆品店"相继开业，"新零售"正在从更多角度找到切入点进入大众的日常生活。

除了通过数据分析、智能设备对门店进行改造外，"新零售"升级的消费体验或多或少都与背后的物流体系有关。在消费升级和技术创新双轮驱动的背景下，"新零售"将在一个维度促使物流行业深度变革。

在全国首家考拉"海淘爆品店"中，店内 90%的商品都是可以被当场带走的，但一部分"海淘"化妆品只能通过柜台体验后在网上下单，由后台进行配送。用户可以在适当时间选择配送服务，当天就可以收到商品。这样就形成了一个以考拉线下店为核心的 5 公里生活服务圈。如果没有背后的物流、仓储更新升级，这样的服务体验是无法实现的。近年来，网易考拉海购已经在杭州、宁波、郑州等城市拥有超 40 万平方米的保税仓。此外，宁波网易考拉 1 号仓总计容面积达 34 万平方米，可满足超过 6 000 万件商品的存储需求，跨境订单处理能力可达每日 30 万件，一年可处理超过 1 亿件跨境订单。

在"新零售"的大潮中，物流行业已经成为非常关键的一环。以无人便利店为例，宁波"质在"无人便利店负责的无人场景只是省去了前端的人力，而背后的物流和供应链要求却相对更高。而在一个准一线城市形成 500 家左右的门店时，通过成熟的仓储物流可以让成本进一步优化。随着"新零售"的不断发展，物流端正越来越被投资方青睐。后端物流领域也是资本关注的热门领域之一。比如仓储等供应链方面的智能硬件设备行业都是业内关注的热点。传统零售中，消费者的选择有被动色彩；而新零售下，消费者的

选择是主动的。

目前以阿里巴巴、京东为代表的中国互联网电商平台，以顺丰、"三通一达"为代表的快递企业，以及传统物流运营商纷纷在物流环节的各个领域布局。2018年以来，阿里巴巴旗下菜鸟供应链100%控股成立"喵递"配送等动作也印证了电商巨头自营物流的布局。与此同时，顺丰、中通等快递企业也开始反向涉足无人超市等领域，成为新零售的直接参与者。传化集团则是传统物流企业智能化的代表，旗下传化网是国内最大的公路物流智能调度服务平台之一，目前已经覆盖了中国120多个城市，服务近30万家货主企业。数据显示，通过传化网车辆平均排队提货时间从3小时下降到0.6小时，供应链协同效率提升30%，物流管理费用下降至少20%，支付成本降低至少50%，综合成本费用降低20%。各类主体都在物流流程的各个环节布局，但未来物流发展是超级大脑的全流程管控，其中重要的驱动力就是沉淀的数据。

因此，相比之下，拥有商流、物流、资金流的大平台会更加拥有优势。未来的物流将以客户需求和供应链效率为中心，数据化能力成为必需；仓储模式将发生改变；配送标准也将继续提升。具体而言，比如跨境传统的单品类母仓将越来越少，取而代之的是多层级分仓模式，多种仓库类型互补协作。一个超级大脑、一张网的模式也许会先在一些细分领域出现，但其他企业依旧有自己的机会，比如公路货运市场、智能物流园区和基地。一些供应链优化设计、服务能力提升、有优质品牌增值能力客户的物流企业在变革中也有自己的发展空间。

10.1.3 基于新零售环境下的供应链特征

传统模式下，门店的功能仅限于购物。现如今，除了购物之外，门店也开始提供相关的服务，满足消费者的社交、体验需求，并承担物流配送任务。与此同时，零售商除了销售产品之外，也要负责供应链体系的管理与运营。

现阶段，包括大规模企业与中小规模企业在内，所有类型的企业都要积极进行改革，从传统零售转型为新零售，对供应链体系进行调整与优化。这个过程，是每个企业都必须经历的。

相较于传统零售，新零售在商品、技术、内容、服务等方面都发生了明显的变化。但立足于企业战略端与客户端层面来分析，对零售商而言，最为关键的仍然是对传统供应链连接关系进行颠覆，改革后的供应链也就是新供应链。

在新零售时代的生产与流通融合的潮流下，依靠互联网、大数据、物联网及智能终端等信息基础设施，围绕人、商品、场所进行更深的数据收集，消费者、产品、服务、市场营销、渠道形成物流的全面数字化系统，实现供应链体系数据的全面打通。这是在供应链各环节具备完善的数字化能力，实现全链贯通、供应链企业数字化改造、产业链贯通的前提。

新零售体现出了明显的数字化属性，这是分析新供应链特征时必须考虑的一点。不仅如此，未来新零售将继续向数字化的方向发展。从这个角度出发来分析，新零售供应链的特征体现为如下三点。

10.1.3.1 即时响应

传统模式下，商品从生产端到需求端需要经历许多中间环节，这种流通方式在电商行业迅速崛起的今天也没有从根本层面发生变化，生产企业与终端消费者之间的接触仍然比较有限。随着新零售的发展，供应链上的物流运输、服务提供、客户对接等各个环节的运营都将趋向于数字化，虚拟与实物之间的界限将被打破，利用数据链，企业能够最大限度地降低库存，也就是说，新供应链能够做到即时响应，为消费者即时提供符合其需求的产品和服务。为此，企业要颠覆传统的价值链关系。

要做到这一点，企业就必须从整体上提高运营效率。要实现向新零售的转型，就要保证产品本身的质量，并简化交付流程，提高时效性。为此，要从战略层面出发解决这个问题。

10.1.3.2 快时尚化

现阶段，企业要想突出品牌竞争优势，就要建设相匹配的供应链体系，紧跟时代的发展步伐。传统模式下，企业在供应链方面往往存在很多不足，供应不及时、商品缺乏差异化优势等问题使企业面临较大的库存压力。在新零售时代，人们的消费需求已经发生了变化，企业需要对供应链做出相应的调整与变革。

伴随着新零售时代的到来，市场上的商品、服务更加多样，消费者更趋向于选择那些性价比高、符合当下潮流、个性化特征明显、更新快、时尚化的产品，也就是所谓的"快时尚化"。现如今，在数字化的驱动下，企业能够做到灵活生产及制造，可进行批量化定制，在准确定位的基础上进行预售，进一步体现供应链的快时尚特征。

服装品牌H&M、ZARA是这方面的典型代表，这些品牌能够做到快时尚化，

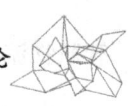

主要归功于其高效的组织机制及完善的管理体系。在后续发展过程中，包括食品、生鲜等在内的供应链都要转变传统思维模式，向快时尚化方向转变。

10.1.3.3 定制化

只有当供应链的响应能力提高到足够的层级时，企业才能实现定制化生产。定制化模式的实践是对新零售多项能力的考验，具体如准确定位目标用户的能力、小批量产品制造能力、物流响应能力等。在具体发展过程中，企业既要做到个性化定制，又要提高总体生产及运营效率。

在实际运营过程中，供应链集中于优化产品供应、提高产品质量、省略中间环节。以大润发、永辉超市为代表的企业都聚焦于寻找高质量源头，解决传统模式下存在的产品质量问题，并突出产品卖点，然后以此为出发点，利用先进的技术手段进行品牌打造与运营，提高品牌的附加值。

在新零售时代，越来越多的零售商开始注重对源头的选择，与此同时，企业正着力打造上游生产基地，并与优质的生产企业建立合作关系，根据自身的实力基础构建相应的平台，实现生产环节、运营渠道与消费环节之间的融合，从全球范围内进行资源调度。

【案例10-2】ZARA供应链的运作模式

ZARA旗下拥有超过200位专业的设计师，且这些设计师的年龄大都在26岁左右。他们时常游走于世界各地的时尚中心，如米兰、巴黎、纽约等，能够在第一时间掌握时尚趋势，将最新的高级时尚理念结合自己的设计灵感以最快的速度呈现在图纸上，从而能够在最短的时间内将服装设计完成，交由生产部门制造。与此同时，设计师们还需要与各门店的店长保持沟通，了解不同地域顾客的喜好，灵活掌握并调整设计方案。处于供应链上游的设计部门以最高的效率迎合了消费者多样化的需求，并为后续环节节省大量时间。具体来看，ZARA供应链运作有以下优势。

一是完善的采购与生产系统。快时尚理念追求的是能紧跟时尚的步伐。ZARA并不像时尚奢侈品那样采用一流的工艺与面料，而是把目标和生产理念定位为"买得起的时尚"，因此ZARA的布料一般都是价格低廉的普通面料。更进一步说，为了节约生产准备时间，ZARA的采购部门通常会配合设计师挑选易得和易制造的面料。ZARA在母国西班牙建设了22家工厂，还有400家小厂负责烦琐的缝制工作，且每家工厂生产的款式各不相同，这就保证了工厂间的分工。世界各地直营店会每星期汇总需求订单，经总部审核后交由工厂生产，这样保证了工厂生产能够以需定量，大大节省库存成本。即使直营店提交的订单量少且款式各异，工厂也会在第一时间与设计师接洽，确保不同市场、不同店铺的款式因地制宜地迎合消费者多样化的需求。

二是极速反应的物流配送体系。ZARA 在配送环节坚持极速反应。ZARA 的物流中心建筑面积达 5 万平方米，拥有超过 1 200 名员工。在中国市场，其产品总是在直营店发出订单后的 4 天以内到达店铺货架。在不同地区，产品配送方式也是不尽相同的。在欧洲国家，ZARA 选择卡车配送，货物平均到达时间只有两天。在美国、东欧、亚洲市场，公司则选择空运，并且公司总部投入高于空运成本两倍的价格把产品在两天内送到欧洲之外的其他地区。因此，从服装的设计、生产到销售过程，ZARA 平均只用了 10~14 天。物流的极速反应使 ZARA 大大提高了供应链管理的效率，有效降低了库存成本，为其迅速占领快时尚市场提供支持。

三是一体化的经营模式。ZARA 在世界范围内开设直营店，不设加盟门店，所有店铺都由总部直接管理。直营店经理会向总部设计师汇报门店所在地的销售数据，以便总部及时掌握市场动态。身为国际快时尚服装品牌，ZARA 的极速反应能力也体现在销售领域。每隔一周，各连锁店必定会有新品上架，而每隔 3 周，店内的服装必定会全部换新。每件服装一般情况只有 5 件库存，但同时服装款式又十分多样化，这极大地降低了库存成本，规避了积压货物的风险。整个供应链环节 ZARA 每年的库存周转有 12 次。从一体化的总部直接监管，到店铺内商品多样少量的经营规划，再到高效率、低成本的库存周转，ZARA 把"快时尚"的理念精髓领悟得十分透彻。

四是对时尚变化反应迅速。在任何一家 ZARA 门店，消费者都能感受到时尚元素的集中。ZARA 凭借对时尚变化的极速反应，有效提升了服务的质量，并降低了营业成本。而我国服装业的产品从研发到销售、库存等，耗用大量成本，从而错过了时装的"保鲜期"。因此在整个供应链环节，企业更需要通过整合产品的设计、生产、仓储、分销与周转的各个环节，通过调整物流、资金流、信息流，加强与供应商、分销商的合作，加大对供应链管理各环节的信息技术支持，建立科学有效的销售管理模式来整合供应链的各个环节。

10.1.4 新零售时代的智能化需求链管理

新零售背景下，日益复杂的市场竞争与动态变化的消费需求，对企业的管理水平、生产能力、服务质量等提出了新的挑战。在供应链管理方面，在开展价格和库存管理之前，应该先建立科学合理的商品结构，并能够对选品进行持续优化。

在新生事物层出不穷的移动互联网时代，企业必须对自身的供应链管理模式进行转型升级，从以企业为中心转变为以用户为中心，从供应链管理转变为需求链管理。

从管理本质上看，供应链管理和需求链管理都需要各环节企业的协调配合，通过多方合作创造更高的整体价值，尤其重视效率和成本。二者的差异在于，传统的供应链管理模式是以企业为中心，以产品为中心。而需求链管理则强调以用户为中心，从满足用户需求角度，将供应链的库存、生产、采购、物流等诸多环节和商品管理及前端需求充分结合，建立起一个从需求响应到组织生产，再到物流配送及售后服务的闭环生态，这将成为正处于转型期的广大国内企业掘金新零售的核心所在。

之所以要强调通过需求链管理取代供应链管理，主要是因为零售业态很难实现对用户需求的精准感知，很多企业将自身的时间与精力更多地用在组织生产及营销推广方面，对消费者需求缺乏足够的重视，未能通过充分分析用户多元数据，来描绘立体化的用户画像。

企业无法通过创造出充满体验感、参与感、娱乐性、社交性的购物场景，来充分满足用户需求。人、货、场三大零售核心要素处于割裂状态，不能分析出商品畅销背后的逻辑，不知道各个门店应该销售什么类型的商品，什么样的产品组合更加有利于企业实现价值最大化。

在这种情况下，企业的供应链管理水平自然相对较低，前端的商品计划、需求计划、促销定价计划和后端的生产计划、采购计划、库存计划及物流计划等缺乏协同，供给和需求失衡，企业承担着较高的库存压力，而消费者则无法买到真正适合自己的商品。

在需求大于供给的传统工业时代，这种供应链管理模式的弊端被快速增长的产品销量与市场份额所掩盖，但如今各行业已经进入产能严重过剩的新消费时代，成本高、资源浪费、用户体验不佳、效率低下等问题大量涌现，不仅阻碍了企业的长期稳定发展，也限制了企业的价值变现。

虽然在传统供应链管理模式下，部分企业也在前端及后端积累了大量数据，但这些数据的潜在价值并没有得到充分发掘，难以为企业的生存发展提供强有力的数据支撑。新零售时代，企业的供应链管理不仅要服务于消费需求，还要对消费需求施加影响甚至引领消费需求。这就需要企业能够通过自动化、智能化的需求链管理体系，对人、货、场三大零售核心要素进行重构，提高供应链管理水平与效率，为自身及供应链上下游合作伙伴创造更多的价值。

在成熟的需求链管理模式下，企业将通过对商品管理、定价、促销、销售预测、补货、库存管理、物流配送等诸多环节的协调配合，在充分满足用户个性化需求的同时，解决企业面临的同质竞争、成本高昂等诸多问题，制定出更为科学合理的经营决策。

如今很多零售企业承受着较高的库存压力，虽然销售额在逐渐提升，但存货价值也在不断增长，导致企业面临较高的资金链断裂风险。在需求链管理模式下，除了利用数据分析结果实现科学合理决策外，还将建立起消费者与供应商、生产商、渠道商、零售商及物流服务商之间的协作关系，提高产业链的价值创造能力，实现多方合作共赢。

所以，企业需要对消费需求进行充分分析，用需求链管理取代传统的供应链管理，争取为消费者创造更多的价值。消费需求是需求链的起点和核心所在，而产品和服务是消费需求的两大核心载体。所以，以消费需求为中心，通过对产品及服务的精细化管理，将供应链各环节无缝对接，打造出一个为消费者提供一站式解决方案的闭环生态，将是需求链管理模式落地的有效路径。

【案例10-3】京东供应链的五点优势

第一，自建物流的技术、运营和业务的沉淀。物流是供应链中最重要的一环，物流能力的强弱直接决定了整个供应链的强弱。京东十几年来自建物流体系，逐步形成了京东物流供应链优势的物流壁垒。可以说，自建物流不仅是京东的核心优势，也是京东供应链的核心优势。

第二，京东商城的全域商流优势。在电商领域，甚至扩展到其他传统制造业，商流推动整个供应链的运行，推动物流的流动，没有商流就没有物流。京东商城的自营商品以及pop店都为京东供应链沉淀了很多商流方面的技术和运营能力。

第三，技术驱动是京东未来发展的原动力。京东技术能力为信息流提供了全

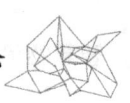

面的系统支持。只有信息保真、快速地流动才能促进供应链的快速、高效运作，而要实现信息流更好的运作，系统支持的强弱将直接影响信息流的效率。京东供应链中台、WMS、OMS等系统做到了行业领先。

第四，强大的资金流支持。京东金融能为供应链全链条环节提供金融辅助服务，包括融资、交易、结算、质押等环节，这是京东区别于其他物流企业的核心竞争力之一。

第五，京东是唯一一家可以同时具有物流、商流、信息流和资金流等四个维度技术、运营以及业务沉淀的公司，这是京东最大的优势。一个公司最大的优势在于有成功的经验输出，而京东一直在践行成功的供应链模式，未来也会继续践行，同时进行对外输出。若论供应链的全面性，目前业内还没有公司可以和京东对标。当然，最全面不一定最强大，只有树立全局意识，强化某一环，形成绝对的竞争优势，才能确保在竞争如此激烈的今天不被时代所抛弃。布局供应链是进军新零售的最佳入口，新零售不是指某种特定的零售模式，而是代表未来零售的一种趋势。

10.2 新物流路径：未来五年物流业的进化方向

10.2.1 仓储社区化：解决物流末端痛点

由于电子商务产业的迅速发展，我国的快递行业长期以来一直保持高速增长的状态。国家邮政局公布的数据显示，2022年全年快递包裹量高达1 391亿件，同比增长2.7%，预计到2025年，中国单日包裹量将增长至4.1亿件。然而，值得注意的是，我国末端配送的发展水平与发达国家相比存在着严重的滞后现象。在数字化、信息化和智能化水平方面，我国与这些国家之间存在着较大的差距。这种差距导致了快递行业的配送效率低下以及路线规划不合理等问题的存在。这些问题不仅制约了快递行业的发展，还给用户的体验带来了显著的负面影响。

快递业务量激增、人工成本持续提升、用户需求升级等，对末端配送尤其是最后一公里配送提出了更高的挑战。现阶段，有些快递服务商选择的解决方案是通过服务网点代收快件，让用户就近自提而不再送货上门。与此同时，都市新人和白领是代收服务的主要用户群，由于学习、工作的原因，他们经常不在家，因此对于灵活取件的代收服务表现出较高的认可度。在诸多末端配送解决方案中，基于智能快递柜的代收模式被快递行业寄予了高度期望。除了智能快递柜外，店面代收普及率也开始增高，菜鸟驿站是店面代收的典型代表，而且其背靠阿里巴巴，具有较高的知名度。

目前，智能自提柜正在社区、学校、写字楼等场景中快速推广，而且多种类型的企业都在加快智能自提柜布局，如丰巢、中邮速易递等物流企业，富友、递易智能等第三方平台，京东、苏宁等电商企业等。高效、安全、便捷、服务优质是末端配送应该追求的重要目标，相应地，代收服务也需要更为专业化、丰富化并成熟的商业模式。

2017 年 7 月和 9 月期间，快递柜行业发生了一系列兼并收购事件，引起了社会各界广泛的关注。其中，菜鸟网络、中国邮政、复星集团以及三泰控股共同参与了智能快递柜品牌速递易的重组，并将其更名为"中邮速递易"，旨在利用中国邮政的品牌声誉来提升其市场地位。2017 年 9 月，丰巢以 8.1 亿元的价格全资收购中集 e 栈。这次兼并重组为智能快递柜行业带来了机遇，迎来了中邮速递易和丰巢这两个巨头飞速的崛起。

国内快递柜行业逐渐步入整合期，市场竞争将会进一步加剧。从当前国内快递柜行业的实际发展情况来看，物流系快递柜企业占据着较大的领先优势，由于电商系的阿里巴巴主要依托代收门店菜鸟驿站，对智能快递柜布局相对较少，京东、苏宁等电商企业快递柜投放数量相对有限，在电商用户中并未形成较高认可度。并且，第三方平台快递柜参与主体数量众多，如富友、云柜、鸟箱、近邻宝、递易智能、格格货栈等，实力参差不齐，主要面向垂直市场。

当然，即便是已经建立领先优势的物流系快递柜企业，其布局也仍处于初级阶段，在投放规模、运营维护、商业模式、品牌建设等方面还有很长的一段路要走。同时，对行业进行深度细分也是很有必要的。行业的深度细分需要快递柜企业结合差异化的目标受众及应用场景，制定出系统完善的快递柜投放及运营战略规划，并加快品牌建设，形成独特的风格与调性，最终从激烈的市场竞争中成功突围。

10.2.2 体验场景化：人、货、场的精准匹配

企业要想提高在产品生产、流通、服务等各个环节的运营效率，就要促进物流、信息流、资金流的对接，为此要将线上线下的运营结合起来。现阶段，企业

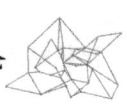

可利用二维码、无线网设施、智能可穿戴设备等获取不同渠道的数据信息，配合数据平台的运营，实现产品供应、物流运输、分销等各个环节的信息资源共享，打通线上线下渠道的数据，开展全渠道运营，运用先进的技术手段获取目标用户的需求信息，据此制订产品生产计划，并向市场输出符合消费者需求的商品。通过开展全渠道运营，企业能够实现人、场、货之间的有效对接，达到人在其场、货在其位、人货匹配的目的。

要做到人在其场，企业就要注重挖掘目标消费者的活动场景与消费场景，从而满足消费者对不同场景的价值需求。在互联网及移动互联网时代，人们的消费行为不再受时空因素的限制，为此，企业要将线上渠道与线下渠道的运营结合起来，满足人们的消费需求。在实施过程中，首先要对场景人群进行定位，借助移动设备、物联网等技术手段促进企业与消费者之间的互动关系，对目标消费者的需求信息、消费信息精准把握并提供给生产企业，后者据此安排采购、生产，规划物流配送，提高整个运作流程的标准化、规范化水平，为生产企业的运行提供参考，提高供应链系统的灵活性程度。

要做到货在其位，企业就要对目标用户的行为特征、消费习惯、偏好等等进行分析与把握，在此基础上选择多样化渠道推出相应的产品。为满足不同消费者的需求，还要丰富产品品类，采用柔性供应方式。为此，企业在根据市场需求进行产品生产与供应的同时，还要打造生态平台，通过开展系统化运营，为消费者提供全方位的服务，提高物流运输效率，从整体上提高人们的购物体验。

要做到人货匹配，企业就要对目标消费者的需求特征与其偏爱的风格进行把握，为存在不同需求的消费者提供不同的产品。比如，对于存在基础性需求的消费者，可提供功能简单的产品；对于存在情感性需求的消费者，可提供情感价值较高的产品；对于注重个性化需求的消费者，可提供定制化产品。

采用消费者端到企业端（Customer to Business，C2B）模式的企业能够根据市场需求进行产品供应，努力达到生产、供应、消费之间的平衡状态，能够加强生产端与需求端之间的对接。与此同时，还能够精简价值链条，省略许多中间环节，提高对企业产能的消化能力，帮助企业减轻库存压力。

10.2.3 配送智能化：满足零售终端需求

近些年，新零售迅猛发展，不仅加快了快消行业的发展步伐，还带动了便利店业态的发展。《2022年中国购物者报告》显示：在零售市场上，2021年中国快速消费品市场整体销售额增长 3.1%，电商成为 2021 年唯一保持增长的渠道，尽管增速已经从前几年的 30%左右下降至 15%。

不仅现有的线下便利店品牌在高速发展，阿里巴巴、京东等大型电商企业和 B2B 平台也在积极布局线下渠道。目前，实体零售业持续低迷，华润万家、家乐福等零售企业开始转型，尝试发展新零售业态，如精品超市、便利店等，并呈现出了迅猛发展之势。未来城市的零售网点也将呈现出规模小、分散化的发展趋势。

从 C 端来看，进入新零售时代之后，社区的精品超市、便利店必将持续聚焦便捷度和进店体验；从 B 端供应链来看，现阶段的关键问题在于如何降低供应链成本、提升供应链运行效率，而这必须考虑 B 端到 B 端的物流。随着城市化进程不断加快，仓库与城市中心的距离越来越远，快消行业的次终端越来越分散。进入新零售时代之后，快消行业要发展就必须率先解决"最后一公里"的物流难题。经济学家将物流称为"第三利润源泉"（前两种利润源泉分别是劳动力和自然资源）。那么在新零售时代，这"第三利润源泉"还有哪些可以挖掘的潜力呢？

对 2019 年之前的同城物流进行分析可以发现：在 2019 年之前，同城物流行业普遍存在运力散乱、回程成本高、车辆闲置率高等问题，其中车货匹配问题最突出。新零售的迅猛发展为同城 B2B 物流平台提出了新挑战：在零售终端规模不断缩小、零售终端越发分散、"零库存"要求和补货频率不断提升、单次补货数量持续减少的情况下，如何提升货物配送效率、降低送货成本、提升用户体验、提升妥投率、降低物流风险等，都是同城 B2B 物流平台亟须解决的问题。

以霍尼韦尔为例，作为智能仓储解决方案一站式供应商，霍尼韦尔致力于打造丰富多样的自动化仓储产品和技术，根据企业需要进行定制化组合，帮助仓库和配送中心实现智能化升级，从而提高效率并增强企业优势。应用于立体仓库的霍尼韦尔托盘堆垛机就是充分利用了配送中心的纵向空间，通过打造更加智能化的立体高架仓库来提高配送中心吞吐量，解决存储空间不足和货物出入库效率低下的难题。

来自霍尼韦尔的语音拣选解决方案是一款可以通过与上位系统实时交互，将数据作业指令转化成语音命令，并且实时采集工人作业语音反馈的工业级智能语音解决方案。在执行整箱拣选或拆零拣选等工作时，员工通过语音信息交互来代替额外的数据采集工作，双手双眼得到解放。这在大幅提升仓储作业效率的同

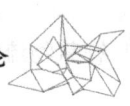

时，让差错率有效降低。

自动化、智能化、数字化是当前整个物流供应链体系的发展趋势，相关政府部门对此也予以了政策支持。2021年9月，国家发展改革委等13部门联合印发的《推动物流业制造业深度融合创新发展实施方案》中，就鼓励制造业企业开展物流智能化改造，推广应用物流机器人、智能仓储、自动分拣等新型物流技术装备。霍尼韦尔也将继续加大对这一领域的投资力度，满足客户与时俱进的需求，从而提升物流供应链的整体智慧能力、技术能力和服务能力，构建更智能的物流生态系统。

10.2.4　服务个性化：优化物流服务体系

供应链物流在新零售发展过程中发挥着不可替代的作用，它能够打通线上、线下渠道的运营，改变电商与实体商业间原本相互矛盾的状态，促使企业将不同渠道的运营及业务结合起来，让企业更加重视消费者的体验，并加速企业的整体运转。

近年来，很多实力雄厚的传统零售企业、网络企业与跨界企业都在新零售领域展开了布局。有些传统线下企业凭借其资源优势及线下入口，把消费者转移到线上渠道，通过这种方式提高消费者的体验，比如沃尔玛、永辉超市；有些线上企业借助自身掌握的先进技术，积极开拓线下渠道，在原有基础上进一步提高消费者的黏度，比如阿里巴巴、亚马逊；以顺丰为代表的跨界企业，则依靠自身的物流体系，在新零售领域积极开拓市场。

在新零售时代背景下，很多参与者正着手打造全新的物流模式，通过实现端与端之间的连接，加速自身的整体运转。比如，生鲜超市为了给消费者提供优质新鲜的食材，选择从货源地进行采购，或者与海外供应商达成直接合作关系；在销售环节采用线上线下有机融合的一体化经营模式（Oneline And Offline，OAO）实现全渠道融合，发挥门店经营过程中的多元化功能，进一步提升消费者的体验；在支付环节运用扫码识别技术，推出移动端应用，快速、准确地获取消费者数据；由独立的配送团队与第三方物流企业共同完成终端配送任务，缩短配送时间，提升客户的消费体验。

但零售行业的从业者都清楚，构建新供应链物流是一个长期的过程，企业在计划制订、网络、仓储及物流运输等各个环节还存在很多问题。具体表现在：企业制订的物流计划难以准确对接客户需求；企业的网络分布无法同时满足零售与仓储配送需求，有些小批量、紧急订单也超出其承受范围；仓储环节要求企业能够支付昂贵的租金；此外，末端配送容易受到多方因素的影响，很多企业的服务体系不够完善。毫无疑问，在向新零售发展的过程中，企业需要实现线上线下的一体化运营，并注重供应链物流的建设。为此，企业需要构建新物流，提高供应链管理能力，优化自身的物流服务体系。

立足于企业需求的角度来分析，新物流要实施销售预测与库存管理，达到"零库存"，提升库存管理水平；立足于消费者的角度来分析，新物流要对应其碎片化、个性化需求，要提高配送效率，满足其体验需求；在数字化层面，新物流应该利用先进的数据技术，不断提高自身运营的现代化、智能化水平，在仓储、物流、运输环节进行智能化改造，从整体上提高自身的服务质量。

10.3 绿色供应链：低碳经济驱动下的科技赋能

10.3.1 "双碳"目标下全球供应链呈现新特征

在低碳经济背景下，碳标识将影响全球贸易规则，甚至成为新格局下的贸易保护手段。在供应链中，国家通过采取降碳等政策措施，削减以化石能源为代表的高碳行业在供应链的占比，应用科学技术创新手段降低对化石能源的依赖，供应链呈现出以下特征。

第一，新一代信息技术推动传统供应链向"深绿"转变。以区块链、云计算、大数据为代表的新一代信息技术在供应链中应用更加广泛和深入。通过数字化、智能化改造，传统供应链逐步实现降本增效和低碳减排。

第二，平台运营模式减少了供应链的内部环节。传统供应链以不同区域平台或龙头企业为重要节点实现横向链接，行业间边界清晰，链条内支点多。"双碳"目标的提出，以及"一带一路"倡议的落实加速了区域间的贸易和协作，平台模式协作推动供应链内不同行业、不同地域资源的整合，实现链与链的融合，优化了链条中若干主体以及交易环节，提高了运行效率。

第三，绿色理念成为全球供应链转型的主导。发展绿色供应链是亚太经合组织的重要议题。"双碳"目标提出后，绿色低碳成为供应链中企业必要的竞争条件，核心企业及上下游企业高度重视绿色发展。

绿色供应链的可持续发展和升级与区块链、大数据、人工智能等先进技术手段相伴相生，是实现产品来源可查、去向可追、责任可究、市场有序竞争、良性绿色循环体系的有效保障。伴随着产品流、物流、信息流和资金流所产生的大数据及数据挖掘在新兴产业发展中的应用，能够为碳核算、碳交易提供稳定的数据支撑，是探索多维度碳足迹综合评判标准的基础。

目前，关于碳达峰碳中和国际公认的核算方法主要面对企业和产品展开，ISO 14064 国际标准侧重于对集团企业温室气体排放的核证工作，ISO 14067 国际标准则使用生命周期评估方法进行产品碳足迹量化。在未来日趋激烈的全球供应链竞争中，新的国际标准必将把供应链碳足迹作为量化主体，形成新的竞争壁垒。因此，我国要从供应链全域发展的角度和布局实现碳达峰碳中和标准的条件，提升供应链竞争力。

10.3.2 绿色供应链保障绿色低碳产品投放

要打通涵盖供应端、物流端、消费端、数据端和回收端的全域绿色循环供应链体系，绿色低碳产品是关键。绿色循环供应链体系需要面向最终的消费者，只有得到消费者的持续性青睐，绿色低碳产品才能立足市场。供应链具备有效链接供给和需求市场的功能属性，是实现绿色产品供给和消费精准匹配的桥梁，有利于从全产业链角度实施绿色低碳产品的质量监管。

绿色低碳产品投放市场，其归属供应链的绿色度及实践几乎贯穿每个环节。只有从产品设计、采购、仓储、运输、生产、销售到回收再利用都严格遵循绿色可持续要求，减少产品全生命周期的碳足迹，才能真正实现绿色产品的生命力。这一过程只有在绿色供应链体系中运营才能实现上下游的有效牵制和约束。在供应链和产业链升级的过程中提升上下游协同碳达峰碳中和能力。

依靠市场机制，绿色供应链管理可以有效调动全产业链系统性节能减碳。各行业龙头企业发挥自身信息和资金等方面的优势，通过绿色采购、供应商黑白名单等绿色供应链管理措施，推动其上下游供应商和合作伙伴开展更积极有效的环保节能减碳行动。

绿色供应链管理可以有效提高企业节能减排技术升级和改造的能力。龙头企业通过与其供应商建立信息交流机制，开展产品的联合设计和研发，帮助其供应商及时获得相关环境政策变化信息，了解技术升级方向，制定解决方案，提升环境管理能力。

绿色供应链管理可以成为环境行政管理的必要补充。绿色供应链管理由企业主导，基于市场机制，通过绿色采购、绿色生产、绿色金融等共同作用，使节能减碳和生态环境保护的理念渗透到产业链的各个环节，促使供应链各环节参与者主动挖掘自身环保低碳转型潜力并采取行动。这种促使参与者参与碳中和的管理运作模式，可以有效地降低行政管理成本，提高管理效率。

10.3.3 绿色供应链助力碳达峰碳中和

从政策制定方面来看，2014年以来，我国陆续出台了《工业绿色发展规划（2016—2020年）》《企业绿色采购指南（试行）》《关于积极推进供应链创新与应用的指导意见》《国务院关于加快建立健全绿色低碳循环发展经济体系的指导意见》等一系列政策，并且相继颁布了一系列绿色供应链管理的规定，逐渐形成了促进企业打造绿色供应链的制度环境。

从标准制定方面来看，2017年发布的《绿色制造 制造企业绿色供应链管理导则》，为企业开展绿色供应链工作提供了基本模式参考。此外，通过工业和信息化部、生态环境部、商务部等部门的推动，以及天津、东莞等地试点，推出了数十项绿色供应链管理标准，覆盖到汽车、船舶、纺织、家电、建材和光伏等重点行业。

从第三方实践看，中国绿色供应链联盟、绿色消费与绿色供应链联盟、广东省绿色供应链协会、美国环保协会、美国自然资源协会、阿拉善SEE生态协会、CDP（Carbon Disclosure Project，碳排放披露项目）等机构，通过政策宣贯、案例遴选、项目试点、信息公开、企业排名等工作，助力部分企业的绿色供应链实践。

"双碳"目标下，绿色供应链助力碳达峰主要表现在以下几个方面：

第一，开展绿色供应链认证研究，开发评价认证工具。在2023年全国两会上，有代表提出推动绿色供应链管理标准建立的提案，应加快行业绿色供应链管理评价标准的制定与发布。建议开展绿色供应链管理认证评价体系研究，针对重点减碳领域开发碳核算工具，规范绿色供应链评价与认证标准，推动企业环保信息披露，科学评估产品供应链各个环节的污染物尤其是碳排放量，确保碳减排效益可测量、可核查、可报告，助力准确测算实施绿色供应链管理后产业链在减污降碳方面的贡献量。

第二，针对重点行业、地区开展绿色供应链管理先行先试。目前，很多企业

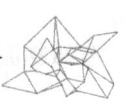

对减污降碳和绿色供应链管理的认识和实施技术水平仍有待提升,绿色供应链的管理实施缺乏驱动力。因此,扩大绿色供应链管理建设范围和影响力势在必行。建议结合国家碳达峰总体目标和行动方案,综合考虑重点减碳行业领域,选择具备一定基础的地区,如粤港澳大湾区、长三角区域、京津冀地区、成渝经济圈等,分行业、分地域制定绿色供应链管理实施方案,开展先行先试,逐步扩大绿色供应链管理实践范围。

三是利用国际平台开展协同合作。目前,绿色供应链管理已有较多优秀的国外实践案例。建议充分依托"一带一路"绿色发展国际联盟、"一带一路"大数据服务平台、APEC绿色供应链合作网络等国际合作平台与机制,加强交流合作,借力国际良好实践与经验,推动我国绿色供应链管理在政策、资金、技术、人才等方面的发展,落实产业链减污降碳实效,助力碳达峰、碳中和行动。

【案例10-4】伊利实施绿色产业链战略,引领行业碳中和

在2007年首届夏季达沃斯论坛上,伊利集团董事长潘刚率先提出"绿色领导力",并在2009年进一步升级为伊利的"绿色产业链"战略,倡导"绿色生产、绿色消费、绿色发展"三位一体的发展理念,实现绿色理念向整个行业的全面延伸。2021年,潘刚正式发布"全面价值领先"目标,提出伊利将率先实现碳达峰碳中和、达到领先的可持续发展评级、促进共同富裕目标实现,来实现"社会价值领先"。

伊利对企业社会责任管理体系进行全新升级,将"健康中国社会责任体系"构筑为面向未来的"共享健康可持续发展体系"。

伊利始终将环境、健康、安全(environment, health, safety, EHS)视为履行社会责任的重要内容。伊利的愿景是成为全球食品行业EHS管理典范,目标是零违章、零伤害、零污染、零事故。为此,伊利确立了"清洁生产、节能减排、治理污染"和"持续改进,共建绿色产业链"的环境与能源方针,"以人为本、关爱健康、全员参与、文化引领"和"预防为主、综合治理、持续改善、追求卓越"的健康安全方针,取得了显著成效,引领中国食品企业的履责。其主要思路及实施流程如下:

(1)建立可持续发展三级目标体系长期规划,三级目标引领。

(2)打造"绿色智能牧场",提升牧场集约性、可追溯性和上下游协同能力,推行"种养一体化"生态农业模式,帮助合作牧场就地就近解决饲料供应问题，降低饲养成本，同时推动粪污还田，实现农牧循环发展。

（3）引入制造过程绿色化率的方法论，持续开展温室气体碳盘查，减少温室气体排放。通过创新环保技术、提升能源效率等方式，确保高效利用资源，降低生产运营对环境的影响。

（4）全面实施绿色包装，从包装减材设计、绿色包材的应用到使用后的回收利用，创新4R+1D模式，即拒绝（refuse）、重复利用（reuse）、可回收（recycle）、轻量化（reduce）和可降解（degradable），全过程降低对环境的影响。伊利金典全面使用经FSC认证的绿色包材，用实际行动贡献森林生态系统保护。

（5）依据国家及地方车辆尾气管理要求，严格控制国四及以下车辆的使用，通过提升车辆满载率、优化物流路径、全程GPS跟踪精准定位等举措，提升产品运输过程的车辆使用率、周转率，减少物流车辆数以及汽车尾气排放，最大限度降低运输环节对大气环境造成的影响。鼓励消费者进行包装可持续利用，引导员工将环保理念融入日常工作。组织开展环保培训与宣传活动，倡导员工节能、节水、节电、节纸和低碳出行，将绿色发展理念根植于员工心中。

上述流程使得伊利集团截至2021年，旗下23家工厂通过国家级"绿色工厂"认证。2010—2020年，11年间累计减排量651万吨（二氧化碳当量）。启动建设"呼和浩特·伊利现代智慧健康谷零碳五星示范项目"，取得全球知名国际检验认证集团——必维集团（Bureau Veritas）颁发的中国乳制品行业首张碳中和核查声明（PAS 2060），获得中国乳业乃至食品行业的第一张"绿色用电凭证"。

10.4 冷链物流：风口下平台型冷链或将崛起

冷链物流（cold chain logistics）一般是指冷藏冷冻类食品在从生产、贮藏运输、销售到消费前的各个环节中始终处于规定的低温环境下，以保证食品质量，减少食品损耗的一项系统工程。它是随着科学技术的进步、制冷技术的发展而建立起来的，是以冷冻工艺学为基础、以制冷技术为手段的低温物流过程。冷链物流对设备、技术、人员等都有较高的要求，且整个环节都处于低温状态，保障整个供应链环节的无缝衔接。这是体现物流、资金流及信息流交汇的领域。合理的冷链方案设计，不仅可以实现高效运输，保证产品运输过程中的质量，还能降低

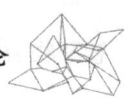

成本，提升客户服务质量，创造更大的客户价值。

中国冷链物流行业始于20世纪60年代，主要经历三个发展阶段。

第一阶段是萌芽期，属于国民经济发展较为缓慢、交通运输不完备的时期。为了调节淡旺季需求，保障肉、禽和水产品类等生鲜食品在市场上得到有效供应，中国在主要城市兴建大型仓库，并由水运冷藏船及铁路冷藏车运输及配送。

20世纪80年代，冷链物流进入了第二阶段，由萌芽期逐渐过渡到发展期。随着改革开放政策的实施以及国民经济的迅速发展，居民生活水平迅速提高，产品需求由最初的肉、禽和水产品为主衍生到各种冷冻冷藏食品。中国一线城市开始出现连锁大型超市，采用大量先进的冷藏陈列柜，并逐渐完善零售终端冷藏链的配备。同时，交通设备的完善使得海陆空的冷链运输得以发展，冷藏车及冷库逐渐被大量使用，加快了冷链物流行业各环节的设备技术开发及建设进程。

进入21世纪后，冷链物流进入第三阶段，多种因素促进冷链行业快速发展。消费者对生鲜食品的品质意识逐渐增强，市场经济日趋活跃，中国自贸区试点不断扩大，进口生鲜品类增加，农产品及药品市场需求激活、生鲜电商崛起都进一步刺激冷链物流的发展。同时，冷链物流行业从最初的运输、仓储、超市配送衍生到供应链型、电商生鲜配送及互联网+冷链物流的平台等7种商业模式，大量企业进入冷链物流行业，其中包含传统物流企业转型、生产商自营冷链部门、专业冷链服务商。得益于交通运输纽带越来越多元化，汽车生产商加大冷藏车研发，中国短途及郊区运输以陆运为主，铁运、航运及海运需求也在增加，这都推动了冷链物流行业更进一步发展，提升冷链物流服务品质，减少运输损耗。

近年来，国家多个部门陆续颁布了相关政策法规，助推了冷链物流行业景气度的提升；而随着人们对食品质量、新鲜度的高度关注，市场主体对高质量冷链物流服务的需求也快速扩张。政策助力和市场需求的双向加持，稳定支撑了冷链物流市场的规模扩张，也引导提升冷链物流规模化、集约化、组织化、网络化运行水平。

10.4.1 冷链物流服务商模式逐步崛起

在生鲜电商高速发展的当下，由于冷链物流技术的进步和平台经济模式在资源整合上的独特优势，传统的仓储型和运输型企业将逐步被综合链服务商代替。

在目前的电商冷链中，可分为全程冷链和半程冷链两种。全程冷链指从仓库到分拣基地，直至最终配送到消费者手中，全程温控；或不入库，由原产地直接温控发货，一般在自建冷链物流中使用。优势在于商品的新鲜程度和物流配送速度的保证上。半程冷链依托于城市间干线冷链运输，以城市冷库为节点，配合一公里的落地完成宅配。优势在于能够快速复制，劣势在于辗转几家物流承运商，极易影响产品、服务品质。

冷链物流服务商模式可以看作是围绕核心企业，通过对信息流、物流、资金流的控制，从采购到终端整个过程提供低温运输、加工、仓储、配送服务，然后由分销网络把产品送到消费者手中。总的来说，就是将供应商、制造商、物流商和分销商连成一个整体的功能网链结构。目前该市场的竞争者可分为四类，分别为：由传统物流企业转型，生产商自建自营的冷链部门，专业冷链服务商，国外冷链巨头联手国内企业设立的合资企业。国内冷链服务商有城市配送型、仓储型、综合型、供应链型、运输型、平台型和电商型等七种模式，且每种模式都有其供应特性。

近年来，随着互联网电商的快速发展，生鲜市场特别是生鲜配送行业也得到推动。这一拖动不仅仅体现在生鲜配送 B2C 模式上，还有其他方面的发展。而生鲜配送 B2C 的发展又反向推动 B2B 企业的扩张。随着生活水平的提高，消费者在对生鲜食材的要求上也从原来的追求价格转向追求质量。所以，对于 B2B 生鲜配送企业来说，既要保证生鲜食材的即时性，又要保证食材的新鲜。

生鲜未来将是相关企业博弈的主战场，食品安全、消费升级所带来的市场红利促成了未来十年最重要的双方博弈。这两种巨大力量的博弈构成了未来的商业环境，供应链上游的力量包括制造商和品牌商，而制造商和品牌商组成的力量正借助产品的优势往下游走，希望利用新的商业工具和逻辑将自己的产品直达客户，以避免拥有互联网科技和大数据以及支付等手段的下游影响其市场。

"冻品在线"成立于 2015 年，是一家专注冷冻食品 B2B 供应链的移动电商平台，致力于通过移动互联网技术，对冻品传统流通过程中产生的信息流、资金流、物流进行有效流程再造，提高流通效率，打造"轻平台、短流程、快模式"的 B2B 平台，服务对象包括中小型餐馆、社区便利店、农贸市场和其他小型食品企业主。

根据"冻品在线"披露的信息来看，其业务的综合毛利率在 12% 左右。目前，业务覆盖中国 10 多个城市，拥有约 1 000 家上游供应商和 40 多万家下游餐厅和食品企业主，每月为近 1 亿消费者提供服务，客户包括美团、阿里巴巴、盒马、朴朴等。

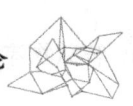

"冻品在线"的生意逻辑是通过自营+平台的逻辑，整合后端的冻品供应商，为餐饮的门店和生鲜超市等客户提供服务。

这中间的主要问题有两个：一是产品从田间地头到餐桌或者说客户手上，链条特别长，从厂家出来要经过一批、二批、三批经销商可能才到达终端客户。"冻品在线"在中间环节发挥的价值是缩短环节，提高运转的效率，这是大势所趋。二是冷冻产品的标准化和供需关系的匹配问题，最为核心的是从出厂到终端客户，如何全链条地保障产品稳定性和性价比。

冻品在线通过线上链接冻品加工企业与终端，线下建立自有冷链物流体系，对数据进行收集和处理，与上游加工厂进行生产匹配，面向中小餐馆和便利店配送速冻食品，种类包括牛、羊等速冻肉类以及速冻海鲜、速冻米面等。

为保障服务质量和日益增长的订单需求，"冻品在线"自建了最后一公里的冷链物流体系——"易鲜冷链"，这里面的逻辑是用"冻品在线"不断增长的订单扶持物流公司的发展，通过星级评价体系和司机合伙人体系，建立服务闭环。此外，冻品在线还孵化了新零售的预制菜品牌"三餐有料"，"三餐有料"一方面布局社区连锁门店，另一方面与优秀连锁便利系统合作开设"三餐有料"店中店。

总的来说，这套业务模型是先有B2B的平台，然后在平台的客户集合之后，建立自营的产品体系及配套的冷链物流体系。其实在自营产品体系之外，也需要匹配其他产品供应商为平台客户提供更好的服务，并且还需要与更多的第三方冷链物流合作，扩展配送服务的半径；到了第三阶段，才孵化出自有的C端品牌"三餐有料"。

10.4.2 冷链物流行业集中度持续提升

冷链物流市场蓬勃发展并呈现出新特征：在物流供给规模增大和需求多样化的带动下，不同品类、不同来源产品的冷链物流发展细分加快，差异化服务增多；在生鲜电商、自采直销等新业态助推下，食品冷链物流形成产地放射、中心城市汇集的形态。

作为消费升级背景下的重要细分市场，冷链物流近年来实现了快速发展。尤其是新冠肺炎疫情暴发以来，生鲜电商、社区团购、预制菜消费等持续升温，而疫苗、生物制剂、药品冷运需求的日益增长，也为冷链物流带来巨大的增量空间。与此同时，政府层面也高度重视冷链物流行业，密集颁布多项扶持措施，为冷链物流发展营造了良好的政策环境。

政策助力加之行业自身的强大吸引力以及扩展空间,让冷链物流成为明星产业,吸引资本争相布局。但不容忽视的是,基础设施分布不均、配套设施不足和信息化水平偏低、企业"小而散"、监管体系不健全等问题,一直制约着冷链物流行业的发展。因此,在冷链物流赛道"热"起来的同时,产业创新升级的步伐也应"快起来"。

成熟的冷链物流服务供应商,通过区块链、云计算、大数据、物联网、人工智能和机器学习等科技手段,强化其产品,促进冷链物流持续发展。快递企业或携资本和产业链上下游资源重磅加码,或自建直营网络,或打造加盟模式,或与第三方深度合作。除中国邮政、顺丰、京东等直营制快递巨头外,包括中通、圆通、申通、韵达等在内的加盟制快递企业也持续向冷链物流领域发力,而一些专业化冷链企业则利用资本化手段加速并购整合。

京东物流在2014年就开始打造冷链物流体系,而顺丰也在同一时间发布了"顺丰冷运"品牌,启用包括上海、厦门、北京、广州等地在内的共10座B2C冷库;2015年,菜鸟网络推出生鲜仓储配送中心;2018年,京东正式推出京东冷链,专注于生鲜食品、医药行业;2020年,中通专门成立了冷链业务板块;2021年,美团优选进行大规模冷链设施建设,在2021年夏季来临前建立了一张覆盖全国90%县市、近百个大仓的冷链物流网络。

值得注意的是,想要适应日趋多元化的市场,需要冷链物流企业提供更为精细化的服务,而服务的背后则是信息系统的升级改造。加快冷链设备的研发,降低冷链物流成本,需要专业的技术人才。但整体来看,业内缺少对专业型人才的培养,难以满足冷链物流行业快速发展的需求。因此,培养适合现代物流行业需要的人才、提高冷链物流从业人员素质是当前至关重要的工作。另外,在冷链物流增量市场的竞争中,企业势必会不断扩大业务规模,但冷链行业是一个前期投入大、运营成本高、投资回报周期长的行业,需要企业做好成本管控和精细化运营,这是企业实现盈利的关键。

10.4.3 冷链物流智慧化发展推动行业服务能力提升

技术驱动会带动行业发展,现在新基建的发展很大程度上就是基于5G技术的进步,冷链物流行业也会面临智慧化升级。1.0时代冷链物流就是提供单一的"仓、干、配"服务。2.0时代冷链物流开始出现一体化服务,"仓、干、配"一

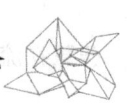

体化。3.0时代冷链物流是全国性网络化企业，甚至具备全球网络化的服务能力，同时具备2B和2C的能力，目前大部分企业正在向3.0时代迈进。4.0时代冷链物流是供应链一体化，是渗透到生产企业的供应链里，渗透到零售和餐饮企业的供应链里。5.0时代是冷链物流行业的全面数字化、智慧化。

智慧化冷链物流的重要特征就是数字化、信息化、智能化、自动化。冷链物流的数字化和信息化能够使用户借助互联网、物联网与区块链等技术实时监控冷链物流流通中各环节，打通生产商、供应商、销售商以及消费者之间的信息壁垒，结合大数据挖掘分析和云计算等技术在冷链物流产业链上的应用，最大限度地提高冷链物流资源利用率，实现冷链物流的智能化、自动化操控，最终达到显著降低冷链物流各环节人力、物力成本，提高冷链物流运行管理效率，实现食品质量与安全可追溯、可监控以及订单信息与位置可跟踪。

智慧化在冷链物流行业发挥了巨大能量，表现在智慧化提升了冷链物流企业的决策能力、简便了冷链物流过程、提高了服务质量、有助于实现冷链物流信息一体化管理等方面；同时，在农产品营销中的应用也带来了个性化、品质化的营销方式和经营理念，冷链物流行业专家们也在不断探索如何借助大数据促进智能化管控。用现代化信息通信技术（如RFID、传感器网络、智能嵌入、全球定位系统、地理信息系统等先进信息技术的融合）对商品在整个冷链流通过程中进行信息采集、传输、交换和处理，实现配送路径动态优化、温湿度自动化控制、信息共享与同步、故障检测与预警，确保商品从生产端到消费者过程的安全可控、可追溯。

计算机软硬件技术和互联网通讯技术的快速发展为冷链物流信息化建设带来了巨大的推动力。这种发展趋势不仅能够满足消费者对高品质农产品的需求，而且还能够降低整个冷链物流过程的成本，并提高其效率。同时，这种发展还能够推动冷链物流实现绿色化和智能化。冷链物流自动化设备及技术让智慧冷链物流具备了自主性能力，如使冷链全链条具备信息感知、处理、计算、信息交互及信息共享等能力，有助于实现冷链物流上、中、下游各环节智能化、自动化、节能化及一体化经营管理，降低运营成本投入，最终提高冷链整体利润率。

随着冷链物流的信息化、数字化，智慧冷链物流成为必然发展趋势，即针对生鲜农产品，通过智能硬件、物联网、大数据等智慧化技术与手段，提高物流系统分析决策和智能执行的能力，提升整个物流系统的智能化、网络化与自动化水平，从流通环节、底层技术、应用领域和功能目标等方面实现智慧化。

智慧冷链物流的建设发展对提升易腐食品品质维持力、提高企业管理效率及促进国民经济快速发展等都具有战略性意义和价值。从国家层面而言，表现在降低物流成本占 GDP 比重、绿色可持续、稳价且确保供需平衡等。从企业层面而言，表现在增加利润源、节本增效、提升抗风险能力与服务水平等。从农民层面来讲，表现在增加销售渠道、减少产地损失、助力农民增产增收等。

思考题

1. 新零售驱动下的供应链变革包括哪些方面？
2. 物流业服务个性化需要从哪些方面思考？
3. 绿色供应链如何助力碳达峰碳中和？
4. 概述冷链物流服务商七大模式。
5. 从国家、企业和个人的角度，如何理解智慧冷链物流的建设发展具有战略性意义和价值？

11　智慧物流
——互联网时代的物流产业新变革

【学习目标】

知识目标：

1. 了解物流互联网的概念、特点和优势；
2. 掌握智能物流技术与装备的应用和发展趋势；
3. 了解大数据对供应链物流管理的影响和挑战；
4. 了解企业如何提升物流供应链的价值；
5. 了解共享物流的概念、特点和优势，掌握共享物流1.0和2.0的特点和区别。

能力目标：

1. 能够分析和评估企业当前物流系统的智能化水平，识别存在的问题和改进空间；
2. 能够运用大数据技术，进行供应链物流管理的优化和创新；
3. 能够制定并实施有效的供应链物流管理策略，提升企业的物流供应链价值；
4. 能够理解和实施共享物流的创新理念，通过整合闲置物流资源和搭建高效物流平台，实现企业物流系统的优化和升级；
5. 能够跟踪和研究物流行业的最新进展和动态，掌握未来的发展趋势和挑战。

11.1 物流互联网：开启传统物流的智能化革命

11.1.1 物流互联网：从物流1.0到物流4.0

随着互联网的迅速发展，一场新兴产业正在逐渐靠近我们。在互联网的背景下，利用移动互联网、物联网、云计算、大数据和自动化等前沿技术，互联网能够与传统实体产业实现紧密结合。这种结合将给传统实体产业带来重大的改变，推动其进入产业互联网时代。

产业互联网指的是产业与互联网相融合，让互联网主导产业发展，从而实现产业互联网化。产业互联网有别于虚拟的信息互联网，产业互联网倡导线上、线下融合，实体、虚拟融合，推动现实世界实现智慧化、网络化。

为了实现这一目标，首先，产业互联网要借助物联网技术将物理世界与互联网打通，让物理世界实现网络化；其次，产业互联网要借助大数据与云计算让物理世界实现智能化，从而让产业实现在线智慧设计、在线智慧商务、在线智慧制造、在线供应链智慧协同、在线智慧物流运作，为所有人成为创客提供机会与条件。

11.1.1.1 物流产业的发展阶段

现代物流是一种复合型产业，具有鲜明的流动性，与制造业、消费者建立了密切联系。到目前为止，物流产业的发展可划分为以下三个阶段。

(1) 第一阶段是物流1.0时代，指的就是传统的物流产业时代。

(2) 第二阶段是物流2.0时代。在信息技术、科学技术实现了迅猛发展，并取得了一系列成果的时代，借助各种先进的技术手段，商品从供应地运输到消费地整个过程中的各种信息都能实现便捷沟通，现代物流的各个环节都能实现统一运筹。在这种情况下，企业能根据客户需求对物流各功能性环节做出科学、有效的计划、控制和执行，从而使现代物流理念发生变革，推动现代物流进入一体化物流时代，这个时代就是物流2.0时代。

(3) 第三阶段是物流3.0时代。物流与制造业在信息层面实现了深入融合与共享，制造业能够根据客户需求进行原材料采购、产品制造、产品销售，企业的信息系统能对市场变化做出快速响应，生产线能实现柔性制造，除此之外，企业的信息流、资金流、物流还能实现全面融合，从此，物流就进入了供应链管理时代，这个时代就被称为物流 3.0 时代，而我们现在正处于物流 3.0 时代。

（4）第四阶段是物流 4.0 时代。对于现代物流来说，信息技术的发展是其变革的关键。在移动互联网、产业互联网的推动下，借助越发成熟的云计算、物联网、大数据、物流自动化等技术，现代物流产业能逐渐实现互联网化，物流业也将逐渐迈进物流互联网时代，这个时代就是物流 4.0 时代。

11.1.1.2　物流互联网的基础与必要条件

在这个时代，物流互联网将逐渐发力，物流业将迎来新一轮变革。现代物流要想迈进物流互联网时代，就必须实现标准化、智能化、信息化和集约化，因为这是实现物流互联网的基础与必要条件。

（1）标准化。众所周知，标准化是互联网的起源。蒂姆·伯纳斯-李（Tim Berners-Lee）就是借助超文本 WWW 浏览协议与标准让信息在不同计算机间流通、共享，从而创造了互联网。在现代物流领域，物流互联网的实现必须以物流标准化为基础，从某种程度来讲，如果没有物流标准化，物流运作的实体网络就难以开放，其中的资源也就无法实现共享，网络化智能运作更加难以实现，这显然与互联网的精神不符。

（2）智能化。对于物流互联网来说，智能化是必然要求，离开智能化，物流与互联网就很难实现融合，物流互联网也无法进行运筹、优化。不仅如此，离开了智能化的物流互联网还会增加物流成本，不仅不会提升物流效率，还无法给物流企业带来应有的效益。

（3）信息化。对于物流互联网来说，信息化是核心，现代物流变革要随信息化的发展而发展。要想实现物流互联网，物流信息化必须达到一定的程度。因为在物流互联网环境下，所有需要运输的商品都必须联网，做到可视、可优化、可运筹、可智能控制，而这些必须依靠物流信息化才能实现。只有物流信息化达到了一定的程度，物流供求资源与运作资源才能实现开放与共享，才能催生出更多新型的商业模式。

（4）集约化。对于物流互联网来说，集约化是目的。集约化指的是将人力、财力、物力、管理等要素集合起来进行统一配置的全过程。集约化追求高效、节俭、约束，以此来降低物流成本，提升管理效益，获取持续竞争优势。过去，集约化的实现或许需要集中管理。但现如今，进入互联网时代之后，集约化的实现不再需要集中管理，借助分布式系统，依托庞大的网络信息共享，物流企业能在

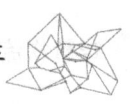

更大范围内共享车辆、人力、仓储、货物等信息，对其进行统一调度，实现各物流设施节点的优化配置。

物流互联网的出现将现代物流引入一个全新的时代。未来物流互联网的发展朝向需要进一步探索。并且借助物流互联网，现代物流取得的成果类型也需改进一步探究。

在刚刚进入物流互联网的这个阶段，这些问题还没有确切的答案。但我们可以想象一下，假如现在的物流系统是过去的电话接驳系统，信息虽能互通，但却需要接线员中转，信息无法得到有效利用。而在物流互联网时代，接线员会被淘汰，借助程控交换机，整个链接过程都能自动完成。同时，在智能系统的帮助下，物流装载、发货、仓储、配货、分拨、配送等过程也能顺利完成。

11.1.2 技术变革：智能物流技术与装备物流

互联网时代的发展演进需要借助信息技术来实现，比如大数据、云计算、移动互联网技术等，这些技术属于通用的信息技术，不仅物流互联网的发展需要，信息互联网与产业互联网的发展也需要。在这众多的技术中，智能物流技术、装备与物流运作有非常直接的关联，下面从三个方面对其进行具体分析。

11.1.2.1 智能感知技术与产品

实体物流要想与互联网连接，必须借助 RFID 技术、视频感知技术、GPS 技术、传感器技术、条码识别扫描技术等智能感知技术，这些技术主要用在仓储、搬运、输送、集装单元、运输等设备中，其主要功能是定位感知、信息采集、过程追溯、物品分拣。

现阶段，物流装备智能化感知技术的应用主体还无法实现全自动应用，智能终端识别技术对人还有很大的依赖，智能拣选系统也只能发挥辅助作用，传感器只能在冷库等特殊仓库领域内使用，其功能是对信息进行感知。

可视化物流设备，借助视频传感器可对物流作业状况、仓库管理状况进行实时感知，视频管理系统实现了迅猛发展，在自动输送分拣系统、全自动化仓储系统中，RFID 技术、红外感知技术、二维码感知技术、激光感知技术都实现了广泛应用。

11.1.2.2 智能物流技术与装备

现阶段，智能物流技术与装备在制造业自动化仓库领域实现了广泛应用。近来，智能穿梭车技术实现了迅猛发展。智能穿梭车与密集型货架相结合使仓储设施的空间利用率得以大幅提升，智能穿梭车能非常轻松地将货架最里面的货物搬运出来，进行出货，大幅提升了单品出货量较大的企业的竞争力。在智能物流领域，该技术是一项新技术，但要实现互联网化，还需付出诸多努力。

在各种智能设备中，最容易实现联网运作的就是智能机器人。近年来，智能机器人发展速度极快，自动化物流中心出现了很多在激光导引、磁条感知等技术基础上打造的智能搬运机器人。在商品出入库堆码垛方面，智能搬运机器人能根据指令自动对货物堆码垛，这是智能物流技术与装备在物流领域发挥作用的主战场。

物流互联网化的实现必须以智能终端产品、智能机器人、自动化智能作业机械为基础，只有在这些智能设备的协助下，现代物流才能在物流 4.0 时代持续发展。

11.1.2.3 产品智能追溯技术

在物流领域，产品智能追溯技术是应用得最早、技术最成熟、发展得最快、最早实现网络化的一种智能技术。早在 10 多年前，物流行业就针对食品、药品等商品在安全追溯系统方面做出过大量研究，利用条形码、RFID 等技术构建了双向赋码追溯系统，对重点追踪产品进行双向追溯。

经过十几年的时间，物流企业已在食品、药品安全领域构建了数百条双向追溯系统，从经济与社会层面都产生了双重效益。

一般来说，产品追溯系统都会先为产品赋码，将产品生产、运输、存储、交接等环节的信息写入赋码系统，通过扫码实现对产品生产、流通信息的双向追溯。同时，该系统还能有效防伪，为食品、药品安全提供有效保障。

在互联网环境下，产品智能追溯技术能对移动的物流作业单元进行追踪与定位，如果该技术能进一步加大开放与共享的程度，必将对物流互联网的发展起到巨大的推动作用。

实体物流网络有别于虚拟的信息互联网，在信息开放与共享方面，实体物流网络中的物流公司总存在很多担忧与顾虑。目前，物流网络大部分都是局部互联，实现全面互联还面临很多阻碍。而要克服这些阻碍，在物流互联网方面实现巨大突破，物流行业必须进一步对技术、运营模式进行创新。

11.1.3 掘金机会：开启全新的物流革命

物流互联网开始于消费互联网领域，在物流互联网环境下，电商与物流行业

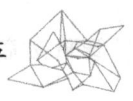

首先要开展巨大的变革与创新。

借助电商平台的物流大数据与云计算技术，物流企业能对资源进行优化整合。面对电商的互联网思维，电商物流要想实现持续发展，就必须变革、升级。同时，移动互联网技术与物联网技术不断发展也为物流变革的实现提供了助力，而电商从业者的互联网思维日益成熟、完善，他们对物流互联网的变革风暴已有一定预感。

虽然互联网与物流行业的融合使得现代物流业发生了巨大变革，但对于这种变革能带来什么，依旧存在着许多的未知。2014 年，谷歌宣布进军城市物流领域，亚马逊也开始在物流领域进行全面布局，阿里巴巴在国内智能物流骨干网领域投入巨资，柳传志、张瑞敏涉足电商物流配送等国内外行业巨头的这一系列动作说明他们已经感受到了物流互联网时代即将来临，传统物流行业将发生巨大变化，其中蕴藏着巨大的商机。

系统化、网络化是现代物流的特点。物流配送网络叫做实体网络，俗称"地网"；物流信息网络指的是虚拟的信息系统网络，俗称"天网"。物流互联网就是将"地网"和"天网"连接在一起，推动实体网络与虚拟的信息系统网络实现融合，催生出巨大的商机。

虽然很多人都不知道物流互联网有何用处，能带来何种益处，但这些未知也预示着未来的物流互联网有无限可能，可能催生出无限商机。现阶段，物流互联网时代的序幕刚刚拉开，未来的一切都无法预知，但通过推测与想象，物流互联网至少会产生以下几大商机。

11.1.3.1 "天网"控制"地网"的流量与流向

电商每天都在产生海量物流信息数据，通过采用大数据优化技术、云计算分析技术对这些数据进行分析、优化，对实体物流网络的配送信息进行整合，就可以在产品配送之前实现集约化集货、备货与调度，从而提升物流作业效率，让物流配送更加便捷。

11.1.3.2 借助物联网实现车队资源与货源资源的对接

以互联网为基础形成的实体货运网络新模式产生的效应不仅是物流效率的提升，还有商业模式的创新。比如，借助标准化的信息平台与车联网技术创造专线整合的O2O新模式；以互联网平台为基础对全国各货运园区的物流节点进行整合，从而创造整合车辆与货源的O2O新模式；以互联网信息平台为基础对中小散户的车辆资源进行整合创造轻资产的货运O2O新模式。除此之外,以滴滴打车等车联网模式为基础还能创造一种全新的货运车联网物流运作模式。还有许多类似的商业模式创新,这代表着货运车与物联网之间的关系越来越紧密。

以互联网货源资源与车队资源的整合为基础可以开展多元化创新。创新车联通卡这一想法在2013年被提出,这一想法的实现能让银行信用卡与货车的车联网系统实现集成,使能对货运车辆进行追踪的物联网金融系统实现创新,让融资借贷、车辆保险、车辆维修、资金支付、车辆加油、物流园区消费等多种功能实现集成化、网络化,团购的新型金融服务落地实现,通过团购折扣让物流企业获益。要想让"地网"与"天网"实现融合,就必须构建智能仓储系统、货运车联网系统、智能追溯与信息可视化系统和终端智能配送系统,以实现仓储系统、配送环节、物流环节节点交接处及配送终端的全面感知。当然,在信息系统联网与融合方面,仅全面构建"地网"的感知系统还远远不够,还需利用云计算、大数据等技术对物流流向与流量进行优化,平衡成本与技术应用之间的关系。这些工作完成不易,现在正处于起步阶段,未来还有广阔的发展空间。

11.1.3.3 引导互联网向制造业渗透,推动制造业迈进4.0时代

现代互联网发端于信息互联网领域,而后逐渐朝消费互联网、销售互联网领域渗透。销售互联网的典型代表就是电子商务,随着电子商务的发展,电子商务物流实现了互联网化。而随着物流互联网化的演进,互联网逐渐渗透到了制造业领域,为制造业迈进4.0时代起到了巨大的推动作用。

制造业网络化、智能化、柔性化都不是真正的制造业4.0,制造业4.0将使制造业发生深刻变革,这种变革具有极强的颠覆性。在未来,制造业4.0一定会朝着工业互联网的方向发展,从而催生出开源硬件、云工厂、云制造、云设计等一系列新事物。客户将直接参与消费品设计、制造、物流配送等环节,制造业将受到互联网的智能控制与引导,所制造的硬件将成为显示应用中的智能互联网终端,在这种情况下,某些制造产品将成为免费道具供服务业使用,并通过互联网服务来收费。这些变化早已在苹果手机、小米手机、特斯拉汽车等产品中有所显现。

尽管物流互联网潜藏着巨大的商机,但物流企业要想从中获益,仍需采取务实、渐进的步骤。这不仅需要对未来发展形势有清晰的认识,还需要从小处着手为物流互联网的发展提供支持和助力。

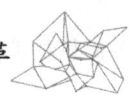

11.1.4　智慧配送：搭建高效的配送体系

智慧配送是物流业的一大主流发展方向，它能够自动识别配送信息，在遇到突发情况时，向配送人员提供预警，而且能够帮助企业对配送路线进行全面优化，在控制配送成本的同时，也将极大地提升配送效率。

在传统物流配送中，分货、拣货及验货效率低下，补货不及时，配送路线重复等问题的存在，导致商品流通成本极高。而进入智慧物流时代后，为了给客户带来更为优质的配送体验，并提高配送效率、降低配送成本，物流企业必须积极进行转型升级，在配送路线优化、实现及时收发货、高效分拣、智能补货等诸多方面投入更多的资源与精力。

而智慧配送则为解决上述问题提供了有效途径。目前，国际领先的物流巨头们都在积极研发智能化及智慧化的物流技术及设备，为智慧配送落地扫清技术及基础设施阻碍。

本质上，智慧配送是通过运用网络通信、GIS、RFID 等信息化技术与精细化管理等管理理念，对发货、补货、提货、送货、退货等诸多环节的配送路径进行智能管理，实现信息在各环节间的实时、高效的双向流动，从而有效控制配送成本，提高配送效率，重构配送管理等业务流程。

11.1.4.1　设计要点

具体来看，智慧配送工作包（工作分解结构的最低层次的项目可交付成果）需要涉及流程描述、需求分析、功能设计、GIS 设计及目标任务确定等。

从功能设计角度来看，智慧配送的配送信息自动识别主要是自动识别并全面检验待分拣货物，检验其信息和便携式阅读器中显示信息的一致性，货物、库位、货架的对应信息是否一致等。当配送信息自动识别系统提示配送人员配送货物时，也会自动对货物进行检验。

配送信息自动预警工作也非常关键。在传统配送作业中，很容易在分拣、提货等环节出现货物数量、型号和订单不匹配等诸多方面的问题，从而给客户体验带来较大的负面影响，而且会进一步提高配送成本。

配送路线优化智能管理是智慧配送的一大核心优势。在交通堵塞、天气变化、提货及送货点变更等情况下，配送车辆继续采用原有配送路线会造成配送成本增加、配送效率下滑等诸多问题，而智慧配送则能够让配送车辆根据实际情况做出及时调整。而且智慧配送系统还会不断搜集配送路线、配送站点、能耗及时长、客户反馈等数据，为配送路线优化的智能管理提供强有力的数据支撑。

在智慧配送中，物流企业将会为智慧运输 GIS 系统开发新的功能模块，或者针对自身的业务需求定制开发专业版的配送作业 GIS 系统。具体而言，专业版的配送作业 GIS 系统需要具备信息查询、数据维护、配送路线设计及优化、决策支持、配送评价反馈等几大功能模块。

与此同时，物流企业还需要引入智慧配送管理信息系统（distribution management information system，DMIS），该系统能够让企业为配送点实时提供信息服务，结合订单需求协调配送资源，并向配送人员发出工作指令。而且这些服务信息都会存储在系统工作日志中，方便物流企业实施查询。

需要注意的是，智慧配送 DMIS 同时包含了货物信息管理、货物交接管理、配送路线信息、订单管理、配送事故管理、配送业务结算管理及客户评价反馈管理等多个模块。如果是物流企业自主开发，可能需要较长的开发周期，所以不妨尝试和一些专业的物流系统开发商合作。

RFID 分拣系统也是智慧配送中一个重要板块，它能够利用 RFID 设备对出库的货物品类及数量进行统计，实现高效、精准拣货。目前，主流的 RFID 分拣系统可以分为两种类型：一是摘取式 RFID 分拣系统（digital picking system，DPS）；二是播种式 RFID 分拣系统（digital assorting system，DAS）。

DPS 的工作逻辑是：通过仓库管理使货物、货架及库位的 RFID 电子标签相匹配，在这前提下，当经过系统处理的出库信息上传到货物、货架及库位的 RFID 电子标签上时，以光或声音的形式发出提示，从而让分拣人员能够快速低成本地精准拣货。

DAS 的工作逻辑是：通过仓库管理为生产线、实体门店等客户的所有储存位贴上 RFID 电子标签，在工作人员将分拣货物信息输入系统的基础上，经过系统处理的出库信息被上传到客户订单储存位的 RFID 电子标签上时，通过光或声音进行提示，以便分拣人员快速低成本地精准拣货。

RFID 标签的核心目标是让系统能够对货物分拣、提货及送货检验、配送车辆专线等信息进行自动化、智能化检验。所以，结合 DPS 与 DAS 的工作逻辑，可以制定两套与之匹配的标签贴放方案。而在具体的标签贴放环节，需要在以下三类位置贴放 RFID 电子标签。

（1）库区中的货物、货架及库位。

（2）库区中的客户储存位及货物。这能够便于工作人员对库区中的货物进

行精细化管理,在处理订单时,快速找到订单需要的货物存放位置信息。不难发现,RFID 电子标签也是客户货物信息的唯一标识,当进行分拣工作时,可以让分拣人员通过检查储存位电子标签和货物标签的一致性,来判断智慧配送系统是否正确地完成了货物分拣工作。

(3)配送车辆。在配送车辆上贴上 RFID 电子标签,可以让物流企业对配送车辆进行快速精准识别,判断其是否符合配送区域内的通行要求等。在社会化大生产成为主流趋势背景下,配送车辆将会同时服务多个物流企业。所以,在配送车辆上贴上 RFID 电子标签将有助于促进配送车辆资源的高效共享,有效提升服务区域内配送资源的利用效率。

此外,为了便于车辆和其他设备及系统的信息交互,在车辆上安装读写器也非常关键。读写器包括两种类型:固定式读写器和便携式读写器。固定式读写器主要被安装到配送车辆中,以便快速了解车辆信息及运行状态等。而且可以通过检验配送车辆的实际运行状况和系统运行计划信息是否一致来优化系统,加快智慧配送的真正落地。便携式读写器除了会被安装在叉车、手推车、配送车辆等仓配设备中外,还会被制作成便携式的手持式读写器,从而方便工作人员使用。

11.1.4.2 执行要点

在执行智慧配送项目时,首先要对各工作包的完成状况进行评估,以便工作人员能够掌握客户订单的整体完成进度及完成质量等。评估的内容主要有:配送管理业务流程描述、标签贴放、读写器安装、系统运行状态、后台数据更新、项目需求分析及功能设计等。对智慧配送项目进行验收时,重点考虑以下两大部分。

(1)项目实施时的相关设备是否正常运转、RFID 电子标签的完整性、阅读器是否能够精准接收信息、配送管理信息系统和 GIS 系统是否符合设计目标等。

(2)项目实施完成后,考察是否实现了预期目标。

11.2 大数据物流:创新供应链物流服务模式

11.2.1 大数据对供应链物流管理的影响

进入大数据时代之后,供应链管理被赋予诸多新要求,传统的用订单、发货等事务性数据对供应链进行改革的方法不再适用。在这种情况下，大数据的概念逐渐被引入供应链管理领域，供应链管理者开始用新的数据形式来为新的供应链管理问题提供解决方案，以期对供应链绩效进行持续改革，推动供应链物流服务产业发生新变化。

互联网、移动互联网、电商平台、各类媒体平台是物流行业大数据的主要来源渠道。物流行业大数据种类繁多，根据不同的标准可以划分出不同的类型。比如，以数据形式划分，物流行业大数据包括流量分析数据、网络文本数据、电商交易数据、网络应用数据等；根据用户活动方式的不同，可以分为用户交互数据、用户习惯数据、用户行为数据等。

身处大数据时代的企业不仅要注重内部数据，还要认识到外部数据对其决策制定的参考价值。数据统计结果显示，结构化数据在企业全部数据中所占比重仅达15%，如果物流企业只依靠结构化数据来制定决策，则难以提高决策的准确率与科学性，在业务发展过程中也容易产生问题。

企业利用大数据技术，则能够采取有效的应对措施，并有效地降低成本消耗。相较于其他领域，大数据在物流行业的应用难度较低，并且能够在物流运营的各个环节发挥作用。另外，尽管大多数物流企业对大数据的概念并不陌生，但整个行业对大数据的应用仍然处于探索时期，从这个角度来说，大数据在物流行业的应用前景十分广阔。

大数据在物流行业中的应用逐渐形成"数据供应链"。供应链由众多环节共同组成，具体包括数据获取、数据分析、数据价值挖掘、数据应用等。数据提供方、数据获取方、数据平台运营方、数据消费终端、相关投资者等都参与到了整个供应链的运营过程中。

大数据对供应链物流管理的影响主要表现在以下四个方面。

11.2.1.1 预知运作状态，让供应链更灵活

现阶段，供应链都不太灵活，很多供应链响应都建立在平均值及简单的"if-then-else"逻辑的基础上。随着大数据的崛起，供应链管理开始用文本挖掘、基于准则的本体等新型预测性分析方法，借学习系统将"多 if 到多 then"以图例的形式表现出来。新型模式识别系统、优化系统、学习系统的结合可对供应链运作状态进行预测，让供应链提高灵活度。比如，在企业管理供应链风险的过程中，可以借助大数据技术提升倾听能力，以尽早获知供应链风险，并针对该风险提供相应的解决方案。

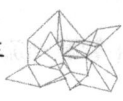

11.2.1.2 获取市场反应，构建新的供应链渠道

借助大数据技术，企业能以评级、评审、社交平台评论、社交媒体反馈等形式获取客户反馈。同时，社交媒体、移动装置、电子商务与数字设备的结合也为企业新型供应链渠道的构建提供了机会。在零售行业，这种渠道被称为全渠道；在消费品行业，这种渠道被称为数字化采购途径。对于供应链管理者来说，移动、社交、电商数据与POS数据结合能迅速成为PB级的大数据。

11.2.1.3 数字化制造与服务

数字输入技术的应用为加工制造的转型提供了有效支持与助力，生产线正从基于事件的计划朝着物联网基础上形成的实时感应转变，维修计划、生产排程等供应链生产管理都可以以设备产出时间为依据来进行。同样，数字输入也正在推动服务业转型。比如，飞机、轮船等会定期向控制台传输信号，为服务计划的制订、零件更换提供依据。因此，在物联网的作用下，服务业的供应链正在持续改变，并由此产生了海量数据。

11.2.1.4 重构供应链可视化

地理位置信息、数据图示化、可视化呈现与感应传输的有机结合，正在推动供应链可视化从接近实时数据朝实时数据转变。随着实时感应需求与供应的变化，供应链响应市场的时间会不断缩短，产品配送的安全性会不断提升。比如，采用RFID传感器之后，温度控制的供应链传输的数据数量与速度都能大幅提升，再加上新型模式识别技术，供应链可以更好地感应市场变化，对市场做出快速响应。所以，在冷链管理中，大数据的应用时机已经成熟，可以得到更好的发展。

11.2.2 大数据给第三方物流带来的挑战和机会

11.2.2.1 大数据给第三方物流带来的挑战

大数据在为供应链改善带来机遇的同时也给供应链管理技术、第三方物流带来了挑战，这些挑战主要表现在数量、速度、多样化三个方面。

（1）数量。数据显示，到2021年，大数据的数量已增长到2 090亿个。同时，温度传感器、GPS装置、二维码的使用量也在迅猛增长，由此产生了大量数据，完全超出了人们的预期。这些数据经常在系统与来源间流动，出错率较高，完整性较差。因此，对于第三方物流来说，对这些数据进行有效处理是一大挑战。

（2）速度。供应链环境在实时改变，在运行过程中有些变化是由意外事件引发的，这些变化必须及时处理，以免造成不必要的损失。对于第三方物流来说，应对这种数据变化，响应速度是一大挑战。为应对这一挑战，第三方物流必须迅速做出决策，缩短处理时间，这些是传统供应链管理信息系统无法做到的。

（3）多样化。供应链中的数据类型多种多样，有结构化数据（如事务性数据、时段性数据），也有非结构化数据（如温度、二维码、RFID、GPS等感应数据），还有一些新类型的数据（如声音、图示、录像、数字图像等等）。这些数据集复杂且多样，处理起来非常困难，其中最核心的问题就是如何将数据转换成商业价值。

11.2.2.2 大数据对第三方物流带来的机会

将数据转换为商业价值虽然会让供应链管理者陷入数据的海洋不能自拔，但也能为第三方物流服务的拓展提供有效支持。对于第三方物流来说，不断增长的数据需求会为其角色转换带来三大机会。

（1）第三方物流要想成为有价值的合作伙伴，其本身必须成为有着超强竞争力的数据管理者。供应链中的关键数据只有第三方物流公司才能接入，所以第三方物流公司必须保证数据能被获取，能实现集成，能向供应链各方开放。同时，为了让客户放心地使用数据结果进行决策，第三方物流还要为客户提供数据的可靠性指数。

（2）第三方物流要成为数据消费者的服务商。采用人工方法对大型数据集进行处理不太现实，尤其是当这些数据以文本、GPS坐标等多媒体方式出现时更无法对其进行人工处理。同时，很多货主企业都无法在数据分析之前将各数据点集中在一起。相反，数据分析散布在各个小系统中，与执行系统、计划系统相结合。简单来说，货主企业要想在复杂的数据中获得有价值的信息，必须借助IT工具，而这已成为货主企业最希望从第三方物流企业获得的服务。除拥有系统之外，数据分析植入执行系统的程度也决定着第三方物流间的差分。

（3）第三方物流必须配备相关人员和流程，以获取大量机会。在货主企业看来，移动货物早已不是第三方物流的核心功能，其核心功能早已被数据管理服务的需求增长所替代。尽管第三方物流已将关注重点放在通过移动获取方面找到增加的规模经济性，但也会忽略管理数据带来的颠覆性转变。

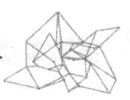

11.2.3 大数据驱动供应链物流服务创新

自进入大数据时代以来，第三方物流角色有所转变，为适应这种转变，大量物流企业开始积极使用大数据技术，推动供应链物流服务模式得以创新，进而催生了一系列全新的服务模式。

11.2.3.1 实时服务

面对不断变化的物流环境，实时服务可随时做出调整，通过将实时信息融入智能及交互分析框架来对供应链进行优化。实时服务能为物流企业提供以秒为单位的数据，经过接收、分析、整合，这些数据能融入物流企业的运作活动之中。

（1）实时追踪服务。通过随时随地传输发货数据，可为企业提供与位置、物流状况、货物完整性有关的信息。

（2）实时风险管理。一旦商品状况或完整性在运输过程中发生变化，可及时将信息传输给货主企业，让货主企业立即采取策略应对这种供应链风险，如温度控制、产品召回等等。

（3）实时动态路径选择服务。可对运输卡车的位置及活动进行有效追踪，还可改变事先设定好的循环取货的路径方案，将其变成更加灵活的确定取货和送货位置。

（4）实时库存服务。实时库存服务是在库存可视化的基础上形成的一种服务，是全渠道运作的基础。借助这种服务，在管理软件的支持下，零售商运作的每条渠道都能实现库存可视化。

（5）实时追踪智能物流目标。让客户对全部物流系统进行控制、运作，并让其与视频、RFID、传感器、3D扫描等技术实现有机结合。

借助实时服务，物流服务商可对实时数据进行快速处理，提升数据处理效率及客户服务水平，进而产生增值服务。同时，还能避免资产占用及货物偷盗等情况发生，减少了这方面的损失，从而改进物流运输的可视化功能，保障其安全。另外，借助实时服务，客户可随时掌握货物位置及配送状态，让整个供应链更透明、更灵活，实现个性化解决方案的快速配置。

11.2.3.2 众物流

社交网络的快速崛起为物流企业带来了一个新的商业机会，这个商业机会就是众物流。这种物流模式对物流成本、物流的灵活性、二氧化碳的排放都产生了一定的影响。在新的共享、物物交换、私人商品推销文化的作用下，本地、区域乃至全国消费者之间会产生大量的交易活动，物流企业必须将最初一公里服务和最后一公里服务与消费者的日常生活相融，为这些交易活动的开展提供有效支持。

（1）众包（crowd sourcing）。目前，在现有的轨道、公路、私家汽车等可用的运输能力中，还有70%的运输能力没有得到利用。让客户参与取货、送货等流程，不仅能降低运输成本，还能通过对运输量的整合减少碳排放，进一步实现碳中和的目标。

（2）众导航（crowd navigation）。能提供实时信息的社交网络（如微博等）可以对物流运输中的突发事件（如道路事故、交通堵塞等）做出快速反应，其反应速度比传统的导航系统、车载系统要更快。

（3）众挖掘（crowd mining）。借助社交网络对与公司、产品、品牌有关的评论进行检测，借助互联网媒体对折扣、优惠、特别服务进行更新，快速响应消费者投诉，对客户反馈事件进行检查落实，以及时做出回应。

借助众物流，物流服务商可对物流网络进行优化，提升物流设施利用率，降低物流运输成本，给物流企业带来新的商业机会，使货主获取更加灵活的物流配送方案，以更好地进行物物交换。当然，在此过程中，还要对客户介入取货流程、货物配送流程的法律及服务的一致性制约进行综合考虑。

11.2.3.3 超级网络物流

在超级网络物流的带动下，新一代物流公司将逐渐崛起，其主要目光将聚焦在协同连接生产企业与物流提供商的全球供应链网络方面。在模块化、灵活可配置的物流服务的作用下，超级网络物流将把物流引入新的商业模式中，从而影响整个物流市场。

（1）驱动新的市场细分。物流市场将细分出新行业，如用户、配置商、服务专家、服务商城业主、复杂物流解决方案的协同商等。全球性物流商的主要精力将放在跨境整合、额外付费服务、对区域及本地服务提供商进行协同等方面，以期构建起全球超级网络。在物流商城的作用下，市场透明度将得以进一步提升，小型本地公司将有机会进入全球市场。

（2）带来高效的额外付费服务。风险管理与安全、报关与一致性等复杂程度和开发成本越来越高的服务只能由少量专家开发。电子账单支付、电子报关、电子一致性等额外付费的电子服务将变成新的市场差分要素。

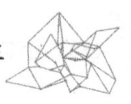

（3）增加企业价值。物流企业的物流服务不仅可以向客户出售，还可以向服务伙伴、竞争对手出售。合作可对基础设施开发、资源利用、支撑能力产生重要影响，以达到降低成本、节约能源、保证通畅运行、实现可持续发展的目标。同时，合作也能通过不断增加的基础设施投入为经济增长提供有效支持。

要想构建超级网络物流联盟，必须利用大数据技术对来自内部、外部的地理位置、日常事务等数据进行快速分析，为实时业务流程和风险事件预测与管理提供有效支持。

11.2.4 企业如何提升物流供应链的价值

随着大数据时代的来临，越来越多的行业开始引进与应用大数据技术，物流行业也不例外。物流企业在运营的各个环节都会产生多种类型的数据信息，企业通过应用大数据，能够更好地对接客户的多元化需求，根据市场变化做出有效的反应，在竞争中维持自身的优势地位。

近年来，云计算、物联网等概念已经成为热门关注点，而云计算与互联网的发展离不开大数据，因此，部分世界级互联网企业致力于实现大数据资源的充分利用。身处这样的市场大环境下，物流企业也要及时布局。为此，该领域的经济参与主体要对物流行业大数据的特征进行把握，通过大数据开发与利用来提高整体的运营效率。

11.2.4.1 大数据应用对物流企业竞争力的影响

大数据在物流行业中的应用能够作用于企业发展的资源与能力要素，增强物流企业的整体竞争力，使企业能够获得更加持续性的发展，及时应对市场变化，对自身运营进行调整与优化，更好地满足客户的需求，增加自身营收。

（1）大数据作用于企业的资源要素。现如今，越来越多的企业认识到了数据资源的价值，并将大数据应用提升到了战略层面。企业通过利用大数据技术，能够将内部分散的资源整合起来，减少资源浪费，完善组织结构，提高服务质量，与客户之间开展友好的沟通互动，扩大利润空间。

（2）大数据作用于企业的能力要素。首先，物流企业要实施有效的决策制定，选择适合自己的发展战略。借助大数据技术，企业能够提高决策的灵活性，并优化内部组织体系，对传统业务流程进行调整。如此一来，企业就能够按照标准化的流程来制定决策，有效提高信息开放程度，在企业各个部门之间实现信息共享。其次，物流企业要注重对整个运营过程的管理与控制。企业通过大数据的应用，能够更加全面地掌握当前业务的发展情况，促进各个部门之间的沟通与合作，了解企业对各类资源的应用情况。再次，物流企业要提高营销管理能力。借助于大数据，企业能够全面掌握客户的相关信息，包括客户对企业服务的期待、个性化需求等，据此对消费者进行科学分类，从中挖掘出重点客户。最后，物流企业要提高创新能力。借助于大数据，企业能够与第三方建立有效的合作关系，共同实施创新战略。在这种模式下，企业能够建立有效的创新机制，在具体实施过程中及时发现问题并逐一克服。

11.2.4.2 物流企业推动大数据应用的思路

在大数据时代，物流企业要跟上时代发展的步伐，通过发挥大数据的优势来增强整体的竞争实力。在具体应用过程中，企业要从以下五个方面来着手。

（1）战略。物流企业要加强对数据资源的存储与管理，并将其纳入企业的整体发展战略中，着眼于内部的资源管理与自身服务体系的完善，选择适合自己的大数据应用战略。在这个过程中，企业要充分了解自身的发展情况与实际需求，还要立足于长远发展的角度，实现软硬件资源的整合应用。

（2）领导。企业要提高对大数据应用的重视程度，获得领导层的认可与支持。为此，领导者要突破传统思维模式的限制，积极促进大数据在企业各个环节的应用与渗透。

（3）流程。加强对企业数据资源的管理，对原有的数据应用模式进行改革。企业应该采用整合方式进行数据获取与分析，对尚未得到开发与利用的数据进行发掘，并整合外部数据来提高自身决策的科学性，促进企业与合作伙伴之间的信息共享，在发展过程中形成共赢局面。

（4）技能。在企业各个部门推行大数据技术，将其作为企业整体技能中的重要组成部分。组织员工接受专业的技能培训，利用大数据技术加速各部门的运转。提高运营者的大数据应用能力，做好数据资源的统计与分析工作，为企业的决策部门、管理部门、服务部门等提供有效的参考，加强各个部门之间的信息交流，打破传统模式下不同部门各自为政的局面。

（5）人员。根据企业的发展需求，建立自己的人才队伍。对专业人才的综合性素质进行考察，包括其信息科技能力、业务实践能力、数学建模能力等，确保企业在大数据应用方面占据优势地位，进而推动其整体发展，并帮助合作企业提高数据应用能力。

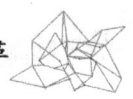

11.3 共享物流：共享经济时代的智能化物流

11.3.1 共享物流：新理念下的物流创新

在现代化信息社会中，共享模式逐渐得到普遍应用，图文、视频、应用软件的共享在互联网领域俯拾皆是，这些虚拟资源的共享有效促进了网络行业发展，但在早期阶段，此类经济现象只会在有限范围内产生影响。

在"互联网+"行动深入开展的今天，线上线下的运营开始向一体化方向发展，除了虚拟资源之外，实体资源也开始实现共享，具体包括房屋租赁、出行领域等。与此同时，经济领域中的商业基础设施及生产资料也开始采用共享模式，共享经济的影响范围进一步拓宽。

从根本上来说，共享物流指的是物流资源的共享，而除了货运资源之外，物流资源还有很多组成部分。完善的系统是现代物流的关键，在该系统运营过程中，物流资源的信息化、标准化特征十分明显，并通过网络渠道进行流通，其中很多资源都适合采用共享模式，包括人力资源、信息资源、技术资源、仓储管理资源等，这些资源是企业实现共享物流的前提。以往，物流系统的信息开放程度不高，企业之间缺乏有效的交流，也不会进行资源共享，彼此的物流体系相互独立，导致资源利用效率较低。而共享物流能够加强企业间的沟通协调，提升物流资源利用率，帮助企业减少物流成本消耗。

党的十八届五中全会强调，要树立并贯彻实施创新、协调、绿色、开放、共享的新发展理念。共享物流能够推动这五大理念的实施。物流企业可通过回收利用、多次使用、外租或交换方式实现资源的共享，为此，要建立统一的行业标准，提高信息开放程度。近年来，越来越多的企业开始建设现代物流体系，并应用系统化思维，积极寻求与互联网的结合发展，为共享模式的应用提供了有利的环境。

现如今，商务部流通业相关部门开始积极推动共享物流的建设，为其发展提供多方面的支持与帮助。早期共享物流主要聚焦于实现物流信息的共享，使市场供给与需求相符，提高物流资源的利用率。现在，共享物流的作用已不局限于此。在具体发展过程中，商务部流通业相关机构加速推动城市物流共同配送，并制定了物流托盘的统一标准，实现企业的资源共享，加速了物流系统的运转，避免了不必要的货物损耗，严格根据统一标准开展物流建设与运营，为整个社会经济的发展做出了积极贡献。

为促进物流设备资源的共享，商务部着眼于建立物流托盘的统一标准，并实现供应链上各个环节企业间的托盘共用。即属于同一供应链的企业采用标准一致的托盘，不同企业进行托盘资源的共享，这种方式能够促进上下游之间的信息交流与互动，使企业间无须倒托盘就能进行货物交接，加速物流系统的整体运营。通过实现共享物流，既能提高设备资源的利用率，又能节省时间。

目前，我国一些权威机构，包括物流技术部门、中国物流产品网、中国仓储协会等都在积极促进共享物流的实现。在其具体发展过程中，标准化建设起到核心作用，而标准化的制定任务由政府相关部门来完成。企业要积极配合统一标准的实施，对传统物流运营模式进行改革。用统一标准来规范自身的发展与经营，保证货品包装与存储、运输、配送过程中的车辆型号及具体尺寸相吻合，采用统一的货品包装标准，逐步实现物流企业在装载、运输、分拣、配送环节的设备共享，在此基础上建立针对集装箱、车辆等物流配送设备的统一标准。

在物流运营过程中，有一个概念叫做"单元化物流"，即企业采用统一的标准与规格，将货品进行单元化处理，在物流运输过程中不破坏货物的单元，并将这种货品处理模式应用到供应链系统中。通过这种方式，可以减少物流环节的成本消耗，并据此改革传统的装卸搬运设备与包装方式，将供应链中不同环节的工作，包括包装、搬运、运输、仓储等串联起来，为共享物流提供支持，提高物流运营的信息化水平。

随着物流行业与互联网的深度结合，共享物流得以迅速发展。企业通过实施该模式，既能有效提高物流资源的利用率，加速物流系统的整体运转，降低中途过程中的货品损耗，又能促进企业完善其服务体系。因此，应在整个物流行业范围内推行共享物流模式。

11.3.2 共享物流1.0：整合闲置物流资源

优步（Uber）、爱彼迎（Airbnb）的快速发展使共享经济模式受到众多行业的关注。不过，除了房屋出租或出行行业以外，共享经济的影响范围不断拓宽，其用户群体包括企业、企业管理者、普通员工、消费者等。通过分析可以发现，共享经济模式的应用有效促进了国内物流行业的发展，不少物流公司都在积极实

践共享经济模式，通过物流外包、资源共享、信息服务提供等方式获取利润。在今后的发展过程中，共享经济模式在物流行业将得到更加普遍的应用，物流企业的运营效率也会得到明显改善。

物物交换时期是物流发展的开端。物流服务的价值包括两方面：时间价值和空间价值。

物流的时间价值与空间价值具体是指什么？举例来说，把我国南方的水果贩卖到北方地区，这就是物流的空间价值，在这个过程中，商家通过空间转换实现了商品的价值；将秋季收获的农产品进行存储，等到来年春季再进行出售，此为物流的时间价值。

在南方水果的收获季节，做水果贩卖生意的商家会将大量水果运送到北方，但收获季节结束后，水果运输量就会大幅下降直至为零；同样，在粮食出产季节，粮商会将大批粮食入库存储，并逐渐出售给需求方，在次年的粮食收获季节之前，这些库存会不断被消耗，直至粮商进行再次补充。

由此可见，物流会受到许多因素的影响而产生波动，除了季节性因素之外，节日因素、企业产能、商家活动等也都会对物流产生影响。虽然很多商家致力于通过完善自身供应链减小物流波动，或者及时采取有效的措施应对物流波动，但不可否认的是，目前企业还无法避免波动的出现。通过分析不同行业的物流波动数据，可以得出如下结论。

大多数企业的物流峰值一般都高于其物流均值。在货品仓储环节，企业物流的峰值系数接近1.5；在运输环节，物流峰值的系数大约为5.0。在峰值远远高于均值的情况下，企业应该如何应对？

通常情况下，企业本身的物流资源能够保证其日常业务运营的基本需求，出现物流峰值时，企业会采取加班政策，或者采用外包方式，与第三方达成合作关系，将闲置的物流资源整合起来，这就是物流共享经济早期的发展形态。

季节性因素对物流的影响始终存在，因此，物流共享经济已经历了长期的发展过程。水果贩卖商要把南方的水果运到北方，就要采用外包方式租用卡车；如果粮食产量较大，粮商的仓库没有足够的空间时，也要租用其他仓库满足自身的仓储需求。

在这个阶段，物流共享经济的交易主要分布在线下渠道，多数具有区域化特征，很少出现集体交易。随着物流共享经济得到发展，物流交易的规模不断壮大，交易更加集中，共享平台应运而生。在这方面最具代表性的当数美国的罗宾逊全球物流有限公司。

诞生于 1905 年的罗宾逊全球物流有限公司（C. H. Robinson Worldwide，CHRW）经过百年发展，已在美国第三方后勤物流企业中居于榜首。该企业的办事处遍布欧洲、美洲的多个国家及地区，能够根据客户的需求推出不同类型的运输服务。与此同时，该企业联手当地的多家运输公司，建成完善的运输网络，确保完成运输任务。

尽管罗宾逊被称作美国屈指可数的卡车运输企业，但事实上其车辆资源都来源于第三方。该企业与美国 5 万家卡车运输公司协作，这些公司总体车辆规模达到 100 万辆。罗宾逊物流公司依靠这些运输车辆资源，搭建起覆盖美国各个城市及地区的运输网络，能够为需求方与卡车公司之间搭建桥梁，满足客户的运输需求。

在物流共享经济 1.0 时代，面临着货品运输需求的企业需要应对运输需求的巨大变动。为满足这一需求，企业选择将运输任务委托给汽车运输公司通过罗宾逊公司来完成。

11.3.3 共享物流 2.0：搭建高效物流平台

进入 1.0 时代后，物流的共享经济仍在持续发展。在移动互联网迅速发展的今天，爱彼迎（Airbnb）、优步（Uber）代表的共享经济实践者迅速崛起在市场上，越来越多的企业在该领域展开布局。随着发展，物流共享经济拉开了 2.0 时代的序幕。

仓储式管理平台 Flexe 就是物流共享经济的典型代表。该平台将服务提供方的储位信息发送给需求方，方便两者之间进行信息对接，从而有效提高仓储资源的利用率。

Flexe 管理下的仓库总体数量达 80 个，遍布美国 20 个市场。管理人员负责仓储空间的调度工作，可通过搜索引擎在短时间内查询到符合客户需求的仓库及具体位置，帮助客户在需求高峰期做好大批货品的存储工作，在必要时采取促销措施优化库存管理，提高其市场反应能力。从服务方的角度来说，通过 Flexe 平台能够便捷地进行仓库出租，在具体实施过程中，服务方要将仓库的容量、存储功能、运营时间、具体类型等提交给 Flexe 平台，平台则会对仓库价值及功能进行判断，列出具体的租金水平，服务方在协调运营方案之后，就能通过平台进行仓库的外租。

同城配送平台优步快送（Uber RUSH）也是该模式的实践代表，这是 Uber 于 2005 年上线的第三方快递服务。用户可使用移动端应用与服务提供方即"信使"（Messenger）联系，在发送预约信息后等待速递员上门取货。若用户所在地点处于 Uber 的服务范围之内，就能享受其快递服务，与 Uber 的接单人员达成交易关系，这种方式与 Uber 的叫车服务十分相似。其差异性体现在，Uber RUSH 的"信使"取代了 Uber 打车的司机向用户提供服务，根据距离远近，"信使"可选择步行或骑单车上门取件。用户可利用手机预估信使到达的时间，也可追踪物品运输的完成进度。

商用物流服务平台货船达人（Shipster）也是共享物流的代表。该平台负责进行物品打包，无论是小型货品还是大型家具，平台都能将打包时间控制在 20 分钟以内。平台与 DHL、联邦速递等知名物流企业联手，组建了由 100 人组成的取件队伍，并使用自行车、面包车、货车等多种交通工具向客户提供货品运输服务。Shipster 于 2014 年 11 月在美国投入运营，一年之后，其运送的货品数量达到每月 11 000 件。该平台为新兴科技公司、知名时尚品牌等多种类型的企业提供服务，能够按照客户的需求，快速完成多种货品的配送任务。

Wonolo 公司是又一个典型实践者。"Wonolo"由工作（work）、现在（now）、当地的（locally）三个单词共同组成，其主导业务是为公司提供临时雇佣人员，无论是小规模初创企业，还是世界知名企业，都可通过该平台寻求人力资源服务。需求方将其需求信息发布到 Wonolo 平台，应聘者在接收到信息之后便可进入申请流程，到企业担任临时员工。举例来说，某零售企业在高峰期发现当日的装配人员无法保证其业务的正常运转，就可以在 Wonolo 平台招工，以临时雇佣的形式完成当日的配送工作。

在物流共享经济 2.0 时代，第三方企业依托信息技术搭建起高效的平台，该平台的运营能够帮助用户提高应对市场变化的能力，通过整合资源满足用户的多方面需求，促进企业的持续发展。

人力、场地及配套设施是物流运营中不可缺少的核心资源。其中，人力资源涵盖货品分拣人员、装卸人员、司机、配送人员等；物理场地涵盖仓库、停车场、货物放置地点等；配套设施涵盖运输车辆、仓库管理设施等。这些资源，在未来的物流行业都能够实现共享。

如今，在实践共享经济模式的出行领域中，已涌现出以优步为代表的多家实力型企业，相比之下，物流行业的总体规模更大。相信在不久的将来，物流共享经济的巨大潜力也会被发掘出来。

【案例 11-1】北川羌族自治县快递物流整合、快递共享资源与电商齐头并进

北川羌族自治县（以下简称"北川"）是"5·12"汶川特大地震极重灾区、少数民族地区、革命老区、秦巴山连片特困地区、边远山区"五区合一"的地区，道路交通条件差，自然灾害频发，严重制约了山区快递物流的发展。近年来，北川以两次国家电子商务进农村综合示范县项目为抓手，围绕国家、省、市关于物流业发展的决策部署，贯彻高质量发展理念，不断推进快递物流发展壮大，快递物流运行效率明显提升，在带动经济发展方面效果显著，成为北川经济发展的重要推手。

随着物流产业的高速发展，截至 2021 年 9 月，北川工商登记的物流企业有 80 余家，其中寄递物流公司 15 家，顺丰、菜鸟驿站、京东等大型物流企业介入，原先各家快递企业"明争暗斗"，竞相抬架，"小、散、弱、乱"的弊端逐渐凸显。民营快递企业正处在成本上涨收益下降的境地，要想持续发展、持续保持市场份额，资源整合是破题之道。

（1）北川世通驿达供应链管理有限公司（以下简称"世通驿达"）的顺势成立。邮政作为快递的重要组成部分，在 2015 年县乡村三级物流配送体系项目中打通了乡镇村物流运输线路，针对民营快递企业灵活多变，应对市场风险能力强的特征，在北川商务经合局的多次协调下，申通、中通、圆通、韵达、百世汇通（现百世快递）在县乡村三级物流配送体系项目建设基础上，结合各自快递企业特点，于 2019 年 2 月 14 日共同注资，成立世通驿达管理公司。公司为加快优化资源配置，在 1 年内建设完成了城区快递驿站 8 个，2021 年进港件量达 559 万件，出港 163 万件，占全县总进港件量的 80.32%，总出港件量的 86.99%。快递业务量是 5 年前的 13 倍。北川快递物流业从根本上改变了以前的"小、乱、散"现象，农特产品也源源不断地通过快递物流走进城里，卖上了好价钱。

（2）世通驿达的资源整合。资源整合是企业战略调整的手段，也是企业经营管理的日常工作。世通驿达经过资源整合，公司竞争力和影响力明显提升，成为北川快递物流龙头企业，也成为绵阳市唯一一个成功整合"四通一达"的案例。首先是企业资源联合。五家民营快递企业成立世通驿达整合快递公司的目的是实现强弱势企业的资源互补，最大限度地发挥各自的特点、扬长避短，在无法

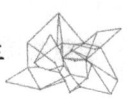

进行大规模融资的情况下利用企业的优势资源完善自身的服务体系、增加服务品种、扩大网络覆盖面等，不仅降低了企业的运营成本，也提高了企业的竞争力。其次是配送末端整合。市场体量小、生存压力大的山区快递物流发展状况在世通驿达物流新模式出现后有了转机。通过资源整合、规范管理、统一标准、服务提升等方式，实施分拣场所、运输车辆、设施设备、从业人员、末端网点整合"五个统一"的经营服务机制，共同打造覆盖山区的现代快递物流服务网络，快递人员、运输车辆、经营网点、设施设备得到了高效整合和改进，既减少了重复投资重复建设，又降低了能耗和运营成本。整合后的快递物流费用从3.5元/公斤降到2.5元/公斤，降幅达28.6%；预计到2022年快递物流费用降到2.1元/公斤，降幅达16%。

(3) 世通驿达的改造提升。依托2020年国家电子商务进农村综合示范项目，北川商务局抓住机遇，以世通驿达为核心，不断整合县域物流基础设施资源和快递物流企业，加快推进智能数字化"统仓共配"物流中心，打造"2+1+1"农村物流体系，即物流共配体系、运输线路体系、物流信息平台、运营管理制度，进一步满足广大农民对更高标准、更多种类的寄递服务需求，充分发挥物流快递业在服务乡村振兴中的重要作用。首先是同仓同网高效配送。建设仓储物流配送中心，通过一条长约60米的直线智能分拣系统，通过双层双向分拣，快件按照特定区域自动进行分拣装筐，把乡镇和城区进行隔离分拣，确保装车不耽误、车辆不拥堵，以最快的速度保障时效。该设备每小时可以分拣15 000件快递，日派单量能达到2万件，以建制村、社区为网点，规划统一的班线，实现同仓、同车、同网、同配。其次是物流电商融合建设。改造提升的电商综合服务站有统一的店面装修，统一的室内软硬件配置，有别于杂乱无章的农村小卖部，同时建设有专门放置快递的货架。村民除了能取快递，还能通过站点的线上端口，销售自家农产品，物流则快速将站点农产品运出去，保障了上下双向流通环节畅通。最后是下一步整合计划。通过智能分拣的优势，采取驿站直送模式，达到各品牌的驿站实现统一分拣、共同配送。对于驿站无法覆盖的区域，先划分好区域，然后一人一区域，一人多品牌进行小范围高密度的派送。

(4) 世通驿达的四个升级。一是提升物流配送网络"覆盖率"。根据四川省商务厅网站上的专题专栏文章修改。通过整合区域物流资源，优化农村物流网络，全面降低城乡物流末端配送成本，提升农村物流投递和收寄能力，实现村民"购物不出村、销售不出村、创业不出村"，提供与城镇无差异化的电商、物流服务，实现乡镇快递网点覆盖率100%，村级网点100%辐射。二是提升农村物流配送"时效率"。随着电子商务的发展和农村网络的普及，农村居民对于运输时效性的要求也越来越高，时效性已成为物流不断优化和追求的目标和努力方向。通过项目运营，农村物流服务时效性有显著改善，依托完善的网络覆盖密度和通达性，可以提供多种形式的物流服务，满足广大农村对物流时效性的要求。三是提升农村实体企业"转型率"。通过构建资源共享、服务同网、信息互通、便利高效的农村物流发展新格局，推动电子商务在实体经济转型中的发展与应用，实体企业利用网络优势开展"实体+网络"的双轨运营模式，极大提高经营优势及销售额，打破实体经济的制约瓶颈，提升企业未来的竞争力。四是提升农村特色产品"销售率"。通过县乡村物流体系的建设，极大地降低了电商企业的运输成本和时间成本，直接提升了农产品的线上销售竞争优势，有力促进了农村电商综合服务站点农产品的销售，县域电商逆差明显改善。

目前，信息技术的快速发展激活了共享物流创新热潮，企业创新模式不断增加。未来共享物流的创新趋势包括：云仓共享推动电商物流发展，共享快递盒推动绿色物流发展，共享智能快递柜推动末端配送基础设施升级，共享智能仓促进产业集聚区服务升级，共享物流容器推动物流标准化发展，箱箱共用平台开启物流包装智能化新时代，以及托盘共享进入全方位创新发展新阶段。

思考题

1. 概述从物流1.0到物流4.0的发展历程。
2. 智慧配送的设计要点包括哪些？
3. 大数据对供应链物流管理的影响主要表现在哪些方面？
4. 概述共享物流的三个阶段。
5. 未来共享物流的创新趋势包括哪些方面？

12　智慧供应链应用案例

【学习目标】

知识目标：

1. 了解物京东云智慧供应链商家开放平台的功能，掌握其平台优点；
2. 了解阿里云智能供应链解决方案的方案架构，以及解决方案中台的方案架构；
3. 掌握菜鸟网络全套数智化供应链解决方案的原理、优点以及适用范围；
4. 掌握菜鸟智能选品、供应链数智大脑、联合预测、补货分仓的流程以及运行规律；
5. 了解中国联通智慧供应链平台的构成及其"1+6+N"的智慧化产品体系；

能力目标：

1. 能够分析诸葛·智享智慧库存的运营模式以及适用环境；
2. 能够运用阿里云智能供应链解决方案的架构解决一些企业现存的问题；
3. 能够运用菜鸟履行调度图，并分析其做法的优点和缺点；
4. 能够运用"1+6+N"的智慧化产品体系分析目前特定供应链公司存在的问题。

12.1　京东云：智慧供应链商家开放平台

"京东云"也叫做诸葛·智享，是京东旗下的智慧供应链商家开放平台。这个平台将行业所领先的供应链管理理念，结合了京东零售行业人工智能平台（YAI platform for retail，YAIR）提供的大数据和算法能力平台化、产品化。并且通过提供精细化、智能化、自动化库存决策产品，为供应链商家提供最优库存管理决策支持，将更专业的智慧供应链全链路解决方案开放赋能。

12.1.1　智慧供应链商家开放平台的功能

诸葛·智享所提供的产品分为以下五个部分。

（1）优化库存布局。诸葛·智享可以通过数据挖掘，分析商家的经营数据以及商家存货布局的现状，并且结合大数据预测结果，洞悉商家未来的经营趋势。通过模拟仿真，在商家期望的时效渗透率及成本约束下，给出极值的分仓建议，提升用户体验。

（2）维护库存健康。诸葛·智享依托经典库存管理体系，通过不断拥抱人工智能和精准定位来链接客户。做到集库存监控、库存诊断及优化建议、商品分类处理执行、供应链全链路运营监控于一体，完美地实现了库存管理的闭环模式。

（3）制订销量计划。诸葛·智享以商家的商品信息、历史销售信息、促销方式、时段等数据为基础，又基于机器学习算法、多品类、多层次的预测模型对入仓的百万级商品进行预测，做到有效减少商家收集数据做预测分析的时间和提升预测准确度。

（4）做到智能补货。诸葛·智享基于京东 AI 技术和大数据分析预测商品的未来销量，并且通过先进的补货模型和科学合理的补货参数输出补货建议，提升补货精准度，降低周转与库存成本，全面提升商家的库存管理能力。

（5）考虑滞销处理。诸葛·智享可以根据不同类型滞销场景系统自动给出对应的处理建议，可视化展示滞销商品分布、分级，智能给出处理建议，帮助商家轻松找到仓里的"问题商品"，如高周转但无销售商品、残品、脏品、临期商品、过期商品。

12.1.2 智慧供应链商家开放平台的优点

在诸葛·智享的官方网站上，公司针对所运营的智慧供应链开放平台阐释了四个方面的优点（如图12-1所示）。供应链商家可以结合自身企业特点及库存特点决定是否选择此平台。

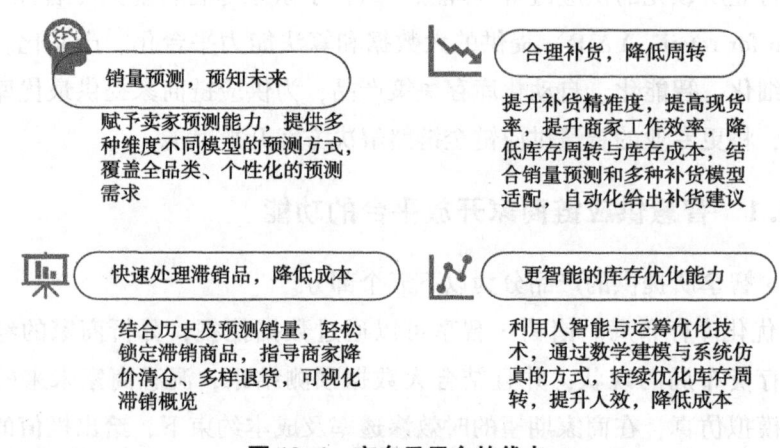

销量预测，预知未来
赋予卖家预测能力，提供多种维度不同模型的预测方式，覆盖全品类、个性化的预测需求

合理补货，降低周转
提升补货精准度，提高现货率，提升商家工作效率，降低库存周转与库存成本，结合销量预测和多种补货模型适配，自动化给出补货建议

快速处理滞销品，降低成本
结合历史及预测销量，轻松锁定滞销商品，指导商家降价清仓、多样退货，可视化滞销概览

更智能的库存优化能力
利用人智能与运筹优化技术，通过数学建模与系统仿真的方式，持续优化库存周转，提升人效，降低成本

图12-1 京东云平台的优点

京东诸葛·智享旨在通过智慧库存，帮助商家实现库存商品布局、补货、调拨、滞销清理的全面自动化，这是首次将京东物流能力与京东智慧供应链深度融合。下一步，Y事业部会将"市场参谋""选品达人""定价大师"与YAIR智能预测引擎建立关联，全面提升商家的销售预测能力，帮助商家实现需求驱动的智慧供应链。

12.2 阿里云：智能供应链解决方案

阿里云的智能供应链解决方案有IoT与人工智能的技术支持，云计算与双平台为业务创新提供技术支撑，运用数字技术深挖数据潜能，实现更智能高效的客户服务、全链路可视化、一站式协同优化，让企业供应链更加高效、快速和准确。

12.2.1 阿里云智能供应链解决方案的架构

图12-2展示了阿里云智能供应链解决方案的架构。

12 智慧供应链应用案例

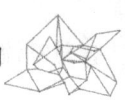

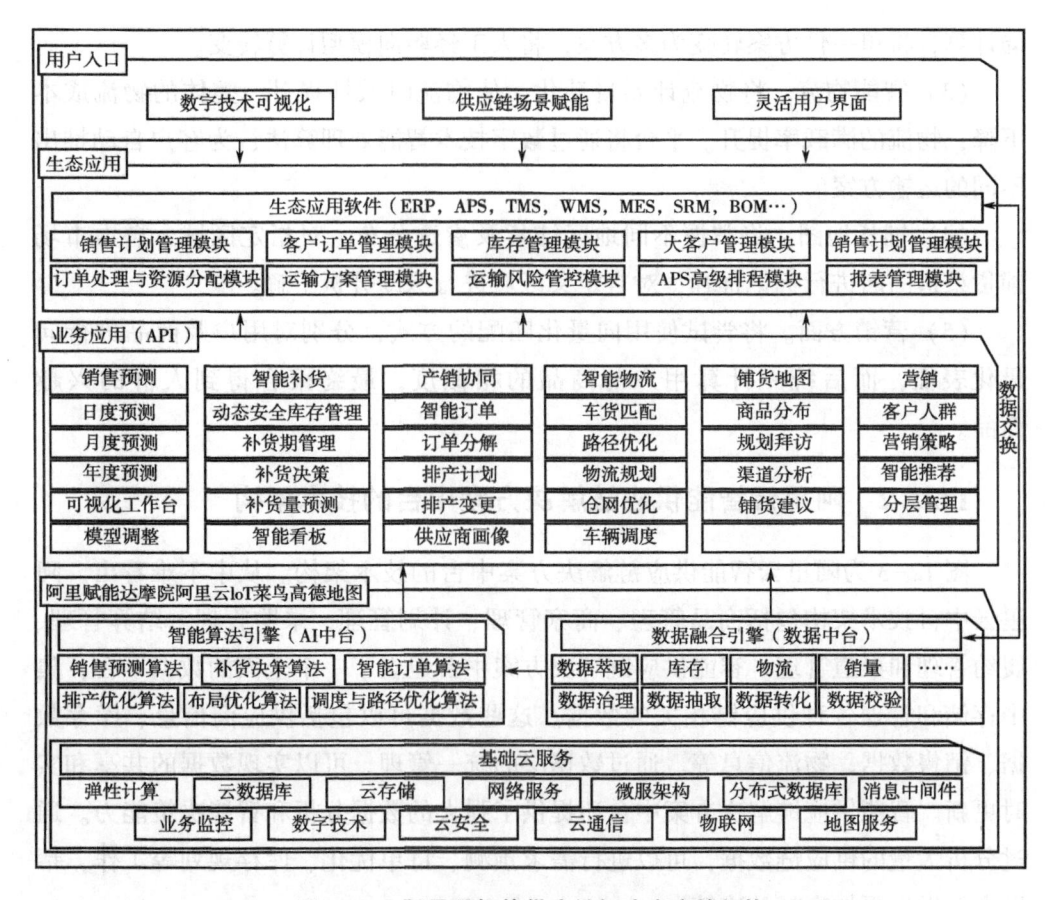

图 12-2 阿里云智能供应链解决方案的架构

阿里云的技术支持是这一切的关键。IoT 可以做到优化数据收集，并让人机互动更丰富。数字技术作为企业的核心资源，需要更快速迭代发展。云计算可以做到让企业管理和计算实现质的飞跃。智能算法的支持会加快商业智能化的进程。数据中台+业务中台可赋予用户更高的灵活性，让新技术更易应用与升级。

所以说智能供应链解决方案可以解决销售预测不准确、订单处理效率低、排产准确率低待提高、布局与物流成本高效率低等情况。以下将详细讲述阿里云智能供应链解决方案。

（1）智能补货。建立数字技术支持下的销售预测与补货模型，从数据开始实现数据与业务的双驱动，解决库存积压、库存周转周期长、人工效率低等问题。

（2）产销协同。对订单进行全局化分解，打破固化思维，进行智能模型全局计算，将单一性方案转变为多方案，将人工经验向模型计算转变。

（3）智能物流。将物流计划自动化，使物流时效性提升，整体的物流成本下降，物流的满载率提升。平台将通过数字技术智能处理算法，为客户自动推出不同的运输方案。

（4）铺货地图。将掌握不同地区铺货及渗透分布，对指定区域、潜力市场铺货渠道门店进行标记推荐，对自定义区域进行深度分析了解。

（5）营销方面。将尝试使用向量化匹配的方式，分别对用户及商品进行向量化表征，而后统一计算用户与商品的相似度，最终聚合得到人群的兴趣商品。

12.2.2　阿里云智能供应链解决方案中台的技术架构

图12-3为阿里云智能供应链解决方案中台的技术架构。从中不难看出，阿里云中台技术架构包括商品管理、商家管理、计划管理、采购管理、结算管理、履约管理和渠道管理。智能供应链解决方案中台建立了一个全面的数据平台，集中存储和管理各种供应链相关的数据。这些数据可以包括供应商信息、库存数据、销售数据、物流信息等。通过数据层的统一管理，可以实现数据的共享和实时更新。智能供应链解决方案中台还提供了强大的数据分析和智能决策能力。通过分析大量的供应链数据，可以进行需求预测、订单优化、库存规划等工作，帮助企业做出更加有效的决策。

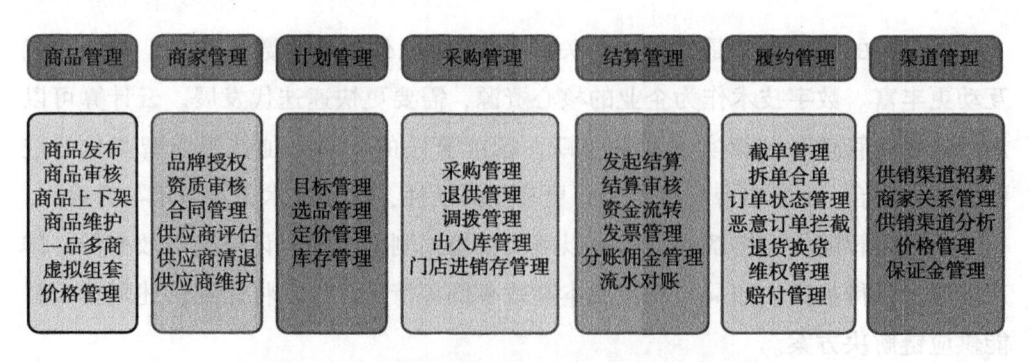

商品管理	商家管理	计划管理	采购管理	结算管理	履约管理	渠道管理
商品发布 商品审核 商品上下架 商品维护 一品多商 虚拟组套 价格管理	品牌授权 资质审核 合同管理 供应商评估 供应商清退 供应商维护	目标管理 选品管理 定价管理 库存管理	采购管理 退供管理 调拨管理 出入库管理 门店进销存管理	发起结算 结算审核 资金流转 发票管理 分账佣金管理 流水对账	截单管理 拆单合单 订单状态管理 恶意订单拦截 退货换货 维权管理 赔付管理	供销渠道招募 商家关系管理 供销渠道分析 价格管理 保证金管理

图12-3　智能供应链解决方案中台的技术架构

同时，利用人工智能和机器学习技术，在不断的数据迭代中提升预测准确性和决策能力。智能供应链解决方案中台提供了供应链各环节的协同工作平台，包括采购管理、供应商管理、生产计划、物流管理等。通过这个平台，企业内部各

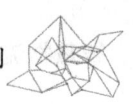

个部门和供应链上下游的合作伙伴可以实时协同工作、共享信息、进行协调，提高整个供应链的效率和响应能力。智能供应链解决方案中台还与阿里巴巴集团庞大的生态系统进行深度集成，包括电商平台、支付平台、物流平台等。通过与这些平台的无缝对接，可以实现订单、库存、物流等信息的实时交互和同步，进一步优化供应链的运营效率。

阿里云智能供应链解决方案中台的技术架构是一个以数据为核心，通过数据分析和智能决策支持供应链协同工作的综合解决方案。通过这个架构，企业可以实现供应链的数字化、智能化和高效运营，提升企业的竞争力和业务效益。

12.2.3　阿里云智能供应链解决方案的最佳案例

阿里云智能供应链解决方案为许多供应链企业优化了系统，并且产生了许多优秀案例。

例如，中国某商贸流通集团通过运用阿里云机器学习及运筹优化技术，为客户准确预测海量 SKU 未来销量，向客户提供智能化的补货决策建议，该方案有效减少了企业库存周转天数。

阿里云作为全球领先的云计算及人工智能科技公司，不仅开发了智能供应链解决方案，还开发了智能制造解决方案、城市管理、智能交管等产品。如今，阿里云凭借全方面领先的实力，将引领许多科技革新。

12.3　菜鸟网络：全套数智化供应链解决方案

菜鸟网络作为与零售、金融并列的"商业基础设施"，已经构建了一张数据化、智能化和社会化的物流骨干网络，以支撑全社会的商品配送需求。菜鸟物流架构分为三层，底层是实现全球物流最核心的物流基础设施；中间层是基于基础设施搭建的智能仓配网络和配送网络；最顶层是实现仓配协同的订单全局优化引擎。

菜鸟的履行调度（如图 12-4 所示）是菜鸟网络技术论坛中着重说明的。消费者选择商品下单后会进入菜鸟物流大脑，首先是决策层，其基于商品的大小、重量、离消费者的路径调动智能路由，会获取相关的履行路由的路径和线路。拿到线路后可能有很多的候选集。其次是对旅行成本的决策，即基于时效、成本的综合决策来选择最终的调度。然后通过所谓的 link 平台来调度物流资源的服务商，对整个包裹进行履行调度。最后再把所有履行调度完之后的数据沉淀下来，输入供应链管理的平台，来实现对商家需求能力的计划以及供给计划的优化，从而让商家能够更好地进行销量的预测，以及仓储选择、品类规划的优化，比如把商品推送到离消费者最近的仓。

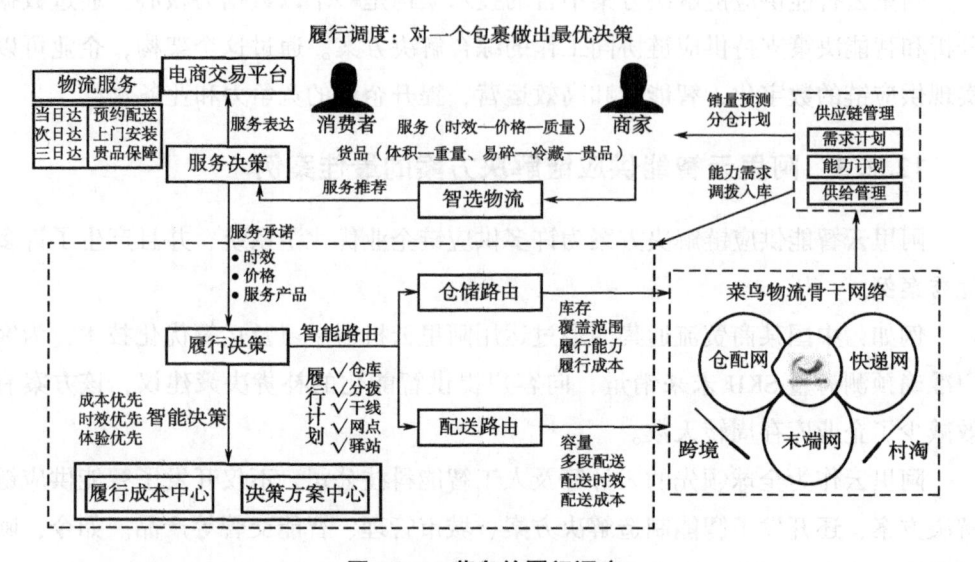

图 12-4 菜鸟的履行调度

应用视觉下的基础架构体系从下到上是整个运用的周期，底层是基于物流云和阿里塔内高密度的混合云，实现随用随弹；中间层是通过调度决策、成本分析实现能力和计算能力需求的弹性；最上层是应用、托管、编译、运行等环境。

12.3.1　菜鸟供应链数智大脑

如图 12-5 所示，菜鸟供应链物流骨干网络十分健全；各行业的成效平均值也大幅上涨；菜鸟数字化产品矩阵也十分丰富。其优势表现在以下四个方面。

全国仓配枢纽	配送覆盖区县	当次日达覆盖区县	仓储数量
7	2700+	1600+	230+
仓储面积(㎡)	快递网点	专业运输路线	合作运输车辆
3000万+	20万+	600万+	23万+

图 12-5 菜鸟供应链物流骨干网络

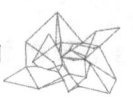

（1）更高的供应链回报。依托阿里大数据和菜鸟数智能力，赋能商家精准预测、科学决策、链路优化，促进降库存、提周转。

（2）更强的供应链弹性。依托仓配网络、专业运营和数智技术，具备强大的调配能力，满足商家高达数百倍的大促巅峰保障。

（3）更快的供应链创新。紧贴新零售等商业模式创新，为商家创新提供快速迭代、敏捷反应的供应链解决方案。

（4）更广的供应链资源。平台模式，与阿里数字经济体高效协同，为商家提供丰富可选、稳定可靠的仓运配资源。

菜鸟数智大脑从进入大众视野就引起了轰动，因为从商家到消费者端，菜鸟重新做了构造。计划对供应链来讲是非常重要的。从选品开始，菜鸟就帮助商家做了智能选品。例如，根据前端数据和商家的能力，菜鸟会联合做一些预测。并且根据商家的货品，菜鸟会提出一些补货计划和全国放仓计划的建议。在决策优化上，菜鸟有数智化供应链的决策大脑。在数据基础上，菜鸟提供一键数智化的连接。这些都是菜鸟数智大脑所提供的供应链解决方案所能做到的。

12.3.2　菜鸟智能选品

菜鸟智能选品是在论坛中重点突出的部分。具体来讲，首先是从商品开始。因为供应链现在大部分的能力都集中在物流上。而如果单一对物流要素进行改造，很难对供应链发挥最大的作用。要对供应链产生巨大的作用，就要从商流开始。从商流开始，菜鸟就帮助企业选品。菜鸟致力于解决如何打造高效的商品力，如何帮助企业打造爆品。菜鸟通过前台数据帮助企业做新品培育。在培育完成后，菜鸟协助商家进行正常品的运营，包括老品的淘汰，最终做到帮助商家做商品全生命周期的管理。

12.3.3　菜鸟联合预测

图12-6代表着菜鸟在不同时期为商家所提供的服务。详细来讲，在整个销售中，菜鸟根据大数据分析，察觉到日常销售量占全年销量的20%，但是它占到全年天数150天；中小促，全年大概200天，占到整个销量的50%；整个大促其实占了10天，但是单量大概占全年的30%。这时商家在打造爆品的时候如果没有经验的话，很难在大促期间取得最好的效果，结果就是平时库存过多。菜鸟能

够结合前台的能力，帮助商家管理好日常中小促和大促的库存，实现库存的降低和周转的加快，并且减轻现金流压力。

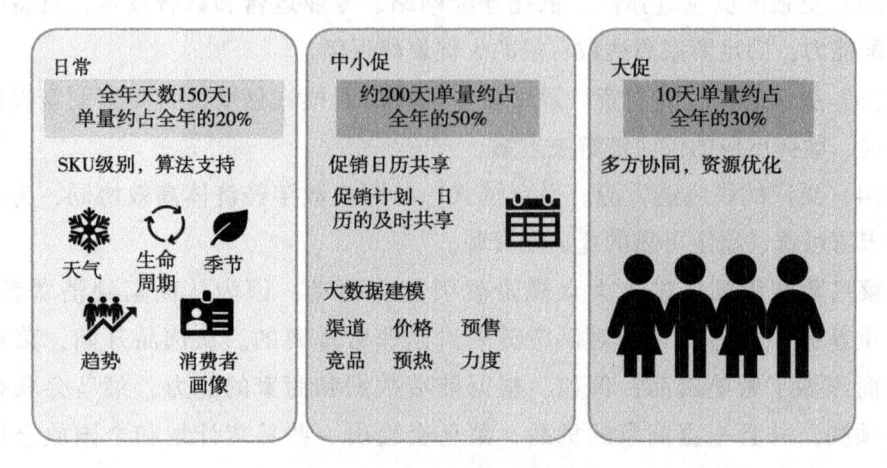

图 12-6 菜鸟联合预测

这些可以拯救商家的计划测定是菜鸟具备以下能力才能做到的：第一，通过 SKU 级别的算法协助商家，包括天气、季节、消费者画像。菜鸟协助商家各种 SKU 应该如何备货；第二，菜鸟根据各种中小促的历史经验建立了一个促销日历共享。在整个日历上，菜鸟告诉商家在每个时间段商家应该怎么样做中小促；第三，在大促的时候，菜鸟会通过多方资源协调，保证商家能够正常出货。

12.3.4 菜鸟补货分仓

商家有了爆品和出货计划，菜鸟会根据商家的能力为商家提供补货计划和全国分仓的选择。针对之前的传统供应链跟计划脱离比较严重的弊端，菜鸟重新审视才有了现在对商品的打造，包括商品销售的预测之后，就会产生适当的商品计划。菜鸟根据日常中小促和大促计划，就可以制订全年商品协同计划。菜鸟与商家有了协同计划，再根据天猫的流量协同，就可以帮助商家合理选择全国的分仓，在每个仓库里面合理选择库存。之后再通过整个菜鸟精准的能力，做到只要货品入仓，就可以享受整个全链路金融供应链的加持。并且当商家面临资金压力的时候，整个菜鸟供应链金融都能实现支持。

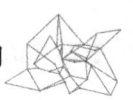

12.4 中国联通：智慧供应链平台

12.4.1 依托大数据、人工智能、区块链等技术

中国联通集团于 2021 年初成立联通数字科技有限公司（以下简称"联通数科"）。公司定位为"可信赖的政企客户数字化转型服务商"，全面整合云、大、物、智、链、安基础能力，构建包含云、网、平台、数据、应用、集成、运营服务在内的综合数字化产品和智慧运营体系，对内为集团基础数字化平台使能，对外为政企客户数字化转型赋能。

联通数科以打造自主创新平台能力、产品和行业应用为核心，以多年服务政企客户积累的行业理解为基石，以遍布全国的营销和服务体系为触角，以解决客户的实际问题为导向，打造 5G+ABCDE（人工智能、区块链、云计算、大数据、边缘计算）融合创新的差异化竞争优势，引领各行各业数字化转型的新趋势、新方向和新征程，加速推动我国数字经济的高质量发展。

中国联通智慧供应链平台（如图 12-7 所示）是企业专属采购管理平台引入电商化采购模式，利用云技术、中台等先进技术，基于协同供应链管理的思想，配合供应链中各实体的业务需求，实现从寻源采购、招标谈判、交易市场、利旧处置、财务结算的企业采购全流程闭环管理，使操作流程和信息系统紧密配合，做到各环节无缝连接，形成物流、信息流、商流和资金流四流合一，打造业财一体化的 B2B 采购平台。平台以供应链服务为载体，以物流为基础，以互联网为手段，打造跨界融合、共享共赢的智慧供应链商业生态圈，促使企业采购转型，为企业采购管理提供有力抓手。

12.4.2 构建"1+6+N"的智慧化产品体系

从供应链管理顶层设计入手，中国联通在全集团建立了一套"1+3+N"制度体系，覆盖采购计划、寻源采购、订单交易、物流仓储、资金结算、利旧处置等全过程。平台智慧升级，强健机制。中国联通引入云计算、大数据、物联网、人工智能、区块链等新技术，自主研发升级供应链平台，按照互联网化运营思维，将一套供应链制度嵌入供应链平台，实现全流程线上操作、全环节数字化闭环管理，并开发出智能评标、智能物流、供应商智能管理等应用。组织同步优化，夯实保障。中国联通已组建完成集团、省分两级集中的"管理+运营"供应链组织体系，将操作实施下沉至各层级生产单元，确保供应链管理运营有序、高效。

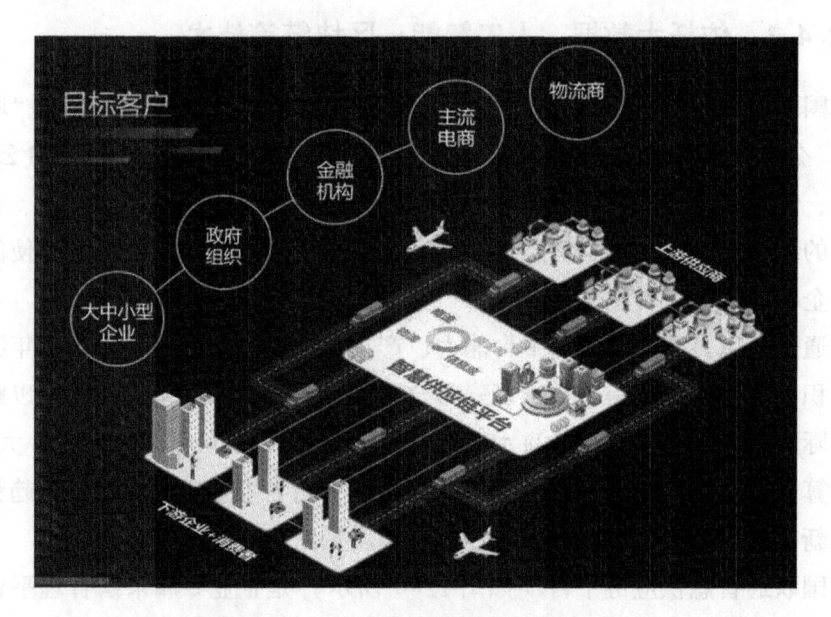

图 12-7　中国联通智慧供应链平台

中国联通智慧供应链平台的智慧性体现在打造的"1+6+N"的产品体系（如图 12-8 所示）。其中"1"代表可以提供一套核心全流程业务管理产品，涵盖从供应商入驻到资产处置的全供应链链条业务，实现企业供应链采购全流程管理；"6"代表了产品 6 大核心业务板块，各核心板块间可以实现耦合和解耦，进而实现各核心板块能力的拆解和组装，提供不同产品模块能力的支撑；"N"则代表了平台可进一步细化，将业务管理中各个应用场景能力拆解，形成独立型业务支撑类产品。

中国联通以推动国家数字化建设为使命，在提升自我供应链管理水平的同时，不断帮助其他企业完成供应链数字化转型。目前已经积累包括通信、保险、银行、建筑交通、能源化工等十大行业的供应链转型经验。中国联通智慧供应链平台已经帮助 40 多家企业实现供应链管理的数字化过渡。智慧供应链平台的特色有以下六点。

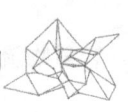

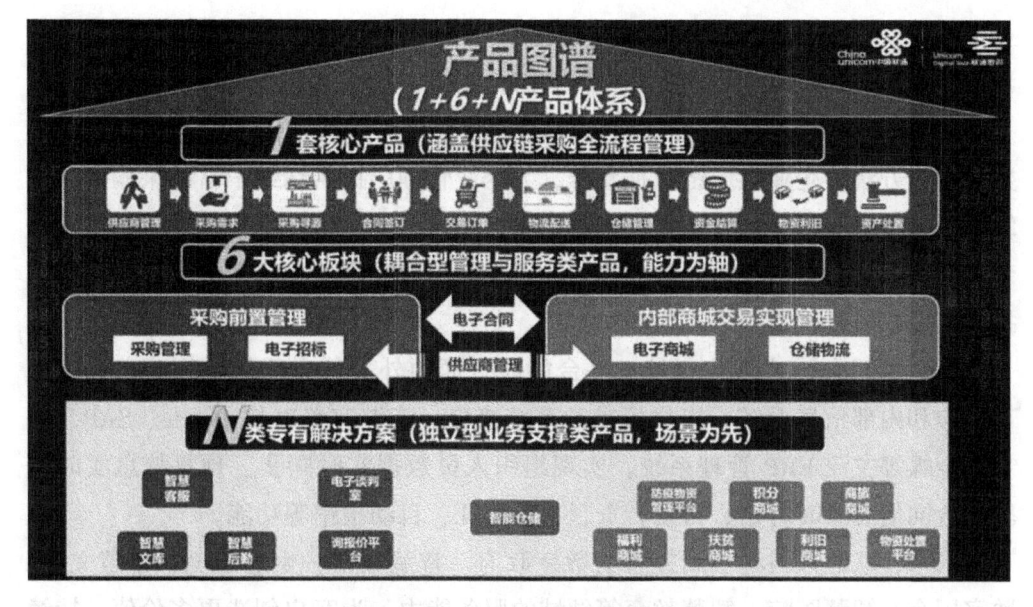

图 12-8 中国联通产品图谱

（1）全流程、全业务覆盖。平台整合了采购管理、电子招标、电子合同、订单交易、统一结算、库存物流、物资处置等全流程供应链业务，将流程贯通、数据共享，彻底解决供应链管理中信息孤岛的问题。针对供应链中不同业务场景，提供电子谈判室、仓储监控、积分商城、福利商城、商旅商城、利旧商城、扶贫商城等专有解决方案，满足供应链管理中各个业务场景的需要。

（2）结构化、标准化体系。平台基于结构化的目录体系，将目录属性信息应用于采购需求编制、招投标过程中；平台根据采购场景创建标准采购模板库，应用信息化手段固化采购管理要求，统一采购方案编制标准，规范采购人员行为，降低差错率，稳定采购效率；平台将采购管理制度嵌入招采过程，实现流程标准化、文件模板规范化、内容编辑结构化、业务场景化的统一采购管理模式。

（3）多层级、多租户架构。平台支持集团型企业多层级架构体系，既满足集中采购的统一管理和供应需求集中，又满足各层级单位、分子公司自行采购、独立结算的需求。除此之外，平台还通过数据隔离方式，满足多租户主体的采购管理个性化定制需求和数据保密要求。

（4）数字化、智慧化交易。基于人工智能、大数据等技术应用，针对人、财、物、风险防控等数字化运营场景，平台深挖供应链价值，着力于降本增效，不断完善供应链体系。在不断迭代过程中，实现了智能评标、供应商智能推荐、业会智能核对、需求计划智能预测和提醒、商品智能推荐、智能巡检、库存自动预警、自动价格检测、供应商画像等智慧化场景的应用。

(5) 可视化、自主化报表。平台具有完备的大数据分析能力，通过采用大数据分析方法将企业供应链数据整合，为企业管理层提供精细丰富的采购、财务统计分析报表。同时，针对关键指标提供可视化报表，将报表组合形成领导数据驾驶舱，辅助管理层决策。除此之外，还支撑报表维度的自定义，业务部门可根据数据需求自行生成报表。

(6) 标准化、成熟化对接。平台能够打通内外部信息系统数据流，针对外部供应和内部信息系统，提供标准的系统接口。能够完美对接 Oracle、SAP、用友、金蝶等主流 ERP 管理系统，实现组织人员数据实时同步、预算信息实时校验、合同信息实时绑定、自动转资、自动制证、自动报销等功能。

未来，联通数科将不断提升为数字政府、智慧城市、生态环境、智慧文旅、数字国企、智慧医疗、智慧教育等领域的服务能力，为客户创造更多价值，持续致力于推动我国数字经济高质量发展，为政企客户的数字化转型赋能，成为数字中国建设的"国家队"和"主力军"。

参考文献

[1] 王继祥．十大绿色仓储与配送措施助绿色物流落地［J］．环境经济，2018，224（8）：34-37.

[2] 刘伟华，曾勇明，乔显苓．智慧供应链质量标准体系探究［J］．供应链管理，2022，3（9）：5-19.

[3] 俞彤晖，陈斐．数字经济时代的流通智慧化转型：特征、动力与实现路径［J］．中国流通经济，2020，34（11）：33-43.

[4] 文丹枫，周鹏辉．运作管理及海关标准［M］．北京：电子工业出版社，2019.

[5] 王帅，林坦．智慧物流发展的动因、架构和建议［J］．中国流通经济，2019，33（1）：35-42.

[6] 伍宁杰．"互联网+"背景下我国智慧物流转型路径探讨［J］．商业经济研究，2018（12）：116-119.

[7] 何黎明．中国智慧物流发展趋势［J］．中国流通经济，2017，31（6）：3-7.

[8] 王欣悦．我国智慧物流发展问题及对策研究［J］．铁道运输与经济，2017，39（4）：37-41.

[9] 王之泰．城镇化需要"智慧物流"［J］．中国流通经济，2014，28（3）：4-8.

[10] 王继祥．物联网发展推动中国智慧物流变革［J］．物流技术与应用，2010，15（6）：30-35.

[11] 阿里研究院．2017中国智慧物流大数据发展报告［R］．北京：阿里研究院，2017.

[12] 魏学将，王猛，张庆英．智慧物流概论［M］．北京：机械工业出版社，2020.

[13] 王辉．井松智能：打造国内一流智慧物流系统提供商［N］．中国证券报，2022-06-07（A06）．

[14] 吴萍．"互联网+"背景下智慧物流发展的新动能、态势与路径［J］．商业经济研究，2018（7）：81-83．

[15] 谢家平．供应链管理［M］．3版．北京：中国人民大学出版社，2015．

[16] 崔忠付．数字化引领物流行业智慧升级［J］．物流技术与应用，2018，23（8）：62-63．

[17] 林楠．供应链视角下智慧物流模式发展策略选择［J］．技术经济与管理研究，2019（12）：60-64．

[18] 罗永红，林楠．基于供应链视角的智慧物流商业模式发展研究［J］．商业经济研究，2019（21）：82-85．

[19] 洪群联，李子文，刘振中，等．推动构建现代供应链的若干思考（笔谈）［J］．宏观经济研究，2019（7）：107-126．

[20] 赵振强，张立涛，胡子博．新技术时代下农产品智慧供应链构建与运作模式［J］．商业经济研究，2019（11）：132-135．

[21] 何黎明．"七大升级"领衔未来智慧物流发展——在2017全球智慧物流峰会上的演讲［J］．运输经理世界，2017（5）：56-59．

[22] 李佳．基于大数据云计算的智慧物流模式重构［J］．中国流通经济，2019，33（2）：20-29．

[23] 黄成成，叶春森，王雪轩，等．智慧供应链体系构建研究［J］．价值工程，2018，37（23）：121-123．

[24] 马彦华，路红艳．智慧供应链推进供给侧结构性改革——以京东商城为例［J］．企业经济，2018，37（6）：188-192．

[25] 章合杰．智慧物流的基本内涵和实施框架研究［J］商场现代化，2011（23）：44-46．

[26] 李玉凤，邢淋淋．智慧供应链绩效评价指标体系构建［J］．统计与决策，2017（3）：183-185．

[27] 赵然，安刚，周永圣．浅谈智慧供应链的发展与构建［J］．中国市场，2015（10）：93-94，112．

[28] 赵振智，王芳．智慧供应链成本控制屋多级规划顶层设计研究——以油气矿区为例［J］．中国软科学，2014（8）：184-192．

[29] 朱庆华．可持续供应链协同管理与创新研究［J］．管理学报，2017，14（5）：775-780．

[30] 尹作重，李江华，赵亮．信息技术在供应链技术协同层中的应用[J]．制造业自动化，2012，34（24）：19-21．

[31] 周涛，李芳，俞青，等．网格供应链——基于时间 Petri 网的供应链协同管理优化[J]．工业技术经济，2012，31（5）：54-59．

[32] 简贞．基于第四方物流的供应链协同管理模式研究[D]．北京：北京邮电大学，2010．

[33] 王红梅，史成东．供应链协同管理的绩效评估[J]．计算机工程与应用，2009，45（1）：234-237．

[34] 王家盛，王玖河．我国企业供应链协同管理的策略研究[J]．燕山大学学报（哲学社会科学版），2008（2）：104-108．

[35] 黄媛媛．供应链协同管理的研究[D]．武汉：武汉大学，2005．

[36] 张翠华，任金玉，于海斌．供应链协同管理的研究进展[J]．系统工程，2005（4）：1-6．

[37] 徐琪，徐福缘．面向 Web 服务的供应链协同管理[J]．计算机应用研究，2003（8）：73-76．

[38] 杨信廷，王明亭，徐大明，等．基于区块链的农产品追溯系统信息存储模型与查询方法[J]．农业工程学报，2019，35（22）：323-330．

[39] 张亮，刘百祥，张如意，等．区块链技术综述[J]．计算机工程，2019，45（5）：1-12．

[40] 李海波．区块链视角下我国跨境电商问题解决对策[J]．中国流通经济，2018，32（11）：41-48．

[41] 曾小青，彭越，王琪．物联网加区块链的食品安全追溯系统研究[J]．食品与机械，2018，34（9）：100-105．

[42] 袁勇，倪晓春，曾帅，等．区块链共识算法的发展现状与展望[J]．自动化学报，2018，44（11）：2011-2022．

[43] 李明佳，汪登，曾小珊，等．基于区块链的食品安全溯源体系设计[J]．食品科学，2019，40（3）：279-285．

[44] 邵奇峰，金澈清，张召，等．区块链技术：架构及进展[J]．计算机学报，2018，41（5）：969-988．

[45] 何蒲，于戈，张岩峰，等．区块链技术与应用前瞻综述[J]．计算机科学，2017，44（4）：1-7，15．

[46] 李拓晨，乔琳，杨萍．企业间信任对供应链企业组织即兴的影响机理研究——供应链柔性的中介作用与交互记忆系统的调节作用［J］．南开管理评论，2018，21（4）：74-84．

[47] 鲍群，于博，盛明泉．财务柔性、供应链关系与企业价值——基于新常态背景的实证检验［J］．现代财经（天津财经大学学报），2017，37（10）：90-102．

[48] 肖莹莹，李伯虎，侯宝存，等．智慧制造云中供应链管理的计划调度技术综述［J］．计算机集成制造系统，2016，22（7）：1619-1635．

[49] 冯华，何佳莉，刘洋．供应链物流能力绩效评价体系的调研分析［J］．中南财经政法大学学报，2014（1）：113-118．

[50] 樊雪梅．供应链绩效评价理论、方法及应用研究［D］．长春：吉林大学，2013．

[51] 尚文芳，祁明，陈琴．需求预测信息即时更新的供应链柔性期权协调契约［J］．管理学报，2013，10（12）：1847-1854．

[52] 李果，马士华．分布式供应链节点企业物流能力柔性价值研究［J］．管理科学，2009，22（2）：40-48．

[53] 潘景铭，唐小我，倪得兵．供应链生产能力的柔性决策研究［J］．管理工程学报，2007（4）：67-71，90．

[54] 吴冰，刘仲英．供应链柔性研究现状与展望［J］．科技进步与对策，2007（2）：190-195．

[55] 孙新波，钱雨，张明超，等．大数据驱动企业供应链敏捷性的实现机理研究［J］．管理世界，2019，35（9）：133-151，200．

[56] 冯长利，张明月，刘洪涛，等．供应链知识共享与企业绩效关系研究——供应链敏捷性的中介作用和环境动态性的调节作用［J］．管理评论，2015，27（11）：181-191．

[57] 杨艳玲，田宇．供应链管理实践、供应链敏捷性对企业绩效的影响研究［J］．商业经济与管理，2015（9）：13-19，96．

[58] 谢磊，马士华，桂华明，等．供应物流协同与供应链敏捷性、绩效关系研究［J］．科研管理，2012，33（11）：96-104．

[59] 许雅玺．基于大数据的电子商务企业供应链成本控制［J］．会计之友，2019（8）：130-134．

[60] 蔡恒进，郭震．供应链金融服务新型框架探讨：区块链+大数据［J］．理论探讨，2019（2）：94-101．

[61] 张建军，赵启兰．新零售驱动下流通供应链商业模式转型升级研究［J］．商业经济与管理，2018（11）：5-15．

[62] 陈永平，蒋宁．大数据时代供应链信息聚合价值及其价值创造能力形成机理［J］．情报理论与实践，2015，38（7）：80-85．

[63] 梁红波．云物流和大数据对物流模式的变革［J］．中国流通经济，2014，28（5）：41-45．

[64] 聂茂林，张成考．可持续发展与供应链一体化的绿色营销［J］企业经济，2005（7）：65-66．

[65] 荆浩．大数据时代商业模式创新研究［J］．科技进步与对策，2014，31（7）：15-19．

[66] 资武成．"大数据"时代企业生态系统的演化与建构［J］．社会科学，2013（12）：55-62．

[67] 冯芷艳，郭迅华，曾大军，等．大数据背景下商务管理研究若干前沿课题［J］．管理科学学报，2013，16（1）：1-9．

[68] 叶小榕，邵晴，肖蓉．基于区块链、智能合约和物联网的供应链原型系统［J］．科技导报，2017，35（23）：62-69．

[69] 颜波，石平，丁德龙．物联网环境下的农产品供应链风险评估与控制［J］．管理工程学报，2014，28（3）：173，196-202．

[70] 林云，田帅辉．物流云服务——面向供应链的物流服务新模式［J］．计算机应用研究，2012，29（1）：224-228．

[71] 吴晓钏，王继祥．物联网技术在物流业的应用现状与发展前景［J］．物流技术与应用，2011，16（2）：53-56，58-59．

[72] 霍艳芳，齐二石．智慧物流与智慧供应链［M］．北京：清华大学出版社，2020．

[73] 李慧颖，武亚鹏，卢冬生，等．基于RFID技术的新型物流模式评价分析［J］．中国储运，2022（6）：117-118．

[74] 张孝铭，刘博宇．发展绿色运输的主要途径［J］．中国道路运输，2016（11）：77-78．

[75] 吴国庆．电商物流末端共同配送联盟的新型模式构建［J］．商业经济

研究，2018（20）：90-92.

[76] 于彦鑫，岳阳．快递物流终端配送现状分析及新型模式讨论 [J]．物流工程与管理，2017，39（2）：79-80，60.

[77] 刘维华．现代物流企业战略发展问题研究 [J]．商业经济研究，2021（1）：131-133.

[78] 朱晓磊．货物觉醒：智慧物流的新时代 [J]．互联网经济，2018（Z2）：74-79.

[79] 王兆华，张斌，何森雨．供应链上制造型企业绿色技术选择与升级策略 [M]．北京：机械工业出版社，2021.